U0506541

陽明後學文獻整理叢書

王陽明年譜匯校

鄒建鋒　黄敦兵　王迪　鄧凱　匯校

上海古籍出版社

圖書在版編目(CIP)數據

王陽明年譜匯校 / 鄒建鋒等匯校. -- 上海 : 上海古籍出版社, 2025. 8. --(陽明後學文獻整理叢書).
ISBN 978-7-5732-1680-9

Ⅰ. B248.2

中國國家版本館 CIP 數據核字第 2025TL2455 號

王陽明年譜匯校

鄒建鋒、黄敦兵、王迪、鄧凱　匯校

上海古籍出版社出版發行

(上海市閔行區號景路 159 弄 1-5 號 A 座 5F　郵政編碼 201101)

(1) 網址: www.guji.com.cn

(2) E-mail: guji1@guji.com.cn

(3) 易文網網址: www.ewen.co

上海展强印刷有限公司印刷

開本 890×1240　1/32　印張 11.125　插頁 7　字數 214,000

2025 年 8 月第 1 版　2025 年 8 月第 1 次印刷

印數: 1—1,500

ISBN 978-7-5732-1680-9

B·1472　定價: 69.00 元

如有質量問題,請與承印公司聯繫

電話: 021-66366565

本書出版得到國家古籍整理出版專項經費資助

本書爲紹興市王陽明研究會“心學萬里行”資助項目

《王陽明年譜匯校》編委會

主　任：張校軍

副主任：李永鑫　馬士力

委　員：孫有峰　張炎興　汪柏江　卓光平

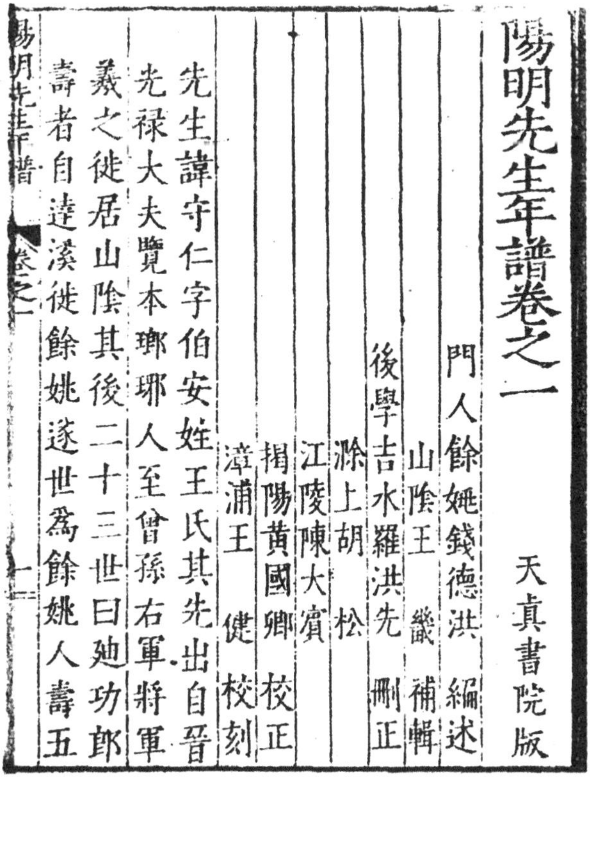

陽明先生年譜卷之一

天真書院版

門人餘姚錢德洪編述

山陰王畿補輯

後學吉水羅洪先删正

滁上胡松

江陵陳大賓

揭陽黃國卿校正

漳浦王健校刻

先生諱守仁字伯安姓王氏其先出自晋光祿大夫覽本瑯琊人至曾孫右軍將軍羲之徙居山陰其後二十三世曰廸功郎壽者自達溪徙餘姚遂世爲餘姚人壽五

日本蓬佐文庫藏天真書院本《陽明先生年譜》書影

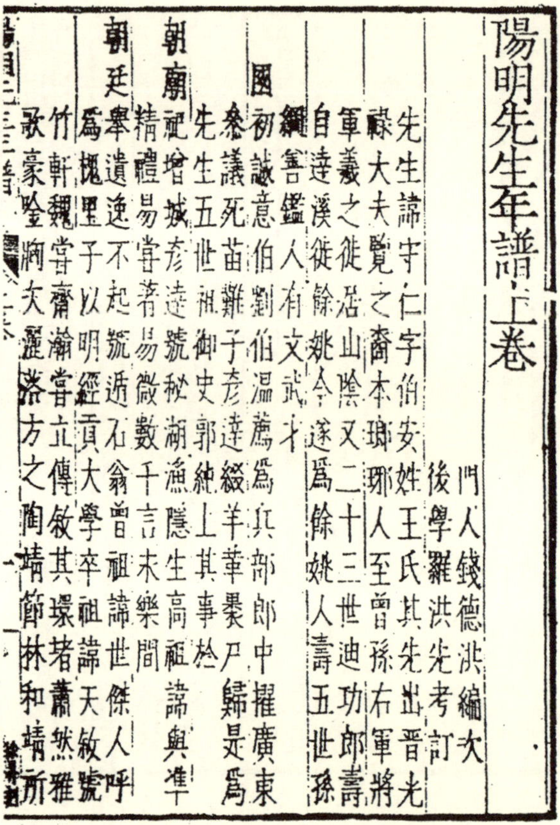

陽明先生年譜上卷

門人錢德洪編次

後學羅洪先考訂

先生諱守仁，字伯安，姓王氏。其先出晉光祿大夫覽之裔，本琅琊人，至曾孫右軍將軍羲之徙居山陰，又二十三世迪功郎壽自達溪徙餘姚，今遂為餘姚人。壽五世孫綱，善鑑人，有文武才。國初誠意伯劉伯溫薦為兵部郎中，擢廣東參議，死苗難。子彥達綴羊革裹尸歸，是為先生五世祖。御史郭純上其事於朝，廟祀增城。彥達號秘湖漁隱，生高祖諱與準，精禮易，嘗著易微數千言。永樂間朝廷舉遺逸，不起，號遁石翁。曾祖諱世傑，人呼為槐里子，以明經貢大學卒。祖諱天敘，號竹軒，魏尚書瀚嘗立傳，敘其環堵蕭然，雅歌豪吟，胸次灑落，方之陶靖節、林和靖所

國家圖書館藏贛州本《陽明先生年譜》書影

王文成公全書卷之三十二

附録一　年譜一

先生諱守仁字伯安姓王氏其先出晋光禄大夫覽之裔本瑯琊人至曾孫右軍将軍羲之徙居山陰又二十三世廸功郎壽自達溪徙餘姚今遂為餘姚人壽五世孫綱善鑑人有文武才

國初誠意伯劉伯温薦為兵部郎中擢廣東叅議死苗難子彦達綴羊革裹尸歸是為先生

四部叢刊本《王文成公全書·年譜》書影

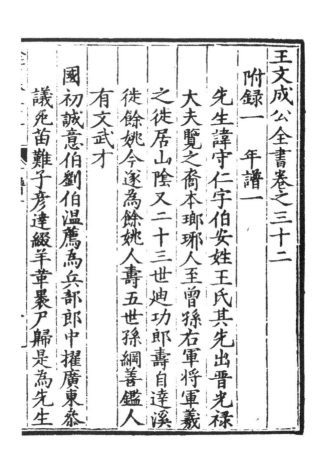

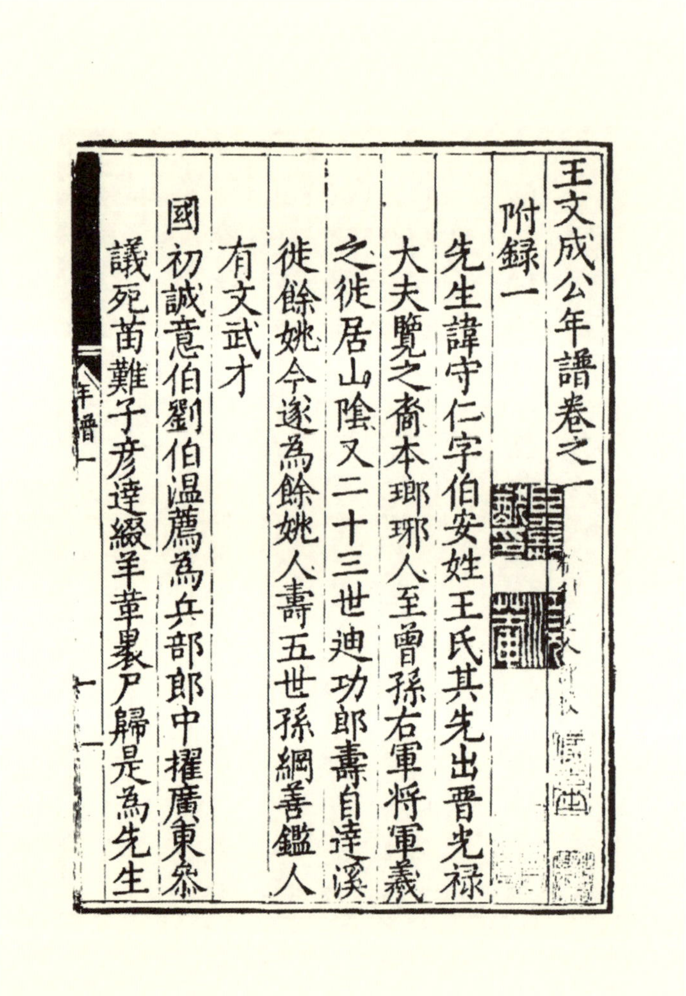
王文成公年譜卷之一

附録一

先生諱守仁字伯安姓王氏其先出晉光禄大夫覽之裔本瑯琊人至曾孫右軍將軍羲之徙居山陰又二十三世迪功郎壽自達溪徙餘姚今遂為餘姚人壽五世孫綱善鑑人有文武才

國初誠意伯劉伯温薦為兵部郎中擢廣東叅議死苗難子彦達綴羊革裹尸歸是為先生

台北圖書館藏隆慶五年錢德洪刻《增訂陽明先生年譜》書影

目録

整理説明

嘉靖二十七年（1548）青原之聚，錢德洪要約羅洪先，有編撰王陽明年譜之意。嘉靖四十二年（1563），錢德洪開始着手編撰年譜。五月，草半就，鄒守益去世，吊喪返程中，往見羅洪先，二人相與刊正其稿。次年正月，《陽明先生年譜》於懷玉書院編撰完成，錢德洪又與王畿、張叔謙、王新甫、陳見吾、黃滄溪、王肖溪等人精校一過，之後由浙江藩臬謀刻於杭州天真書院，共七卷。原刻本已佚，今存世僅有日本名古屋市蓬左文庫所藏翻刻本（以下簡稱天真本）。

錢德洪自述《年譜》的編撰初衷，乃是因陽明殁後，後學歧説紛紛，各執所聞以立教，無以爲正，故作譜宣明師訓，合異統同，以冀後之讀譜者能志逆神會，有所解悟。因此在選擇史料上，錢德洪十分傾重於王陽明的事功與文章，收録陽明奏疏、公移頗多，且往往全文著録，堅持《年譜》的編撰「其事則核之奏牘，其文則稟之師言，罔或有所增損」。

錢德洪所撰《年譜》從籌畫到完成，羅洪先皆與之有書信往來反復探討，且爲之删繁舉要，潤飾文字，訂訛補缺，從而形成了一個在錢德洪所撰《年譜》基礎上的羅洪先的考訂本《陽明先生年譜》，該本提綱分目列爲三卷，於嘉靖四十三年（1564）四月，胡松委托毛汝麒、周相在贛州刊刻而成,而羅洪先也於當年去世。該本今有孤本存世,藏於中國國家圖書館(以下簡稱贛州本)。

羅洪先曾寫信給錢德洪,稱其「於《年譜》中手自批校,凡三四易稿。於兄原稿,似失初制」。羅洪先考訂本序言亦云:「自始至卒,手自更正凡八百數十條。其見聞可據者,删而書之。歲月有稽,務盡情實,微涉揚詡,不敢存一字,大意貴在傳信。」於此可見羅洪先對天真本的整飾訂訛之功,及贛州本的編撰原則。錢德洪亦大致認可羅洪先的考訂本,稱「前刻已定,不得盡如所擬。俟番刻,當以兄考訂本爲正」;且羅洪先在陽明生前實未及陽明之門,因其《年譜》考訂之功,錢德洪執意將其列爲門人。具體而言,羅洪先對錢德洪天真本乃持「其文則省,其事則增」的修訂方式,彌補了天真本缺失陽明事功的記載,尤其是王陽明在江西、貴州、廣西的史料。而删除了大量的奏疏、公移引文,增述了王陽明詩歌、語録方面的内容。

隆慶五年(1571)二月,錢德洪鑒於先前所作《陽明先生年譜》皆止於陽明終葬,之後同門同志講會、立祠祀,朝廷恩恤、贈謚、世爵之類皆有關學脈,應收入譜中,且前譜有諸多采録不當或與譜系違和、意有重出者尚未删正,因此對天真本和贛州本進行增删,釐爲五卷。該本今臺北圖書館有藏,八册裝訂。而後隆慶六年(1572)謝廷傑刊刻《王文成公全書》,其中年譜部分直接取自此隆慶五年《增訂陽明先生年譜》,除去删除錢德洪隆慶五年的自序,對墨釘内的文字作了補充，更正某些字詞錯誤外，幾無其他改動。而此《王文成公全書》中的五卷《年譜》亦流傳最廣。

國家古籍數字化平臺推進，筆者榮幸地從國家圖書館網站中全文獲得贛州本《陽明先生年譜》。後又從華建新、楊德俊兩位前輩獲得更爲清晰的贛州本《陽明先生年譜》。2018 年底，在王迪同學（今爲鄭州尚美中學教師）、鄧凱老師（今爲寧波工程學院副教授）的幫助下，完成四部叢刊本《王文成公全書·年譜》與贛州本《陽明先生年譜》的録入與校對工作。2021 年 12 月 19 日，從采薇閣書院王强先生獲得天真書院七卷本《陽明先生年譜》，隨後於 2022 年 1 月 14 日完成四部叢刊本、天真本、贛州本三種《陽明先生年譜》的録入與校勘工作。湖北經濟學院黄敦兵教授對書稿進行細心的審校，最後由筆者對全書進行了統稿。

2024 年 7 月 2 日上午，彭啟斌、王强二位先生告知，臺北圖書館藏有隆慶五年錢德洪編撰的《增訂陽明先生年譜》，筆者隨即請求廣西師範大學王學偉先生幫忙下載，而此前不爲學術界所知。經過比較，該本是《王文成公全書》年譜部分的底本，存有同樣的字詞誤刻與墨釘。但亦有可更正《王文成公全書》年譜字詞誤刻之處，此次整理亦偶據以訂正。

此次整理以四部叢刊本《王文成公全書》的《年譜》部分爲底本，以天真本、贛州本《陽明先生年譜》爲參校本。

天真本、贛州本被隆慶本删汰的部分，在今人看來不少仍然有一定的史料價值，凡此在整理中分別用〖〗、【】括住，補録於文中。天真本、贛州本删汰部分内容一致，僅個别字詞微有不同，從贛州本録入。底本與校本的其他字詞異同，作校勘記附於歷年之後。

此次整理工作歷時多載。當然，由於我們水平有限，必然存在不少的問題，歡迎讀者批評指正。

書稿完成後，榮幸地獲得紹興王陽明研究會的全額出版資助，特此致謝。

本書爲湖北經濟學院馬克思主義學院、湖北省大學生思想政治教育評價中心、中國古典學與文明互鑒研究中心的年度成果。

寧波財經學院人文學院副教授鄒建鋒

年譜一

先生諱守仁，字伯安，姓王氏。其先出晋光禄大夫覽之裔〔一〕，本琅琊人，至曾孫右將軍羲之徙居山陰。又二十三世迪功郎壽，自達溪徙餘姚，今遂爲餘姚人。

壽五世孫綱，善鑒人，有文武才。國初誠意伯劉伯温薦爲兵部郎中，擢廣東參議，死苗難。子彦達綴羊革裹尸歸，是爲先生五世祖。御史郭純上其事於朝，廟祀增城。彦達號秘湖漁隱。〔二〕生高祖諱與準〔三〕，精《禮》《易》，嘗著《易微》數千言。永樂間，朝廷舉遺逸，不起，號「遁石翁」〔四〕。

曾祖諱世傑，人呼爲「槐里子」，以明經貢太學，卒。〖贈嘉議大夫、禮部右侍郎。追贈新建伯。〗

祖諱天叙，號竹軒，魏嘗齋瀚嘗立傳〔五〕，叙其「環堵蕭然，雅歌豪唫，胸次灑落」〔六〕，方之陶靖節、林和靖，所著有《竹軒稿》《江湖雜稿》行於世，封翰林院修撰。

自槐里子以下，兩世皆贈嘉議大夫〔七〕、禮部右侍郎，追贈新建伯。

父諱華，字德輝，別號實庵，晚稱「海日翁」〔八〕。嘗讀書龍泉山中，又稱爲「龍山公」〔九〕。成化辛丑，賜進士及第第一人，仕至南京吏部尚書，進封新建伯。龍山公常思山陰山水佳麗，又爲先世故居，復自姚徙越城之光相坊居之。先生嘗築室陽明洞，洞距越城東南二十里，學者咸稱「陽明先生」云。

校勘記

〔一〕「之裔」，天真本無。

〔二〕「子彦達」至「漁隱」，天真本作「御史郭純上其事於朝，廟祀增城。子彦達綴羊革裹父尸以歸，自號秘湖漁隱，蓋先生五世祖也」。

〔三〕「生」，天真本無。

〔四〕「號」上，天真本有「自」字。

〔五〕「嘗」下，天真本有「爲」字。

〔六〕「叙其」下，天真本有「居」字。

〔七〕「自槐里子」至「嘉議大夫」，天真本無。

〔八〕「稱」，天真本作「號」。

〔九〕「又」上，天真本有「學者」二字。

憲宗成化八年壬辰九月丁亥，先生生。

是爲九月三十日〔一〕。太夫人鄭娠十四月〔二〕，祖母岑夢神人衣緋玉雲中鼓吹，送兒授岑，岑警寤〔三〕，已聞啼聲。祖竹軒公異之，即以雲名。鄉人傳其夢〔四〕，指所生樓曰「瑞雲樓」。

校勘記

〔一〕「是爲」句，天真本作「九月三十日丁亥」。

〔二〕「娠」下，天真本有「彌」字。

〔三〕「授岑岑」，贛州本無。

〔四〕「傳其夢」，贛州本無。

十有二年丙申，先生五歲。

先生五歲不言。一日與群兒嬉〔一〕，有神僧過之，曰：「好個孩兒〔二〕，可惜道破。」竹軒公悟，乃更今名，即能言。

一日誦竹軒公所嘗讀過書，訝問之，曰：「聞祖讀時，已默記矣。」〔三〕

校勘記

〔一〕「一日與群兒嬉」，贛州本無。

〔二〕「好個孩兒」，贛州本無。

〔三〕「一日」至「已默記矣」，贛州本作「且誦翁所讀書，訝之，曰：『聞聲已默記矣。』」。

十有七年辛丑，先生十歲，皆在越〔一〕。

是年龍山公舉進士第一甲第一人。

校勘記

〔一〕「皆在越」，天真本無。

十有八年壬寅，先生十一歲，寓京師。

龍山公迎養竹軒翁，因携先生如京師，先生年纔十一〔一〕。翁過金山寺〔二〕，與客酒酣〔三〕，擬賦詩，未成〔四〕。先生從傍賦曰〔五〕：「金山一點大如拳，打破維揚水底天。醉倚妙高臺上月，玉簫吹徹洞龍眠。」客大驚異，復命賦《蔽月山房》詩〔六〕，先生隨口應曰：「山近月遠覺月小，便道此山大於月。若人有眼大如天，還見山小月更闊。」

明年，就塾師。先生豪邁不羈〔七〕，龍山公常懷憂，惟竹軒公知之。一日，與同學生走長安街，遇一相士，異之曰：「吾爲爾相，後須憶吾言〔八〕：鬚拂領，其時入聖境；鬚至上丹臺，其時結

聖胎;鬚至下丹田,其時聖果圓。」〔九〕

先生感其言,自後每對書輒静坐凝思〔一〇〕。嘗問塾師曰:「何爲第一等事?」塾師曰:「惟讀書登第耳。」先生疑曰:「登第恐未爲第一等事,或讀書學聖賢耳。」〔一一〕

龍山公聞之,笑曰:「汝欲做聖賢耶?」

校勘記

〔一〕「先生年纔十一」,天真本在「擬賦金山詩」後。

〔二〕「翁」字上,天真本有「夏中」二字。

〔三〕「酒酣」,贛州本作「酣飲」。

〔四〕「賦詩」,天真本作「賦金山詩」,「未成」二字無。

〔五〕「從傍賦曰」,贛州本作「在旁曰」,天真本作「在旁賦詩曰」。

〔六〕「客大驚異」上,天真本有「座」字。「復命賦」上,天真本有「於是」二字。

〔七〕此下,天真本有「塾師責過嚴,每越繩束」二句。

〔八〕「龍山公」至「憶吾言」,贛州本作「爲相士所異,嘗熟視曰:天下有斯人乎」。

〔九〕此下,贛州本有「驗之將來,斷不誣也」二句。

〔一〇〕「自後每對書輒静坐凝思」,贛州本作「自是對書凝思」,天真本無「静」字。

〔一一〕「嘗問塾師」至末，贛州本作「嘗聞塾師以登第爲第一等事，竊不謂然。嘗曰惟有爲聖賢可耳」。天真本「疑」作「對」，「或」字無，「學聖賢」作「學爲聖賢」。

二十年甲辰，先生十三歲，寓京師〔一〕。

母太夫人鄭氏卒。居喪，哭泣甚哀〔二〕。

校勘記

〔一〕「寓京師」，天真本無，有「母鄭夫人卒」一句。

〔二〕「母太夫人鄭氏卒。居喪」，天真本作「先生十三歲，居鄭母喪」。

二十有二年丙午，先生十五歲，寓京師〔一〕。

先生出遊居庸三關，即慨然有經略四方之志，詢諸夷種落，悉聞備禦策；逐胡兒騎射，胡人不敢犯。經月始返。〔二〕

一日，夢謁伏波將軍廟，賦詩曰：「卷甲歸來馬伏波，早年兵法鬢毛皤。雲埋銅柱雷轟折，六字題文尚不磨。」

時畿內石英、王勇盜起，又聞秦中石和尚、劉千斤作亂，屢欲爲書獻於朝。龍山公斥之爲狂，乃止。

校勘記

〔一〕「寓京師」，天真本無，有「夢賦征南詩」一句。

〔二〕「即慨然」至「始返」，天真本作「經月不返。問諸夷種落，因得備禦之策。嘗逐胡兒騎射，胡人不敢狎視。比歸，慨然有經略四方之志」。

孝宗弘治元年戊申，先生十七歲，在越〔一〕。

七月，親迎夫人諸氏於洪都。

外舅諸公養和爲江西布政司參議，先生就官署委禽。合卺之日，偶閑行，入鐵柱宫，遇道士趺坐一榻，即而叩之，因聞養生之説〔二〕，遂相與對坐忘歸。諸公遣人追之，次早始還。〔三〕

官署中蓄紙數篋，先生日取學書。比歸，數篋皆空，書法大進。

先生嘗示學者曰：「吾始學書，對模古帖，止得字形。後舉筆不輕落紙〔四〕，凝思静慮，擬形於心，久之，始通其法。既後，讀明道先生書曰：『吾作字甚敬，非是要字好，只此是學。』既非要字好，又何學也〔五〕？乃知古人隨時隨事只在心上學，此心精明，字好亦在其中矣。」

後與學者論格物〔六〕，多舉此爲證〔七〕。

校勘記

〔一〕「在越」，天真本無。

〔二〕此下，天真本有「慨然有意長往，是夕」八字。

〔三〕「合巹」至「始還」，贛州本作「合巹後，既釋衣，信步閑行，遂至鐵柱宫，見蜀中一道者静坐，與語，説之，相對終宵。諸不知，遣人遍索城中，次早始得」。

〔四〕「舉筆」，贛州本無。

〔五〕「既非要字好，又何學也」，贛州本作「夫既不要字好，果何學耶」。

〔六〕「格物」下，天真本有「之旨」二字。

〔七〕「此」，天真本作「學字一事」。

二年己酉，先生十八歲，寓江西〔一〕。

十二月，夫人諸氏歸餘姚。

是年，先生始慕聖學〔二〕。先生以諸夫人歸〔三〕，舟至廣信，謁婁一齋諒，語宋儒格物之學，且謂「聖人必可學而至」，遂深契之。

明年，龍山公以外艱歸姚〔四〕，命從弟冕、階、宫及妹婿牧相與先生講析經義〔五〕。先生日則隨衆課業〔六〕，夜則搜取諸經子史讀之〔七〕，多至夜分。四子見其文字日進，嘗愧不及，後知之曰：「彼已遊心舉業外矣，吾何及也！」〔八〕

先生接人〔九〕，故和易善謔，一日悔之〔一〇〕，遂端坐省言〔一一〕。四子未信〔一二〕，先生正色曰：「吾昔放逸〔一三〕，今知過矣。」

自後，四子亦漸斂容〔一四〕。

校勘記

〔一〕「寓江西」，天真本無。

〔二〕「始慕」，天真本作「有志」。

〔三〕「以諸夫人歸」，天真本無。

〔四〕「以外艱」之「以」，天真本作「丁」。

〔五〕「與先生」，天真本無。

〔六〕「隨衆課業」，贛州本作「業課」。

〔七〕「夜則搜取」，贛州本作「每夜搜取」。

〔八〕「四子」至「吾何及也」，贛州本作「四子見其文字大進，異之曰：『彼已遊心舉業外矣！』」。

〔九〕「接人」，天真本作「平時接人」。

〔一〇〕「悔之」，天真本作「自悔」。
〔一一〕「先生」至「省言」，贛州本作「先生故善謔，久乃悔之，端坐省言」。
〔一二〕「四子未信」，天真本作「四子始未信，反狎之」。
〔一三〕此下，天真本有「不自知過」四字。
〔一四〕「歛容」，天真本作「檢束」。

五年壬子，先生二十一歲，在越〔一〕。

舉浙江鄉試。

是年場中夜半見二巨人，各衣緋緑，東西立，自言曰：「三人好作事。」忽不見。已而，先生與孫忠烈燧、胡尚書世寧同舉。其後宸濠之變，胡發其奸，孫死其難，先生平之，咸以爲奇驗。〔二〕

是年爲宋儒格物之學〔三〕。

先生始侍龍山公於京師〔四〕，遍求考亭遺書讀之〔五〕。一日思先儒謂「衆物必有表裏精粗，一草一木，皆涵至理〔六〕」。官署中多竹，即取竹格之，沉思其理不得，遂遇疾。先生自委聖賢有分，乃隨世就辭章之學。〔七〕

明年春，會試下第，縉紳知者咸來慰諭〔八〕。宰相李西涯戲曰：「汝今歲不第，來科必爲狀元，試作《來科狀元賦》〔九〕。」先生懸筆立就。諸老驚曰：「天才！天才！」退，有忌者曰：「此子取上第，目中無我輩矣。」〔一〇〕

及丙辰會試，竟爲忌者所抑〔一一〕。同舍有以不第爲耻者，先生慰之曰：「世以不得第爲耻，吾以不得第動心爲耻。」識者服之。歸餘姚，結詩社龍泉山寺。致仕方伯魏瀚平時以雄才自放，與先生登龍山，對弈聯詩〔一二〕，有佳句輒爲先生得之，乃謝曰：「老夫當退數舍。」〔一三〕

校勘記

〔一〕「在越」，天真本無。

〔二〕此段，天真本無。

〔三〕此句，贛州本無。

〔四〕此句，贛州本作「始在京師」，天真本作「始龍山公如京師，先生在侍，至則」。

〔五〕此下，天真本有「欲通其源」四字。

〔六〕此下，贛州本有「不可不察」四字。

〔七〕「沉思其理」至「辭章之學」，贛州本作「苦求其理不得，病作而止，乃貶志爲辭章之習」。「沉思其理不得」，天真本作「求其理不得，即沉思不止」；「聖賢有分」下，有「非吾人所及」五字。

〔八〕「縉紳知者咸來慰諭」，贛州本無。

〔九〕「李西涯」至「來科狀元賦」，贛州本作「李西涯東陽戲呼爲來科狀元，且曰試以吾言作賦」。
〔一〇〕「退」字以下十六字，贛州本無。
〔一一〕此下，天真本有「先生弗爲意」一句。
〔一二〕「與先生登龍山，對弈聯詩」，天真本作「聞先生名，每登龍泉山下棋聯詩，一子一句」。
〔一三〕「歸餘姚」至末，贛州本無。

十年丁巳，先生二十六歲，寓京師〔一〕。

是年，先生學兵法。當時邊報甚急，朝廷推舉將才，莫不遑遽〔二〕。先生念武舉之設，僅得騎射搏擊之士，而不可以收韜略統馭之才。於是留情武事，凡兵家秘書，莫不精究。每遇賓宴，嘗聚果核列陣勢爲戲。

校勘記

〔一〕「寓京師」，天真本無。
〔二〕「朝廷推舉將才」上，天真本有「先生見」三字，「莫不遑遽」下有「謂才不可以預備畜」。

十一年戊午，先生二十七歲，寓京師〔一〕。

是年，先生談養生〔二〕。

先生自念辭章藝能〔三〕，不足以通至道；求師友於天下，又不數遇，心持惶惑〔四〕。一日讀晦翁上宋光宗疏，有曰：「居敬持志，爲讀書之本；循序致精，爲讀書之法。」乃悔前日探討雖博，而未嘗循序以致精，宜無所得；又循其序，思得漸漬洽浹，然物理吾心終若判而爲二也。〔五〕沉鬱既久，舊疾復作，益委聖賢有分〔六〕。

偶聞道士談養生〔七〕，遂有遺世入山之意。

校勘記

〔一〕「寓京師」，天真本無。

〔二〕「談養生」，天真本作「聞養生之術」。

〔三〕此下，天真本有「之習」二字。

〔四〕「心持惶惑」，贛州本作「遑惑靡定」。

〔五〕「乃悔」至「判而爲二也」，贛州本作「乃悔前者未嘗循序致精，漸漬洽浹，然物理與吾必終判爲二」。「循其序」，天真本作「循其進爲之方」。

〔六〕「益委聖賢有分」，贛州本無，天真本作「乃自分聖賢之學，決非吾人可及」。

〔七〕「聞」，贛州本作「遇」。

十二年己未，先生二十八歲，在京師〔一〕。

舉進士出身。

是年春〔二〕，會試。舉南宮第二人〔三〕，賜二甲進士出身第七人，觀政工部。

疏陳邊務。

先生未第時，嘗夢威寧伯遺以弓劍。〔四〕是秋，欽差督造威寧伯王越墳，馭役夫以什伍法，休食以時，暇即驅演「八陣圖」。事竣，威寧家以金帛謝，不受；乃出威寧所佩寶劍爲贈，適與夢符〔五〕，遂受之。

時有星變，朝廷下詔求言，及聞達虜猖獗，先生復命上邊務八事，言極剴切。〔六〕

校勘記

〔一〕「在京師」，天真本無。

〔二〕「是年春」，贛州本作「二月」。

〔三〕此下，贛州本有「廷試」二字。

〔四〕此二句，天真本在「乃出威寧所佩寶劍爲贈」句下。

〔五〕「適與夢符」上，天真本有「至是」二字。

〔六〕「先生未第」至「剴切」二段，贛州本作「未第時，嘗夢王威寧以弓劍爲贈。至秋，遣造威寧公墳。既得細詢王用兵之詳，遂以什伍法馭役夫，休食以時，速得畢事。其家以金帛謝，不受；比出威寧所佩寶劍，適與夢符，遂受之。是時星變，達虜猖獗，朝廷下詔求言，復命，上邊務八事，言極剴切」。「言極剴切」，天真本作「言及時政得失，辭極剴切」。

十三年庚申，先生二十九歲，在京師〔一〕。

授刑部雲南清吏司主事。

校勘記

〔一〕「在京師」，天真本無。

十四年辛酉，先生三十歲，在京師〔一〕。

奉命審録江北。

先生録囚，多所平反。事竣，遂遊九華，作《遊九華賦》，宿無相、化城諸寺〔二〕。

是時，道者蔡蓬頭善談仙，待以客禮，請問。蔡曰：「尚未。」有頃，屏左右，引至後亭，再拜請問。蔡曰：「尚未。」問至再三，蔡曰：「汝後堂、後亭禮雖隆，終不忘官相。」一笑而別。聞地藏洞有異人，坐卧松毛，不火食，歷嵒險訪之。正熟睡，先生坐傍，撫其足。有頃，醒，驚曰：「路險，何得至此！」因論最上乘，曰：「周濂溪、程明道是儒家兩個好秀才。」後再至，其人已他移，故後有「會心人遠」之嘆。〔三〕

校勘記

〔一〕「在京師」，天真本無。

〔二〕此下，天真本有「多所述作」四字。

〔三〕「是時」至「之嘆」三段，天真本無。

十五年壬戌，先生三十一歲，在京師〔一〕。

八月，疏請告〔二〕。

是年先生漸悟仙、釋二氏之非。

先是五月復命，京中舊遊俱以才名相馳騁，學古詩文。〔三〕先生嘆曰：「吾焉能以有限精神，爲無用之虚文也！」遂告病歸越，築室陽明洞中，行導引術〔四〕。久之，遂先知〔五〕。

一日，坐洞中〔六〕，友人王思輿等四人來訪，方出五雲門，先生即命僕迎之，且歷語其來迹〔七〕。

僕遇諸途，與語良合。衆驚異，以爲得道。久之悟曰：「此簸弄精神，非道也。」又屏去。已而靜久，思離世遠去，惟祖母岑與龍山公在念，因循未決。〔八〕

久之，又忽悟曰：「此念生於孩提。此念可去，是斷滅種性矣。」

明年，遂移疾錢塘西湖，復思用世。往來南屏、虎跑諸刹。

有禪僧坐關三年，不語不視，先生喝之曰：「這和尚終日口巴巴説甚麽！終日眼睜睜看甚麽！」僧驚起，即開視對語。〔九〕先生問其家。對曰：「有母在。」曰：「起念否？」對曰：「不能不起。」先生即指愛親本性諭之〔一〇〕，僧涕泣謝。

明日，問之，僧已去矣〔一一〕。

校勘記

〔一〕「在京師」，天真本無。

〔二〕「八月，疏請告」，天真本作「告病歸越」。

〔三〕「復命」下，天真本有「回部」二字，「京中」上有「時」字，「舊」作「交」。「才名」，贛州本作「古文」，「學古詩文」四字無。

〔四〕「築室陽明洞中，行導引術」，天真本作「築室陽明洞，究仙經秘旨，爲導引諸術」。

〔五〕「久之，遂先知」，天真本作「久之，即能先知」，贛州本作「未幾，即前知」。

〔六〕「坐洞中」，贛州本無。

〔七〕「先生」至「來迹」，贛州本作「先生僕已往迎，能道來迹，衆驚異」。

〔八〕「已而静久」，天真本作「比静坐久，汗穢六合」；「思」，天真本作「每思」；「在念」，天真本作「在堂，不忍違」。「思離世遠去」，贛州本作「已而思離世累」；「因循未決」，贛州本無。

〔九〕「不語」至「對語」，天真本無。

〔一〇〕「即指愛親本性」，贛州本作「因指本性」。

〔一一〕「問之，僧已去矣」，贛州本作「遂返其家」。

十有七年甲子，先生三十三歲，在京師〔一〕。

秋，主考山東鄉試。

巡按山東監察御史陸偁聘主鄉試，試録皆出其手筆。其策問議國朝禮樂之制；老、佛害道，由於聖學不明；綱紀不振，由於名器太濫，用人太急，求效太速；及分封、清戎、禦夷、息訟，皆有成法。

録出，人占先生經世之學。〔二〕

【《叙》略有曰：山東占齊、魯、宋、衛之地，而吾夫子之鄉也。嘗讀夫子《家語》，其門人高弟大抵皆出於齊、魯、宋、衛之間，固願一至其地，以觀其山川之靈秀奇特，將必有如古人者生其間，而吾無從得之也。

今年爲弘治甲子，天下當復大比。山東巡按監察御史陸偁輩以禮與幣來請守仁爲考試官，而守仁得以部屬來典試事於兹土，雖非其人，寧不自慶其遭際，又况夫子之鄉，固其平日所願一至焉者，而乃得以盡觀其所謂賢士者之文而考校之，豈非平生之大幸歟？雖然，亦竊有大懼焉。夫委重於考校，將以求才也。求才而心有不盡，是不忠也。心之盡矣，而真才之弗得，是弗明也。不忠之責，吾知盡吾心爾矣。不明之罪，吾終且奈何哉？蓋昔者夫子之時，及門之士嘗三千矣，身通六藝者七十餘人，其尤卓然而顯者，德行、言語則有顏、閔、予、賜之徒。政事、文學則有由、求、遊、夏之屬。今所取士，其始拔自提學陳某者，蓋三千有奇，而得千有四百。既而試之，得七十有五人焉。

嗚呼！是三千有奇者，其皆夫子鄉人之後進，而獲游於門牆者乎？是七十有五人者，其皆身通六藝者乎？夫今之山東，猶古之山東也，雖今之不逮於古，顧亦寧無一二人如昔賢者？而今之所取，苟不與焉，豈非司考校者不明之罪歟？

雖然，某於諸士亦願有言者。夫有其人而弗取，是誠司考校者不明之罪矣。司考校者以是求之，以是取之，而諸士之中苟無其人焉以應其求，以不負其所取，是亦諸士者之耻也。雖然，予豈敢謂果無其人哉？夫子嘗曰：「魯無君子者，斯焉取斯。」顔淵曰：「舜何人也？予何人也？有爲者亦若是。」夫爲夫子之鄉人，苟未能如昔人焉，而不耻不若，又不知所以自勉，是自暴自棄也，其名不肖。夫不肖之與不明，其相去何遠乎？然則司考校者之與諸生，亦均有責焉耳矣。

嗟夫！司考校者之責，自今不能以無懼而不可以有爲矣。若夫諸士之責，其不能者，猶可以自勉，而又懼其或以自畫也。諸士無亦曰：吾其勗哉！無使司考校者終不免於不明也。斯無愧於是舉，無愧於夫子之鄉人也矣。】

九月，改兵部武選清吏司主事。

校勘記

〔一〕「在京師」，天真本無，贛州本作「在越」。

〔二〕此二句，贛州本無。

十八年乙丑，先生三十四歲，在京師〔一〕。

是年，先生門人始進〔二〕。

學者溺於詞章記誦〔三〕，不復知有身心之學。先生首倡言之〔四〕，使人先立必爲聖人之志。聞者漸覺興起〔五〕，有願執贄及門者。至是專志授徒講學〔六〕。

然師友之道久廢，咸目以爲立異好名〔七〕，惟甘泉湛先生若水時爲翰林庶吉士，一見定交，共以倡明聖學爲事〔八〕。

校勘記

〔一〕「在京師」，天真本無。

〔二〕「是年，先生門人始進」，天真本作「門人受學於京師」。

〔三〕「學者」上，天真本有「是時」二字，「記誦」下有「之習」二字。

〔四〕「首倡言之」，天真本作「指其自明之機」。

〔五〕此句，贛州本作「聞者興起，久之」。

〔六〕「至是」，天真本作「是年」。

〔七〕「咸目」，天真本作「聞者多」。

〔八〕「共以倡明聖學爲事」，贛州本作「爲莫逆」。

武宗正德元年丙寅，先生三十五歲，在京師〔一〕。

二月，上封事〔二〕**，下詔獄，謫龍場驛驛丞**。

是時武宗初政，奄瑾竊柄。南京科道戴銑、薄彦徽等以諫忤旨，逮繫詔獄。先生首抗疏救之，其言：

「君仁臣直。銑等以言爲責，其言如善，自宜嘉納；如其未善，亦宜包容，以開忠讜之路。乃今赫然下令遠事拘囚，在陛下不過少示懲創，非有意怒絶之也。下民無知，妄生疑懼，臣切惜之！自是而後，雖有上關宗社危疑不制之事，陛下孰從而聞之？陛下聰明超絶，苟念及此，寧不寒心？伏願追收前旨，使銑等仍舊供職，擴大公無我之仁，明改過不吝之勇。聖德昭布遠邇，人民胥悦，豈不休哉？

「〖臣又惟君者，元首也。臣者，耳目手足也。陛下思耳目之不可使壅塞，手足之不可使痿痺，必將惻然而有所不忍。臣承乏下僚，明旨有政事得失許諸人直言無隱之條，故敢昧死爲陛下一言。〗」

疏入，亦下詔獄。已而廷杖四十，既絶復甦。尋謫貴州龍場驛驛丞。

【獄中讀《易》

囚居亦何事？省愆懼安飽。瞑坐玩羲易，洗心見微奥。乃知先天翁，畫畫有至教。包蒙戒爲寇，童牿事宜早。蹇蹇匪爲節，虩虩未違道。遯四獲我心，蠱上庸自保。俯仰天地間，觸目俱浩浩。簞瓢有餘樂，此意良匪矯。幽哉陽明麓，可以忘吾老。

別湛元明

静虚匪虚寂，中有未發中。中有亦何有？無之即成空。無欲見真體，忘助皆非功。至哉玄化機，非子孰與窮！

答喬白岩

毫釐何所辨？惟在公與私。公私何所辨？天動與人爲。遺體豈不貴？踐形乃無虧。願君崇德性，問學刊支離。毋爲氣所役，毋爲物所疑。恬澹自無欲，精專絶交馳。

夢抑之昆季

起坐憶所夢，默遡猶歷歷。初談自有形，繼論入無極。無極生往來，往來萬化出。萬化無停機，往來何時息？來者胡爲信？往者胡爲屈？微哉屈信間，子午當其窟。非子盡精微，此理誰與測？何當衡廬間，相携玩羲易。】

校勘記

〔一〕「在京師」，天真本無。

〔二〕「上封事」，天真本作「劾逆瑾」。

二年丁卯，先生三十六歲，在越〔一〕。

夏，赴謫至錢塘〔二〕。

先生至錢塘，瑾遣人隨偵〔三〕。先生度不免，乃托言投江以脱之〔四〕。因附商船，遊舟山，偶遇颶風大作。

一日，夜至閩界。比登岸，奔山徑數十里。夜扣一寺求宿，僧故不納。趨野廟，倚香案卧，蓋虎穴也。夜半，虎繞廊大吼，不敢入。黎明，僧意必斃於虎，將收其囊，見先生方熟睡，呼始醒，驚曰：「公非常人也！不然，得無恙乎？」〔五〕

邀至寺。寺有異人，嘗識於鐵柱宫，約二十年相見海上。至是，出詩，有「二十年前曾見君，今來消息我先聞」之句。與論出處，且將遠遁。其人曰：「汝有親在，萬一瑾怒逮爾父，誣以北走胡、南走粵，何以應之？」因爲蓍得明夷，遂決策返〔六〕。先生題詩壁間曰：「險夷原不滯胸中，何異浮雲過太空。夜静海濤三萬里，月明飛錫下天風。」

因取間道，由武夷而歸〔七〕，時龍山公官南京吏部尚書，從鄱陽往省〔八〕。

十二月，返錢塘，赴龍場驛。

是時，先生與學者講授，雖隨地興起，未有出身承當以聖學爲己任者。徐愛，先生妹婿也，因先生將赴龍場，納贄北面，奮然有志於學。〔九〕

愛與蔡宗兖、朱節同舉鄉貢，先生作《别三子序》以贈之。〔一〇〕

【略曰：自程、朱諸大儒没，而師友之道遂亡，六經分裂於訓詁，支離蕪蔓於詞章、舉業之習，聖學幾於息矣。有志之士，思起而興之，然卒徘徊咨嗟，逡巡而不振，因弛然自廢者，亦志之弗立，弗講於師友之道也。

夫一人爲之，二人從而翼之，已而翼之者益衆焉。雖有難爲之事，其弗成者鮮矣。一人爲之，二人從而危之，已而危之者益衆焉。雖有易成之功，其克濟者亦鮮矣。故凡有志之士，必求助於師友；無師友之助者，志之弗立、弗求者也。

自予始知學，即求師於天下，而莫予誨也；求友於天下，而與予者寡矣。又求同志之士，二三子之外，邈乎其寥寥也！殆予之志有未立耶？

蓋自近年，而又得蔡希顔、朱守中於山陰之白洋，得徐曰仁於餘姚之馬堰。希顔之深潛，守中之明敏，曰仁之温恭，皆予所不逮。三子者，徒以一日之長，視予先輩，予亦居之弗辭。非能有加也，姑欲假三子者而爲之證，遂忘其非有也；而三子者亦姑欲假予，而存師友之餼羊，不謂其不可也。當是時，其相與也，亦渺乎難哉。

徐愛《同志考叙》曰：「愛於丁卯夏，始得以家君命執弟子禮，於時門下亦莫予先者也。既而，是秋，山陰蔡希顔、朱守中來學，鄉之興起始多，而先生已赴謫所矣。」】是知崇信師教，莫先於曰仁也。』

【愛嘗問：「道心常爲一身之主，而人心聽命，如何？」先生曰：「心一也，未雜於人謂之道心，雜以人僞謂之人心。人心得其正者即道心，道心失其正者即人心，非有二也。程子謂『人心即人欲，道心即天理』，語若分析而意實盡。今謂道心爲主，而人心聽命，是二心也。天理、人欲不並立，安有天理爲主，人欲又從聽命者？」

武夷次壁間韻

肩輿飛度萬峰雲，回首浪波月下聞。海上真爲滄水使，山中又遇武夷君。溪流九曲初諳路，精舍千年始及門。歸去高堂慰垂白，細探更擬在春分。】

校勘記

〔一〕「在越」，天真本無。

〔二〕「夏」上，贛州本有「冬赴龍場，是」五字。「赴謫」，天真本、贛州本無。

〔三〕「隨偵」，天真本作「追偵，相隨不釋」。

〔四〕「先生度不免，乃托言投江以脱之」，贛州本作「久之，微示以意。先生乃托言投江以脱之」。

〔五〕「奔山」至「恙乎」，贛州本作「巡海兵疑其狀，奔山徑數十里。扣一寺，寺故不納暮客，計將趍寺旁野廟，自入虎穴，且利其遺囊爲常。是夜，先生以饑疲，熟寢香案下。夜半，虎繞廟大吼，不敢入。僧聞虎意，快且往見先生，以爲既死，杖其足試之，先生始醒，僧驚曰：公非常人！不然，能伏虎乎？」

〔六〕「嘗識」至「决策返」，天真本作「識之，因與議出處，諭以禍福，促其行，且贈之詩」。

〔七〕「由武夷而歸」，贛州本作「遊武夷，出鉛山，訪上饒婁氏，助其歸」。

〔八〕此下，天真本有「留都」二字。

〔九〕「是時」上，天真本有「按，是夏，門人徐愛見」。「先生」至「於學」，贛州本作「學者講授雖多，未見有承當者。先生妹婿徐曰仁者，納贄北面，奮然有志於聖學」。「己任」，天真作「己事」。

〔一〇〕「愛」字上，贛州本有「是秋」二字。「以贈之」，天真本無。

三年戊辰，先生三十七歲，在貴陽〔一〕。

先生始悟格物致知〔二〕。

龍場在貴州西北萬山叢棘中，蛇虺魍魎，瘴癘蠱毒與居〔三〕，夷人鴃舌難語〔四〕，可通語者，皆中土亡命。舊無居，始教之範土架木以居。時瑾憾未已，自計得失榮辱皆能超脱，惟生死一念尚覺未化〔五〕，乃爲石墩自誓曰：「吾惟俟命而已！」〔六〕日夜端居澄默，以求静一，久之胸中灑灑〔七〕。而從者皆病，自折薪汲水烹作糜飼之；又恐其懷抑鬱，則與歌詩〔八〕。又不悦，復調越曲，雜以詼笑，始能忘其爲疾病夷狄患難也。〔九〕因念：「聖人處此，更有何道？」〔一〇〕忽中夜大悟格物致知之旨，寤寐中，若有人語之者，不覺呼躍，從者皆驚。始知聖人之道，吾性自足〔一一〕，向之求理於事物者，誤也。乃以默記五經之言證之，莫不吻合〔一二〕，因著《五經億説》。

居久〔一三〕，夷人亦日來親狎，以所居湫濕〔一四〕，乃伐木構龍岡書院及寅賓堂、何陋軒、君子亭、玩易窩以居之。

【先生《何陋記》有曰：「昔孔子欲居九夷，人以爲陋。孔子曰：『君子居之，何陋之有？』守仁以罪謫龍場，龍場古夷蔡之外，於今爲要綏，而習類尚因其故，人皆以予自上國往，將陋其地，弗能居也。而予處之旬月，安而樂之，求其所謂甚陋者而莫得，獨其結題鳥言，山棲羝服，無軒裳宮室之觀，文義揖讓之縟，然此猶淳龐質素之遺焉。蓋古之時，法制未備則有然矣，不得以爲陋也。夫愛憎面背，亂白黝，浚奸窮黠，外良而中螫，諸夏蓋不免焉。若是而彬郁其容，宋甫魯掖，折旋矩矱，將無爲陋乎？夷之人乃不能此。其好言惡詈，直情率遂，則有矣。世徒以其言辭物采之眇而陋之，吾不謂然也。

「始予至，無室以止，居於叢棘之間，則鬱也。遷於東峰，就石穴而居之，又陰以濕。龍場之民，老稚日來視，喜不予陋，益予比。予嘗圃於叢棘之右，民謂予之樂之也。相與伐木閣之材，就其地爲軒以居予。予因而翳之以檜竹，蒔之以卉藥，列堂階，辨室奧。琴編圖史，講誦遊適之道略具，學士之來遊者，亦稍稍而集。於是，人之及吾軒者，若觀於通都焉。而予亦忘予之居夷也，因名之曰『何陋』，以信孔子之言。

「嗟夫！諸夏之盛，其典章禮樂，歷聖修而傳之，夷不能有也，則謂之『陋』，固宜。於後蔑道德而專法令，搜抉鉤縶之術窮，而狡匿譎詐無所不至，渾朴盡矣。夷之民，方若未琢之璞，未繩之木，雖粗礪頑梗而椎斧尚有施也，安可以陋之？斯孔子所爲欲居也歟？」】

思州守遣人至驛侮先生〔一五〕，諸夷不平，共毆辱之。守大怒，言諸當道。毛憲副科令先生請謝，且諭以禍福。先生致書復之，守慚服〔一六〕。

水西安宣慰聞先生名，使人饋米肉，給使令，既又重以金帛鞍馬，俱辭不受。〔一七〕始朝廷議設衛於水西，既置城，已而中止，驛傳尚存〔一八〕。安惡據其腹心〔一九〕，欲去之，以問先生。先生遺書析其不可，且申朝廷威信令甲〔二〇〕，議遂寢。已而宋氏酋長有阿賈、阿札者叛宋氏，爲地方患，先生復以書詆諷之。〔二一〕

【曰：「阿賈、阿札等畔宋氏，爲地方患。傳者謂使君使之，此雖或出於妒婦之口，然阿賈等自言使君嘗錫之以氈刀，遺之以弓弩，雖無其心，不幸乃有其迹矣。始三堂兩司得是説，即欲聞之於朝，既而以使君平日忠實之故，未必有是，且信且疑，姑令使君討賊，苟遂出軍剿撲，則傳聞皆妄，何可以濫及忠良？其或坐觀逗遛，徐議可否，亦未爲晚，故且隱忍其議，所以待使君者甚厚。既而文移三至，使君始出，衆論紛紛，疑者將信，喧騰之際，適會左右求獻阿麻之首，偏師出解洪邊之圍。群公又復徐徐，今又三月餘矣。使君稱疾歸卧，諸軍以次潛回其間，分屯寨堡者，不聞擒斬以宣國威，惟增剽掠以重民怨，衆情愈益不平，而使君之民罔所知識，方揚言於人，謂『宋氏之難，當使宋氏自平，安氏何與而反爲之役？我安氏連地千里，擁衆四十八萬，深坑絶坉，飛鳥不能越，猿猱不能攀，縱遂高坐，不爲宋氏出一卒，人亦卒如我何？』斯言已稍稍傳播，不知三堂、兩司已嘗聞之否？使君誠久卧不出，安氏之禍必自斯言始矣。使君與宋氏同守土，而使君爲之長。地方變亂，皆守土者之罪，使君能獨委之宋氏乎？

「夫連地千里，孰與中土之一大郡？擁衆四十八萬，孰與中土之一都司？深坑絶坉，安氏有之。然如安氏者，環四面而居，以百數也。今播州有楊愛，愷黎有楊友，酉陽、保靖有彭世麒等諸人。斯言苟聞於朝，朝廷下片紙於楊愛諸人，使各自爲戰，共分安氏之所有，蓋朝令而夕無安氏矣。深坑絶坉，何所用其險？使君可寒心乎？且安氏之職，四十八支更迭而爲，今使君獨傳者三世，而群支莫敢争，以朝廷之命也。苟有可乘之釁，孰不欲起而伐之乎？然則揚此言於外，以速安氏之禍者，殆漁人之計，蕭墻之憂未可測也。使君宜速出軍平定反側，破衆讒之口，息多

端之議，弭方興之變，絶難測之禍，補既往之愆，要將來之福。某非爲人作説客者，使君幸熟思之。」】

安悚然，率所部平其難，民賴以寧。〔二三〕

【有問僊術者，先生答之曰：「詢及神僊有無，兼請其事，三至而不答，非不欲答也，無可答耳。昨令弟來，必欲得之。僕誠生八歲而即好其説，今已餘三十年矣，齒漸摇動，髮已有一二莖變化成白，目光僅盈尺，聲聞函丈之外，又常經月卧病不出，藥裹驟進，此殆其效也。而相知猶妄謂之能得其道，足下又妄聽之而以見詢。不得已，姑爲足下妄言之。

「古有至人，淳德凝道，和於陰陽，調於四時，去世離俗，積精全神，道行天地之間，視聽八紘之外，若廣成子之千五百歲而不衰，李伯陽歷商、周之代，西度函谷，亦嘗有之。若是而謂之曰無，疑於欺子矣。

「然其呼吸動静，與道爲體，精骨完久，禀於受氣之始，此殆天之所成，非人力可强也。若後世拔宅飛昇、點化投奪之類，譎怪奇駭，是乃秘術曲技，尹文子所謂幻，釋氏謂之外道者也。若是而謂之曰有，亦疑於欺子矣。

「夫有無之間，非言語可辨，況存久而明，養深而厚，得之未至而强喻信，亦未必能及也。

「蓋吾儒亦自有神僊之道。顔子三十二卒，至今未亡也，足下能信之乎？後世上陽子之流，蓋方外技術之士，未可以爲道。若達磨、慧能之徒，則庶幾近之矣，然而未易言也。足下欲聞其說，須退處山林三十年，全耳目，一心志，胸中灑灑，不掛一塵，而後可以言此。今去僊道尚遠也！妄言不罪。〔一一〕】

校勘記

〔一〕「在貴陽」，天真本無。

〔二〕「致知」，天真本作「之學」。

〔三〕「瘴癘蠱毒」，天真本無。

〔四〕「夷人」下，贛州本有「又皆」二字。「難語」，天真本無。

〔五〕「尚覺未化」，天真本無，贛州本作「尚未能遣」。

〔六〕天真本誓詞作「吾惟俟命，有死而已，他無計也」。

〔七〕「久之」，天真本作「日覺」。

〔八〕「又恐其懷」，贛州本作「既又恐其」，天真本作「病者猶懷」。「則」，天真本作「先生始」。

〔九〕「又不」至「患難也」，天真本作「不悦，既與唱曲，雜恢笑，始悦，病漸與，亦能忘其爲夷狄患難也」。

〔一〇〕「因」，天真本作「默」。「聖人處此，更有何道」，贛州本作「聖人當之，或有進於此者」。

〔一一〕此下，天真本有「無俟外求」四字。

〔一二〕「始知」至「吻合」，贛州本作「自是始有大悟，乃默記五經證之」。

〔一三〕「居久」，天真本作「夷俗多用蠱毒害人，中土人來輒中之。初以先生卜諸蠱神，神不許，命敬事之，於是」，贛州本約同。

〔一四〕「湫」，天真本作「陰」。

〔一五〕此句，贛州本作「思州人有侮於先生」。

〔一六〕「慚服」，贛州本作「顧慚懼」，天真本作「慚懼，愈敬重」。

〔一七〕「使人」，贛州本無。「給使令」下，贛州本、天真本皆有「辭不受」。

〔一八〕「既置」至「尚存」，贛州本作「既置城傳，而中止」。

〔一九〕「惡據其腹心」，贛州本作「惡其漸」。

〔二〇〕「遺書」、「且申朝廷威信令甲議」十一字，贛州本無。

〔二一〕「宋氏」、「地方」四字，贛州本無，「詆諷之」作「諷安」。

〔二二〕此三句，贛州本作「安悚然，率所部平之」。

四年己巳，先生三十八歲，在貴陽〔一〕。

提學副使席書聘主貴陽書院。

是年，先生始論知行合一〔二〕。

始席元山書提督學政，問朱、陸同異之辨。先生不語朱、陸之學〔三〕，而告之以其所悟。書懷疑而去。明日復來，舉知行本體證之五經諸子〔四〕，漸有省〔五〕。往復數四，豁然大悟，謂聖人之學復睹於今日。朱、陸異同，各有得失，無事辯詰，求之吾性，本自明也。〔六〕遂與毛憲副修葺書院，身率貴陽諸生，以所事師禮事之。

後徐愛因未會先生知行合一之訓，決於先生。

先生曰：「試舉看。」

愛曰：「如今人已知父當孝，兄當弟矣，乃不能孝弟，知與行分明是兩件事。」

先生曰：「此被私欲隔斷耳，非本體也。聖賢教人知行，正是要人復本體。故《大學》指出真知行以示人曰：『如好好色，如惡惡臭。』夫見好色屬知，好好色屬行。只見色時已是好矣，非見後而始立心去好也。聞惡臭屬知，惡惡臭屬行。只聞臭時，已是惡矣，非聞後而始立心去惡也。就如稱某人知孝，某人知弟，必是其人已曾行孝行弟，方可稱他知孝知弟。此便是知行之本體。」

愛曰：「古人分知行爲二，恐是要人用工有分曉否？」

先生曰：「此正失却古人宗旨也。某嘗説知是行之主意，行實知之功夫；知是行之始，行實知之成，已可理會矣。古人立言所以分知行爲二者，緣世間有一種人，懵懵然任意去做，全不解思惟省察，是之爲冥行妄作，所以必説知，而後行無繆；又有一種人，茫茫然懸空去思索，全不肯着實躬行，是之爲揣摸影響，所以必説行，而後知始真：此是古人不得已之教。若見得時，一言足矣。今人却以爲必先知然後能行，且講習討論以求知，俟知得真時，方去行，故遂終身不行，亦遂終身不知。某今説知行合一，使學者自求本體，庶無支離決裂之病。」〔七〕

【書院舊有妖，守者以告。先生藏燈按劍坐後堂，將二鼓，黑氣撞門入，拔劍腰斬之，血淋淋，逾牆大喊去，妖遂息。】

校勘記

〔一〕「在貴陽」，天真本無。

〔二〕「論知行合一」，天真本作「有知行合一之説」。贛州本「論」作「悟」。

〔三〕「不語朱、陸之學」，贛州本作「不答」。

〔四〕「舉知行本體」，天真本無。

〔五〕「漸有省」，贛州本、天真本皆作「漸覺有省，繼是」。

〔六〕「求之吾性，本自明也」，贛州本無。

〔七〕「後徐愛」至「庶無支離決裂之病」，天真本作：「先生以晦庵分知行爲進學之次第，先之以格致而於知無不明，然後實之以誠正而於形無所繆，是使學者影響測憶，以求知而不知性體有自然之明覺也。拘執固滯以爲行，而不知性體有自然之感應也。本體知行，原無可間，故功夫不得以有二，乃立知行合一之説，使學者自求本體，而知行不繆，庶無支離決裂之病。」

贛州本作：「後徐愛因未會先生知行合一之訓，決於先生。先生曰：『試舉看。』愛曰：『如今人儘有知得父當孝，兄當弟矣，却不能孝不能弟，便是知與行分明是兩件。』先生曰：『此已被私欲隔斷矣，聖賢教人知行，正是要復那本體，不是着你只恁的便罷。故《大學》指個真知行與人看説：如好好色，如惡惡臭。見好色屬知，好好色屬行。只見那好色時已自好了，不是見了後又立個心去好。聞惡臭屬知，惡惡臭屬行。只聞那惡臭時，已自惡了，不是聞了後别立個心去惡。就如稱某人知孝，某人知弟，必是其人已曾行孝行弟，方可稱他知孝知弟。又如知痛，必已自痛了方知痛；知寒，必已自寒了方知寒。此便是知行的本體。不然只是不曾知，此却是何等緊切着實的工夫！』愛曰：『古人説知行做兩個，亦是要人見個分曉，即工夫始有下落？』先生曰：『此却失了古人宗旨也。某嘗説知是行的主意，行實知的功夫；知是行之始，行實知之成。若會得時，只説一個知已自有行在。古人所以既説一個知，又説一個行，只爲世間有一種人，懵懵懂懂的任意去做，全不解思惟省察也，只是個冥行妄作，所以必説個知，方纔行得是。又有一種人，茫茫蕩蕩懸空去思索，全不肯着實躬行也，只是個揣摸影響，所以必説一個行，方纔知得真：此是古人不得已補偏救弊的説話。若見得這個意時，即一言而足。今人却就將知行分作兩件去做，以爲必先知了然後能行，我如今且去講習討論，做知的工夫，故遂終身不行，亦遂終身不知。此不是小病，其來已非一日矣。某今説個知行合一，正是對病的藥，又不是某鑿空杜撰。知行本體原是如此。今若知得宗旨時，即說兩個亦不妨，亦只是一個。若不會宗旨，便説做一個，亦濟得甚事？只是閒説話。』」

五年庚午，先生三十九歲，在吉〔一〕。

陞廬陵縣知縣。

先生三月至廬陵。爲政不事威刑，惟以開導人心爲本。莅任初〔二〕，首詢里役，察各鄉貧富奸良之實而低昂之〔三〕。獄牒盈庭，不即斷射〔四〕，稽國初舊制，慎選里正三老坐申明亭，使之委曲勸諭，民胥悔勝氣囂訟，至有涕泣而歸者，由是囹圄日清。

在縣七閱月，遺告示十有六，大抵諄諄慰父老，使教子弟毋令蕩僻。〔五〕城中失火，身禱返風，以血禳火，而火即滅。〔六〕因使城中闢火巷，定水次兑運，絶鎮守横征。杜神會之借辦，立保甲以弭盜，清驛遞以延賓旅。〔七〕

至今數十年猶踵行之〔八〕。

語學者悟入之功。〔九〕

先是先生赴龍場時，隨地講授。及歸，過常德辰州，〔一〇〕見門人冀元亨、蔣信、劉觀時輩俱能卓立〔一一〕，喜曰：「謫居兩年，無可與語者，歸途乃幸得諸友〔一二〕！悔昔在貴陽舉知行合一之教，紛紛異同，罔知所入。〔一三〕茲來，乃與諸生静坐僧寺，使自悟性體，顧恍恍若有可即者〔一四〕。」

既又途中寄書曰：「前在寺中所云静坐事，非欲坐禪入定也。蓋因吾輩平日爲事物紛拏，未知爲己，欲以此補小學收放心一段功夫耳。明道云：『纔學，便須知有用力處；既學，便須知有得力處。』諸友宜於此處著力，方有進步，異時始有得力處也。」

【又曰：絶學之餘，求道者少。一齊衆楚，最易摇奪。自非豪傑，鮮有卓然不變者。諸友宜相砥礪夾持，務期有成。近世士夫，亦有稍知求道者，皆因實德未成，而先揭標榜，以來世俗之謗，是以往往隳墮無立，反爲斯道之梗。諸友宜以是爲鑒，刊落聲華，務於切己處着實用力。】

【霽夜

雨霽僧堂鐘磬清，春溪月色特分明。沙邊宿鷺寒無影，洞口流雲夜有聲。静後始知群動妄，閑來還覺道心驚。問津久矣慚沮溺，歸向東皋學耦耕。

睡起寫懷

紅日熙熙春睡醒，江雲飛盡楚山青。閑觀物態皆生意，静悟天機入窅冥。道在險夷隨地樂，心忘魚鳥自流形。未須更覓羲黄事，一曲滄浪擊壤聽。

再過濂溪祠用前韻

曾向圖書識面真，半生長自愧儒巾。斯文久已無先覺，聖世今應有逸民。一自支離乖學

術，競將雕刻費精神。瞻依多少高山意，水漫蓮池長緑蘋。】

冬十有一月〔一五〕**，入覲。**

先生入京，館於大興隆寺，時黄宗賢綰爲後軍都督府都事，因儲柴墟巏請見。先生與之語，喜曰：「此學久絶，子何所聞？」對曰：「雖粗有志，實未用功。」先生曰：「人惟患無志，不患無功。」明日，引見甘泉，訂與終日共學。

按，宗賢至嘉靖壬午春〔一六〕，復執贄稱門人。

十二月，陞南京刑部四川清吏司主事。

論實踐之功。先生與黄綰、應良論聖學久不明，學者欲爲聖人〔一七〕，必須廓清心體，使纖翳不留，真性始見，方有操持涵養之地。應良疑其難。先生曰：「聖人之心如明鏡，纖翳自無所容，自不消磨刮。若常人之心，如斑垢駁蝕之鏡，須痛刮磨一番，盡去駁蝕，然後纖塵即見，纔拂便去，亦不消費力，到此已是識得仁體矣。若駁蝕未去，其間固自有一點明處，塵埃之落，固亦見得，纔拂便去；至於堆積於駁蝕之上，終弗之能見也。此學利困勉之所由異，幸勿以爲難而疑之也。凡人情好易而惡難，其間亦自有私意氣習纏蔽在。識破後自然不見其難矣。古之人，至有出萬死而樂爲之者，亦見得耳。向時未見得裏面意思，此功夫自無可講處。今已見此一層，却恐好易惡難，便流入禪釋去也。」

【別方叔賢

休論寂寂與惺惺，不妄由來即性情。却笑殷勤諸老子，翻從知見覓虛靈。】

按，先生立教皆經實踐，故所言懇篤若此。自揭良知宗旨後，吾黨覺領悟太易，認虛見爲真得，無復向裏著己之功矣。故吾黨穎悟承速者，往往多無成，甚可憂也。〔一八〕

校勘記

〔一〕「在吉」，天真本無。

〔二〕「初」，天真本作「之日」。

〔三〕天真本「察」作「先知」，「奸」作「暴」，「而低昂之」無。

〔四〕「不即斷射」，天真本無。

〔五〕「大抵」至「蕩僻」，天真本作「其詞諄諄，慰安父老，使之歸教子弟」。

〔六〕「身禱」，天真本作「拜天」。「以血禳火，而火即滅」，贛州本作「教民歃血禳火，至今行之」。

〔七〕「杜神」至「賓旅」，贛州本作「俗尚鬼，民遇社日多苦借辦，力禁止之。其保甲、驛遞無不周慮」。

〔八〕此下，天真本有「士民思其遺澤」六字。

〔九〕「語學者悟入之功」一段事，天真本、贛州本均置於「三月至廬陵」事上。

〔一〇〕「先是」至「辰州」，天真本、贛州本作「昔過常德辰州，隨地講授，及歸」。

〔一一〕「劉觀時」，天真本無。

〔一二〕「無可與語者，歸途乃幸得諸友」，贛州本無。

〔一三〕「悔昔」至「所入」，天真本、贛州本作「與貴陽諸士論知行異同，紛紛辨詰，若無所入」。

〔一四〕「顧」，天真本作「以求有入，諸生」。

〔一五〕「十有一月」，天真本、贛州本無。

〔一六〕此下贛州本有「聞先生致良知之旨，大加嘆服」二句。

〔一七〕「論實踐」至「聖人」，贛州本作「先生與宗賢及應原忠良論學聖者」，天真本作「先生與綰、應良論實踐之功，謂聖學久不明，人心馳於聲利，俗習陷溺既久」。

〔一八〕此段按語贛州本無。「實踐」上，天真本有「自身」二字，「所言」下有「真切」二字，「吾黨」下有「頓」字，「太易」下有「聞言之下，即見本體，遂」九字，「真得」下有「兀兀保任虛見」六字，「甚可憂也」作「甚至流蕩不法，尚自信以爲真性自然，誠可憂也。盍取先生前後所教，反覆觀之」。

六年辛未，先生四十歲，在京師〔一〕。

正月，調吏部驗封清吏司主事。

論晦庵、象山之學〔二〕。

王輿庵讀象山書有契，徐成之與辯，不決。先生曰：「是朱非陸，天下論定久矣，久則難變也。雖微成之之争，輿庵亦豈能遽行其説乎？」

成之謂先生漫爲含糊兩解，若有以陰助輿庵而爲之地者。先生以書解之曰：「輿庵是象山，而謂其專以尊德性爲主。今觀《象山文集》所載，未嘗不教其徒讀書。而自謂理會文字頗與人異者，則其意實欲體之於身。其亟所稱述以誨人者，曰『居處恭，執事敬，與人忠』，曰『克己復禮』，曰『萬物皆備於我，反身而誠，樂莫大焉』，曰『學問之道無他，求其放心而已』，曰『先立乎其大者，而小者不能奪』。是數言者，孔子、孟軻之言也，烏在其爲空虚乎？獨其易簡、覺悟之説，頗爲當時所疑。然易簡之説，出於《繫辭》；覺悟之説，雖有同於釋氏，然釋氏之説亦自有同於吾儒，而不害其爲異者，惟在於幾微毫忽之間而已。亦何必諱於其同而遂不敢以言，狃於其異而遂不以察之乎？是輿庵之是象山，固猶未盡其所以是也。

「吾兄是晦庵，而謂其專以道問學爲事。然晦庵之言，曰『居敬窮理』，曰『非存心無以致知』，曰『君子之心常存敬畏，雖不見聞，亦不敢忽，所以存天理之本然，而不使離於須臾之頃也』，是其爲言，雖未盡瑩，亦何嘗不以尊德性爲事，而又烏在其爲支離乎？獨其平日汲汲於訓解，雖韓文、《楚辭》、《陰符》、《參同》之屬，亦必與之注釋考辯，而論者遂疑玩物，又其心慮恐學者之躐等，而或失之於妄作，必先之以格致而無不明，然後有以實之於誠正而無所謬。世之學者掛一漏萬，求之愈煩，而失之愈遠，至有弊力終身，苦其難而卒無所入，而遂議其支離。不知此乃後世學者之弊，而當時晦庵之自爲，則亦豈至是乎？是吾兄之是晦庵，固猶未盡其所以是也。夫二兄之所信而是者，既未盡其所以是，則其所疑而非者，亦豈盡其所以非乎？

「僕嘗以爲，晦庵之與象山，雖其所以爲學者若有不同，而要皆不失爲聖人之徒。今晦庵之學，天下之人，童而習之，既已入人之深，有不容於論辯者。而獨惟象山之學，則以其嘗與晦庵之有言，而遂藩籬之。使若由、賜之殊科焉，則可矣，而遂擯放廢斥，若碔砆之與美玉，則豈不過甚矣乎？

「故僕嘗欲冒天下之譏，以爲象山一暴其説，雖以此得罪，無恨。晦庵之學既已章明於天下，而象山猶蒙無實之誣，於今且四百年，莫有爲之一洗者。使晦庵有知，將亦不能一日安享於廟廡之間矣。此僕之至情，終亦必爲兄一吐露者，亦何肯漫爲兩解之説以陰助於輿庵已乎？」

二月，爲會試同考試官。

是年，僚友方獻夫受學。

獻夫時爲吏部郎中，位在先生上，比聞論學，深自感悔，遂執贄事以師禮。是冬，告病歸西樵，先生爲叙别之。

〔【略曰：予與叔賢處二年，見叔賢之學凡三變：始而尚辭章，再變而講説，又再變而慨然有志聖人之道。方其辭章之尚，於予若冰炭焉；講説矣，則違合者半；及其有志聖人之道，而

沛然與予同趣。將遂去之西樵，以成其志，叔賢亦可謂善變矣。】〕

【答汪石潭俊書曰：「夫喜怒哀樂，情也，既曰不可謂未發矣。喜怒哀樂之未發，則是指其本體而言性也。斯言自子思，非程子而始有，執事既不以爲然，則當自子思《中庸》始矣。喜怒哀樂之與思與知覺，皆心之所發。心統性情。性，心體也。情，心用也。程子云：『心，一也，有指體而言者，寂然不動是也；有指用而言者，感而遂通是也。』斯言既無以加矣，執事姑求之體用之說。「夫體用一源也，知體之所以爲用，則知用之所以爲體者矣。雖然，體微而難知也，用顯而易見也。執事之云，不亦宜乎？夫謂『自朝至暮，未嘗有寂然不動之時』者，是見其用而不得其所謂體也。君子之於學也，因用以求其體。凡程子所謂『既思』，即是已發；既有知覺，即是動者，皆爲求中於喜怒哀樂未發之時者言也，非謂其無發者也。朱子於未發之說，其始亦嘗疑之，今其集中所與南軒論難辨析者，蓋往復數十而後決，其說則今之《中庸注疏》是也。其於此，亦非苟矣。獨其所謂『自戒懼而約之，以至於至靜之中；自謹獨而精之，以至於應物之處』者，亦若過於剖析。而後之讀者遂以分爲兩節，而疑其別有寂然不動、靜而存養之時，不知常存戒慎恐懼之心，則其工夫未始有一息之間，非必自其不睹不聞而存養也。吾兄且於動處加工，勿使間斷。動無不和，即静無不中。而所謂寂然不動之體，當自知之矣。未至而揣度之，終不免於對塔說相輪耳」」。

答王虎谷雲鳳書曰：「『弘毅』之説極是。但云『既不可以棄去，又不可以減輕；既不可以住歇，又不可以不至』，則是猶有不得已之意也。『不得已之意』與『自有不能已者』尚隔一層。程子云：『知之而至，則循理爲樂；不循理，爲不樂。』自有不能已者，循理爲樂者也。非真知性者，未易及此。知性則知仁矣。仁，人心也。心體本自弘毅，不弘者蔽之也，不毅者累之也。故燭理明，私欲自不能蔽累；私欲不能蔽累，則自無不弘毅矣。」

是年作《徐昌國墓誌》，有曰：「始昌國與李夢陽、何景明數子友，相與砥礪於辭章，既殫力精思，傑然有立矣。一日諷道書，若有所得，嘆曰：『弊精於無益，而忘其軀之斃也，可謂知乎？巧辭以希俗，而捐其親之遺也，可謂仁乎？』於是習養生。有道士自西南來，昌國與語，悦之，遂究心玄虚，益與世泊，自謂長生可必至。

「正德庚午冬，陽明王守仁至京師。守仁故善數子，而亦嘗没溺於仙釋，昌國喜，馳往省，與論攝形化氣之術。當是時，增城湛元明在坐，與昌國言不協，意沮去。異日復來，論如初。守仁笑而不應，因留宿，曰：『吾授異人五金八石之秘，服之冲舉可得也，子且謂何？』守仁復笑而不應。乃曰：『吾隳黜吾昔，而遊心高玄，塞兑斂華而靈株是固，斯亦去之競競於世遠矣。而子猶余拒然，何也？』守仁復笑而不應。於是默然者久之，曰：『子以予爲非邪？抑又有所秘邪？夫居有者，不足以超無；踐器者，非所以融道。吾將去知故而宅於埃壒之表，子其語我乎？』守仁曰：『謂吾爲有秘，道固無形也；謂吾謂子非，子未吾是也。雖然，試言之。夫去有以超無，無將奚超矣？外器以融道，道器爲偶矣。而固未嘗超乎？而故未嘗融乎？夫盈虚消息，皆命也；纖巨内外，皆性也；隱微寂感，皆心也。存心盡性，順命而已矣，而奚所趨舍於其間乎？』昌國首肯，良久曰：『冲舉有諸？』守仁曰：『盡鳶之性者，可以冲於天矣；盡魚之性者，可以泳於川矣。』曰：『然則有之？』曰：『盡人之性者，可以知化育矣。』昌國俛而思，蹶然而起，曰：『命之矣！吾且爲萌甲，吾且爲流澌，子其煦然屬我以陽春哉！』

「數日，復來，謝曰：『道果在是，而奚以外求！吾不遇子，幾亡人矣。然吾疾且作，懼不足以致遠，則何如？』守仁曰：『悸乎？』曰：『生，寄也；死，歸也。何悸？』津津然既有志於斯，已而不見者逾月。

「忽有人來訃，昌國逝矣。王、湛二子馳往哭，盡哀，因傷其家事。其長子伯虬言，昌國垂殁，整衽端坐，托徐子容以後事。子容泣，昌國笑曰：『常事耳。』謂伯虬曰：『墓銘其請諸陽明。』氣益微，以指畫伯虬掌，作『冥冥漠漠』四字，餘遂不可辨，而神志不亂。嗚呼！吾未竟吾説以時昌國之及，而昌國之及乃止於是，吾則有憾焉！」】

十月，陞文選清吏司員外郎。

送甘泉奉使安南〔三〕。

先是，先生陞南都，甘泉與黄綰言於冢宰楊一清，改留吏部。職事之暇，始遂講聚。方期各相砥切，飲食啟處必共之。至是，甘泉出使安南封國，將行，先生懼聖學難明而易惑，人生別易而會難也，乃爲文以贈。

略曰：「顔子没而聖人之學亡，曾子唯一貫之旨，傳之孟軻絶。又二千餘年，而周、程續。自是而後，言益詳，道益晦。〖【析理益精，學益支離無本，而事於外者益繁以難，蓋】〗孟氏患楊、墨；周、程之際，釋、老大行。今世學者皆知尊孔、孟，賤楊、墨，擯釋、老，聖人之道若大明於世。然吾從而求之，聖人不得而見之矣，其能有若墨氏之兼愛者乎？其能有若楊氏之爲我者乎？其能有若老氏之清浄自守、釋氏之究心性命者乎？吾何以楊、墨、老、釋之思哉？彼於聖人之道異，然猶有自得也。而世之學者，章繪句琢以誇俗，詭心色取，相飾以僞，謂聖人之道勞苦無功，非復人之所可爲，而徒取辯於言辭之間，古之人有終身不能究者，今吾皆能言其略，自以爲若是亦足矣，而聖人之學遂廢。則今之所大患者，豈非記誦辭章之習？而弊之所從來，無亦言之太詳、析之太精者之過歟？

〖【夫楊、墨、老、釋，學仁義，求性命，不得其道而偏焉？固非若今之學者以仁義爲不可學、性命之爲無益也。居今之時，而有學仁義、求性命，外記誦詞章而不爲者，雖其陷於楊、墨、老、釋之偏，吾猶且以爲賢，彼其心猶求以自得也。夫求以自得，而後可與之言學聖人之道。】〗

「某幼不問學，陷溺於邪僻者二十年，而始究心於老、釋。賴天之靈，因有所覺，始乃沿周、程之説求之，而若有得焉。顧一二同志之外，莫予冀也，岌岌乎仆而復興。晚得於甘泉湛子，而後吾之志益堅，毅然若不可遏，則予之資於甘泉多矣。

「甘泉之學，務求自得者也。世未之能知。其知者，且疑其爲禪。誠禪也，吾猶未得而見，而況其所志卓爾若此？則如甘泉者，非聖人之徒歟？多言又烏足病也？夫多言不足以病甘泉，與甘泉之不爲多言病也，吾信之。吾與甘泉友〔四〕，意之所在，不言而會；論之所及，不約而同；期於斯道，斃而後已者。

「今日之別，吾容無言？夫惟聖人之學，難明而易惑，習俗之降愈下，而抑不可回，任重道遠。雖已無俟於言，顧復於吾心，若有不容已也，則甘泉亦豈以予言爲綴乎？」

校勘記

〔一〕「在京師」，天真本無。

〔二〕此句，贛州本無。

〔三〕此句，贛州本無。

〔四〕「友」原作「有」，據天真本改。

七年壬申，先生四十一歲，在京師〔一〕。

三月，陞考功清吏司郎中〔二〕。

按《同志考》，是年穆孔暉〔三〕、顧應祥、鄭一初、方獻科、王道、梁穀、萬潮、陳鼎、唐鵬、路迎、孫瑚、魏廷霖、蕭鳴鳳、林達、陳洸及黃綰、應良、朱節、蔡宗兖、徐愛同受業。

〔【王道，字純甫，以進士爲應天府學教授。先生贈序爲別。比蒞任，上下多不協。先生以金爲譬，使之動心忍性，以大其所受。又自咎平日每有傲視行輩、輕忽世故之心，受謫龍場，備歷難阻，始信孟子「生於憂患」之言，誠非欺我也。道見書，意不懌。及道以書辨學，先生謂：「純甫之問，辭則謙下，而意實自以爲是。」復書喻之。後曰仁至京，詳發師旨，始釋然。先生曰：「近見與曰仁書，貶損益至，三復赧然。夫趨向同，而論學異，不害其爲同也。趨向異，而論學同，不害其爲異也。不能積誠反躬而徒騰口說，此僕往年之罪，純甫何尤乎？」】〕

〔是年，林以吉歸省，宗伯喬白岩之南都，給事王堯卿歸終南，太史張常甫歸四明，俱有贈序，致同學相規之意。〕

【答儲柴墟書曰：「吾兄以僕於今之公卿，若某之賢者，則稱謂以友生；若某與某之賢不及某者，則稱謂以侍生，豈以矯時俗炎涼之弊？非也。夫彼可以爲吾友，而吾可以友之；彼又吾友也，吾安得而弗友之？彼不可以爲吾友，而吾不可以友之；彼又不吾友也，吾安得而友之？

夫友也者，以道也，以德也。天下莫大於道，莫貴於德。道德之所在，齒與位不得而干焉。僕於某之謂矣，彼其無道與德，而徒有其貴與齒也，則亦貴齒之而已。然若此者，與之見亦寡矣，非以事相臨不往見也。若此者，與凡交遊之隨俗以侍生而來者，亦隨俗而侍生之，所謂『事之無害於義者，從俗可也』。千乘之君，求與之友而不可得，非在我有所不屑乎？

「嗟乎！友未易言也。今之所謂友，或以藝同，或以事合，徇名逐勢，非吾所謂輔仁之友矣。仁者，心之德，人而不仁，不可以爲人。輔仁，求以全心德也，如是而後友。今特以技藝文辭之工，地勢聲翼之重，而鶩然欲以友乎賢者，賢者弗與也。孟子曰：『友也者，不可以有挾。』孟獻子之友五人，無獻子之家者也，曾以貴賤乎？仲由少顏路三歲，回、由之贈處，蓋友也。回與曾點同時，參曰『昔者吾友』，曾以少長乎？吾兄又以僕於後進之來，其質美而才者，多以先後輩相處，其庸下者，反待以客禮，疑僕別有一道。是道也，奚有於別？凡後進之來，其才者，皆有意於斯道者也，吾安得不以斯道處之？其庸下者，不過世俗泛然一接，吾亦世俗泛然待之，如鄉人而已。

「昔伊川初與吕希哲爲同舍友，待之友也；既而希哲師事伊川，待之弟子也。謂敬於同舍而慢於弟子，可乎？孔子待陽貨以大夫，待回、賜以弟子，謂待回、賜不若陽貨，可乎？師友道廢，務以虛禮取悦於後進，僕常以爲世有周、程諸君子，則吾固得而執弟子之役，乃大幸矣。其次有周、程之高弟焉，吾猶得而私淑也。不幸世又無是人，不以責之己，不以求輔於人，而待之不以誠，終亦必無所成而已耳。

「僕於今之後進，非敢以師道自處也，將求其聰明特達者與之講明，因以自輔也。彼自以後進求正於我，雖不師事我，固有先後輩之道焉。伊川瞑目而坐，游、楊侍，不敢去，重道也。傳曰：『師嚴然後道尊，道尊然後民知敬學。』夫人必有所嚴憚，然後言之，而聽之也審；施之，而承之也肅。凡若此者，皆求以明道，皆循理而行，非有容私於其間也。」

與王道書曰：「汪景顔近亦出宰大名，臨行請益，某告以變化氣質。居常無所見，惟當利害、經變故、遭屈辱，平時憤怒者到此能不憤怒，憂惶失措者到此能不憂惶失措，始是能有得力處，亦便是用力處。天下事雖萬變，吾所以應之，不出乎喜怒哀樂四者。此爲學之要，而爲政亦在其中矣。」】

十二月，陞南京太僕寺少卿，便道歸省。

與徐愛論學〔四〕。

愛是年以祁州知州考滿進京，陞南京工部員外郎。與先生同舟歸越〔五〕，論《大學》宗旨。聞之踴躍痛快，如狂如醒者數日，胸中混沌復開。仰思堯、舜、三王、孔、孟，千聖立言，人各不同，其旨則一。今之《傳習録》所載首卷是也。其《自叙》云：「愛因舊説汩没，〔六〕始聞先生之教，實駭愕不定，無入頭處。其後聞之既久，漸知反身實踐，然後始信先生之學爲孔門嫡傳，舍是皆傍蹊小徑、斷港絶河矣。如説格物是誠意功夫，明善是誠身功夫，窮理是盡性功夫，道問學是尊德性功夫，博文是約禮功夫，惟精是惟一功夫，諸如此類，皆落落難合。其後思之既久，不覺手舞足蹈。」〔七〕

校勘記

〔一〕「在京師」，天真本無。

〔二〕此下，天真本有「門人日進」四字。

〔三〕此下，贛州本多「冀元亨」一人，此蓋脱。

〔四〕此句，贛州本無。

〔五〕「愛是年」至「歸越」，天真本、贛州本作「先生舟中與愛」。

〔六〕「聞之」至「愛因」，贛州本作「踴躍痛快，自謂」。

〔七〕此下，天真本有「按是年曰仁以祁州知州考滿進京，陞南京工部員外，與先生同舟歸越，同門領悟師旨，惟曰仁獨先。先生以全與，曰仁以全受。蓋其所得由於反躬實踐，故能一信而不回也。後先生論學，每至入微，必曰『斯意，惟與曰仁舟中言及』」。

八年癸酉，先生四十二歲，在越〔一〕。

二月，至越。

先生初計至家即與徐愛同遊台、蕩，宗族親友絆，弗能行。〔二〕

五月終，與愛數友期候黄綰不至，乃從上虞入四明，觀白水，尋龍溪之源；登杖錫，至雪竇，上千丈巖，以望天姥、華頂；欲遂從奉化取道赤城。〔三〕適久旱，山田盡龜坼，慘然不樂〔四〕，遂自寧波還餘姚〔五〕。

綰以書迎先生。復書曰：「此行相從諸友，亦微有所得，然無大發明。其最所歉然，宗賢不同茲行耳。後輩習氣已深，雖有美質，亦漸消盡。此事正如淘沙，會有見金時，但目下未可必得耳。」

先生茲遊雖爲山水，實注念愛、綰二子。蓋先生點化同志，多得之登遊山水間也。〔六〕

冬十月，至滁州。

滁洲山水佳勝，先生督馬政，地僻官閑，日與門人遊遨瑯琊、瀼泉間。月夕，則環龍潭而坐者數百人，歌聲振山谷。諸生隨地請正，踴躍歌舞〔七〕。舊學之士，皆日來臻〔八〕，於是從遊之衆自滁始。

孟源問：「静坐中思慮紛雜，不能强禁絶。」先生曰：「紛雜思慮，亦强禁絶不得。只就思慮萌動處省察克治，到天理精明後，有個物各付物的意思，自然精專無紛雜之念，《大學》所謂『知止而後有定』也。」

【與王道書曰：「純甫平日徒知存心之説，而未嘗加克治之功，故未能動静合一，而遇事輒有紛擾之患。今乃能推究若此，必已漸悟往日之墮空虚矣，故曰純甫近來用功得力處在此。然已失之支離，外馳而不覺矣。夫心主於身，性具於心，善原於性，孟子之言性善是也。善即吾之性，無形體可指，無方所可定，夫豈自爲一物，可從何處得來者乎？故曰受病處亦在此。純甫之意，蓋未察夫聖門之實學，而尚狃於後世之訓詁，以爲事事物物，各有至善，必須從事事物物求個至善，而後謂之明善，故有『原從何處得來，今在何處』之語。純甫之心，殆亦疑我之或墮於空虚也。夫在物爲理，處物爲義，在性爲善，因所指而異其名，實皆吾之心也。心外無事，心外無理，心外無義，心外無善。無心之處事物，純乎理而無人僞之雜，謂之善，非在事物有定所之可求也。處物爲義，是吾心之得其宜也，義非在外可襲而取也。格者，格此也；致者，致此也，必曰事事物物上求個至善，是離而二之也。伊川所云『纔明彼即曉此』，是猶謂之二。性無彼此，理無彼此，善無彼此也。純甫所謂『明之之功當何如？入頭處當何如？與誠身有先後次第否？誠是誠個甚的？』純甫之意，必以明善自有明善之功，誠身自有誠身之功。若區區之意，則以明善爲誠身之功也。夫誠者，無妄之謂。誠身之誠，則欲其無妄之謂。誠之之功，則明善也。非明善之外別有所謂誠身之功。誠身之始，身猶未成也，故謂之明善；明善之極，則身誠矣。若謂自有明善之功，又有誠身之功，是離而二之也，難乎免於毫釐千里之謬矣。」

答朱汝德用韻

東去蓬瀛合有津，若爲風雨動經旬。同來海岸登舟者，俱是塵寰欲渡人。弱水洪濤非世險，長年三老定誰真？青鸞眇眇無消息，悵望煙波又暮春。

送蔡希顔

何事憧憧南北行？望雲依闕兩關情。風塵暫息滁陽駕，鷗鷺還尋鑒水盟。悟後六經無一字，静餘孤月湛虚明。從知歸路多相憶，伐木丁丁春鳥鳴。】

〖嘉靖癸丑秋，太僕寺少卿吕懷聚徒於師祠，洪往遊焉。同門高年朱勛輩尚有能道師遺事者，後輩多喜談静中光景。洪與吕子講師門立教與前不同，乃指掇良知宗旨，聞之皆相慶，以爲新得。〗

校勘記

〔一〕「在越」，天真本無。

〔二〕「宗族親友絆，弗能行」，贛州本作「不果」。

〔三〕「期候黄綰不至」、「從奉化」，贛州本無。

〔四〕「慘然不樂」上，天真本有「道傍人家彷徨望雨意」九字。

〔五〕「寧波」下，天真本有「買舟」二字，「餘姚」下有「曰仁爲乃翁督促之任」。

〔六〕「先生茲遊雖爲山水，實注念愛、綰二子，蓋」，贛州本無，「得之」作「在」。

〔七〕此下，天真本有「或以靜悟入，或以詞章入，或以仙佛入」三句。

〔八〕「踴躍」至「來臻」，贛州本無。

九年甲戌，先生四十三歲，在滁。〔一〕

四月，陞南京鴻臚寺卿。

滁陽諸友送至烏衣，不能別，留居江浦，候先生渡江。先生以詩促之歸，曰：「滁之水，入江流，江潮日復來滁州。相思若潮水，來往何時休？空相思，亦何益？欲慰相思情，不如崇令德。掘地見泉水，隨處無弗得。何必驅馳爲？千里遠相即。君不見堯羹與舜牆？又不見孔與蹠，對面不相識？逆旅主人多殷勤，出門轉盼成路人。」

五月，至南京。

自徐愛來南都，同志日親，黄宗明、薛侃、馬明衡、陸澄、季本、許相卿、王激、諸偁、林達、張寰、唐愈賢、饒文璧、劉觀時、鄭騮、周積、郭慶、欒惠、劉曉、何鰲、陳傑、楊杓、白説、彭一之、朱篪輩同聚師門，日夕漬礪不懈〔二〕。

客有道自滁遊學之士多放言高論，亦有漸背師教者。先生曰：「吾年來欲懲末俗之卑污〔三〕，引接學者多就高明一路，以救時弊。今見學者漸有流入空虛，爲脱落新奇之論，吾已悔之矣。故南畿論學，只教學者存天理，去人欲，爲省察克治實功。」

王嘉秀、蕭惠好談仙佛，先生嘗警之曰：「吾幼時求聖學不得，亦嘗篤志二氏。其後居夷三載，始見聖人端緒，悔錯用功二十年。二氏之學，其妙與聖人只有毫釐之間，故不易辨，惟篤志聖學者始能究析其隱微，非測億所及也。」〔四〕

【惠請二氏之妙。先生曰：「向汝説聖人之學易簡廣大，汝却不問我悟的，只問我悔的。」惠慚謝，請問聖人之道。先生曰：「汝今又見了人事問，待汝辦個真要求爲聖人的心來與汝説。」惠再三請，先生曰：「向汝一句道盡，汝自不會！」】

又嘗與宗賢書曰：「近與朋友論學，惟説『立誠』二字。殺人須就咽喉上著刀，吾人爲學當從心髓入微處用力，自然篤實光輝。雖私欲之萌，真是紅爐點雪，天下之大本立矣。若就標末粧綴比擬，凡平日所謂學問思辨，適爲長傲遂非之資，自以爲進於高明光大，而不知陷於狠戾險嫉，誠可哀也已！」

又與陸澄書曰：「義理無定在，無窮盡。吾與子言，不可以少有得，而遂足也；再言之十年、二十年、五十年，未有止也。」他日，又曰：「堯、舜之上善無盡，桀、紂之下惡無盡。使桀、紂未死，惡寧止此乎？若善有盡時，文王何以『望道而未之見』？」

又問：「知識不長進，如何？」先生曰：「爲學須有本原，從本原上用力，漸漸盈科而進。仙家説嬰兒，亦善譬。嬰兒在母腹時，只是純氣，有何知識？出胎後，方始能啼，既而能笑，又既而能認識父母兄弟，又既而能立能行、能持能負，卒乃天下之事無不可能，不是出胎日便講求推尋得來。聖人到位天地、育萬物，也只從喜怒哀樂未發之中上養來。後儒不明格物之説，見聖人無不知、無不能，便欲於初下手時講求得盡，豈有此理？立志用功，如種樹然。方其根芽，猶未有榦；及有榦，未有枝；枝而後葉，葉而後花實。初種根時，只管栽培之功，怕没有枝葉花實？」

澄嘗問象山在人情事變上做工夫。先生曰：「除了人情事變，即無事矣。喜怒哀樂非人情乎？自視聽言動，以至富貴貧賤、患難死生，皆事變也。事變亦只在人情裏。其要只在致中和。」

「定者心之本體，天理也。動静，所遇之時也。」

又曰：「不可謂未發之中，常人俱有。蓋體用一源，有是體，即有是用；有未發之中，即有發而皆中節之和。今人未能有發而皆中節之和，須知是他未發之中亦未能全得。」

《書張寰卷》有曰：「先儒之學，得有淺深，則其爲言亦不能無同異。學者惟當反之於心，不必苟求其同，亦不必故求其異，要在於是而已。今學者於先儒之説，苟有未合，不妨致思。思之而終有不同，固未爲甚害，但不當因此而遂加非毁，則其爲罪大矣。程先生云：『賢且學他是處，未須論他不是。』此言最可以自警。」

「見賢思齊焉，見不賢而内自省，則不至於責人已甚，而自治嚴。」

「議論好勝，亦是今時學者大病。今學者於道，如管中窺天，少有所見，即自足自是，傲然居之不疑。與人言論，不待其辭之終，而已先懷輕忽非笑之意，訑訑之聲音顔色，拒人於千里之外。不知有道者從旁視之，方爲之悚息汗顔，若無所容；而彼悍然不顧，略無省覺，斯亦可哀也已！」

「某之於道，雖亦略有所見，未敢盡以爲是也。其於後儒之説，雖亦時有異同，未敢盡以爲非也。朋友之來問者，皆相愛者也，何敢以不盡吾所見！正期體之於心，務求真有所見，其孰是孰非而身發明之，庶有益於斯道也。若徒入耳出口，互相標立門户，以爲能學，則非某之初心矣。孔子云『默而識之，學而不厭』，斯乃深望於同志者也。」

是年，張東所詡會於南京。

次韻寄張東所

遠趨君命忽中違，此意年來識者稀。黄綺曾爲炎祚出，子陵終向富春歸。江船一話千年闊，塵夢今驚四十非。何日孤帆過天目，海門春浪掃漁磯。】

校勘記

〔一〕「年」原作「月」，據贛州本、天真本改。「在滁」，天真本無。

〔二〕「同聚師門，日夕漬礪不懈」，贛州本作「同受業」。

〔三〕「年來」，贛州本無。

〔四〕「吾幼時」至「非測億所及也」，贛州本作「吾幼篤志二氏，自謂既有所得。其後居夷三載，見得聖人之道簡易廣大，始自嘆悔錯用了三十餘年氣力。大抵二氏之學，其妙與聖人只有毫釐之間。汝今所學乃其土苴，輒自信自好，直鴟鴞竊腐鼠耳」。「警之」，天真本作「以自悔警之」，「篤志二氏」下有「謂儒者不足學」，「二十」作「三十」，「究析其隱微」作「悟破」，「測億」作「言語測億」。

十年乙亥，先生四十四歲，在京師〔一〕。

正月，疏自陳，不允。〔二〕

是年當兩京考察，例上疏。

【先生嘗曰：「《易》之辭，是『初九，潛龍勿用』六字；《易》之象，是初畫；《易》之變，是值其畫；《易》之占，是用其辭。」

陸澄問「操存舍亡」，先生曰：「『出入無時，莫知其鄉。』雖就常人心說，心之本體元是如此，不可便謂出爲亡、入爲存。若論本體，元是無出無入的。若論出入，則其思慮運用是出，然主宰常昭昭在此，何出之有？既無所出，何入之有？程子所謂腔子，亦只是天理。雖終日應酬而不出天理，即是在腔子裏。若出天理，斯謂之亡。」

又曰：「出入亦只是動静，動静無端，豈有鄉邪？精神道德言動，大率收斂爲主，發散是不得已。天、地、人、物皆然。」

澄問：「道一而已。古人論道往往不同，求之亦有要乎？」

先生曰：「道無方體，不可執著。却拘滯於文義上求道，遠矣。如今人只説天，其實何嘗見天？謂日、月、風、雷即天，不可；謂人、物、草、木不是天，亦不可。道即是天，若識得時，何莫而非道？人但各以其一隅之見認定，以爲道止如此，所以不同。若解向裏尋求，見得自己心體，即無時無處不是此道。亘古亘今，無終無始，更有甚同異？心即道，道即天，知心則知道、知天。」

又曰：「諸君要實見此道，須從自己心上體認，不假外求始得。」

又曰：「問心要逐物，如何則可？」先生曰：「人君端拱清穆，六卿分職，天下乃治。心統五官，亦要如此。今眼要視時，心便逐在色上；耳要聽時，心便逐在聲上；如人君要選官時，便自去坐在吏部；要調軍時，自去坐在兵部。如此，豈惟失却君體，六卿亦皆不得其職。」

又曰：「萬象森然時，亦沖漠無朕；沖漠無朕，即萬象森然。沖漠無朕者，一之父；萬象森然者，精之母。一中有精，精中有一。」

先生問在坐之友：「此來，功夫何似？」一友舉虛明意思。先生曰：「此是説光景。」一友叙今昔異同。先生曰：「此是説效驗。」二友惘然。先生曰：「吾輩今日用功，只要爲善之心真切。這個心真切，見善即遷，有過即改，人欲日消，天理日明。若只管求光景，説效驗，却是助長、外馳病痛，不是工夫。」】

立再從子正憲爲後。

正憲字仲肅，季叔易直先生兖之孫，西林守信之第五子也。先生年四十四，與諸弟守儉、守文、守章俱未舉子，故龍山公爲先生擇守信子正憲立之，時年八齡。〔三〕

是年，御史楊典薦改祭酒〔四〕，**不報**。

八月，擬《諫迎佛疏》。

時命太監劉允、烏思藏賫幡供諸佛，奉迎佛徒。允奏請鹽七萬引以爲路費，許之。輔臣楊廷和等與户部及言官各疏執奏，不聽。先生欲因事納忠，擬疏欲上，後中止。

疏請告〔五〕。

是年，祖母岑太夫人年九十有六，先生思乞恩歸一見爲訣，疏凡再上矣〔六〕，故辭甚懇切。

【先生曰：「種樹者必培其根，種德者必養其心。欲樹長，必於始生時删繁，然後根榦能大。

欲德成，必於始學時去外好。如外好詩文，則精神日漸漏泄，凡百皆然。」

又曰：「我此論學是無中生有的工夫，諸公須要信得及，只是立志。學者一念爲善之志，如樹之根，但勿助勿忘，只管培植將去，自然日夜滋長，生氣日充。故立志貴專一。」

侃因論先生之門，某人在涵養上用工，某人在識見上用工，先生曰：「專涵養者日見其不足，專識見者日見其有餘。日不足者日有餘矣，日有餘者日不足矣。」

嘗爲觀時作《見齋説》，曰：「道有可見乎？」曰：「有，有而未嘗有也。」曰：「然則無可見乎？」曰：「無，無而未嘗無也。」「然則何以爲見乎？」曰：「見而未可見也。」觀時曰：「弟子之惑滋甚矣。夫子則明言之以教我乎？」陽明子曰：「道不可言也，强爲之言而益晦；道無可見也，妄爲之見而益遠。夫有而未嘗有，是真有也；無而未嘗無，是真無也；見而未嘗見，是真見也。子未觀於天乎？謂天爲無可見，則蒼蒼耳，昭昭耳，日月之代明，四時之錯行，未嘗無也；謂天爲可見，則即之而無所，指之而無定，執之而無得，未嘗有也。夫天，道也；道，天也。風可捉也，影可拾也，道可見也。」

曰：「然則吾終無所見乎？古之人則亦終無所見乎？」曰：「神無方而道無體，仁者見之謂之仁，知者見之謂之知。是乃方體者也，見之而未盡者也。顏子則『如有所立卓爾』，夫謂之『如』，則非有也；謂之『有』，則非無也。是『雖欲從之，末由也已』。故夫顏氏之子爲庶幾也。

文王『望道而未之見』，斯真見也已。」

曰：「然則吾何所用心乎？」曰：「淪於無者，無所用其心者也，蕩而無歸；滯於有者，用其心於無用者也，勞而無功。夫有、無之間，見與不見之妙，非可以言求也。而子顧切切焉，吾又從而强言其不可以見，是以聾導瞽也。夫言飲者不可以爲醉，見食者不可以爲飽。子求其醉飽，則盍飲食之？子求其見也，其惟人之所不見乎？亦戒慎乎其所不睹也已。斯真睹也已，斯求見之道也已。」

觀時問「未發之中」，先生曰：「汝但戒慎不睹，恐懼不聞，養得此心純是天理，便自然見。」觀時請略示氣象。先生曰：「啞子喫苦瓜，與你説不得。你要知此苦，還須你自喫。」時曰仁在傍，曰：「如此才是真知，即是行矣。」一時在座諸友皆有省。

次韻別欒子仁

從來尼父欲無言，須信無言已躍然。悟到鳶魚飛躍處，工夫原不在陳編。

操持存養本非禪，矯枉寧知已過偏。此去好從根脚起，竿頭百尺未須前。

野夫非不愛吟詩，才欲吟詩即亂思。未會性情涵泳地，《二南》還合是淫辭。】

校勘記

〔一〕「在京師」，天真本無，贛州本作「在南京」。

〔二〕此三句，天真本無。

〔三〕「故龍山公」至「八齡」，天真本、贛州本作「惟守信子衆，故擇立之，正憲年方八歲」。

〔四〕「楊典」，天真本、贛州本作「楊琠」。

〔五〕此句，天真本作「上疏告病」。

〔六〕「乞恩」、「疏凡再上矣」，天真本、贛州本無。

十有一年丙子，先生四十五歲，在南京〔一〕。

【三月】。

先生嘗謂薛侃曰：「無善無惡者理之静，有善有惡者氣之動。不動於氣，即無善無惡，是謂至善。佛氏着在無善無惡上，便一切都不管，不可以治天下。聖人無善無惡，只是無有作好，無有作惡，不動於氣。然遵王之道，會其有極，便自一循夫理，便有個裁成輔相。世儒惟不知此，舍心逐物，將格物之學錯看了，終日馳求於外，只做得義襲而取，終身行不著、習不察。須是廓然大公，方是心之本體。知此，即知未發之中。」

侃問：「先儒以心之靜爲體，心之動爲用，何如？」先生曰：「心不可以動靜爲體用。動靜，時也，即體而言用在體，即用而言體在用，是謂體用一源。若説靜可以見其體，動可以見其用，却不妨。」

蕭惠問死生。先生曰：「知晝夜即知死生。」問晝夜之道。曰：「知晝則知夜。」曰：「晝亦有所不知乎？」先生曰：「汝能知晝？懵懵而興，蠢蠢而食，行不著，習不察，終日昏昏，只是夢晝。汝能知晝，惟息有養，瞬有存，心惺惺，天理無一息間斷，才是能知晝。這便是天德，便是通乎晝夜之道，而知更有甚麽死生？」

黄誠甫問：「先儒以孔子告顔子爲邦之問，是立萬世常行之道，如何？」先生曰：「顔子具體聖人，其於爲邦的大本大原都已完備。夫子平日知之已深，到此都不必言，只就制度文爲上説。此等處亦不可忽略，須要是如此方盡善。又不可因自己本領是當了，便於防範上疏闊，須是要放鄭聲、遠佞人。蓋顔子是個克己向裏、德上用心的人，孔子恐其外面末節或有疏略，故就他不足處幫補説。若在他人，須告以爲政在人，取人以身，修身以道，修道以仁，達道九經及誠身許多工夫，方始做得這個，方是萬世常行之道。不然，只去行了夏時，乘了殷輅，服了周冕，作了韶舞，天下豈便治得？後人但見顔子是孔門第一人，又問個『爲

邦』，便把做天大事看了。」】

九月，陞都察院左僉都御史，巡撫南、贛、汀、漳等處。

是時，〖虔鎮所轄〗汀、漳各郡皆有巨寇，〖【都御史文森受命，稱疾，】〗尚書王瓊〖【劾罷之，】〗特舉先生。

十月，歸省至越。

王思輿語季本曰：「陽明此行，必立事功。」本曰：「何以知之？」曰：「吾觸之不動矣。」

校勘記

〔一〕自此條始，天真本分爲卷之二，「在南京」三字無。

十有二年丁丑，先生四十六歲〔一〕。

正月，至贛。

先生過萬安，遇流賊數百，沿途肆劫，商舟不敢進。先生乃聯商舟結爲陣勢，揚旗鳴鼓，如趨戰狀。賊乃羅拜於岸，呼曰：「饑荒流民，乞求賑濟！」先生泊岸，令人諭之曰：「至贛後，即差官撫插，各安生理，毋作非爲，自取戮滅。」賊懼，散歸。〔二〕

以是年正月十六日開府〔三〕。

行十家牌法。

先是贛民爲洞賊耳目，官府舉動未形，而賊已先聞。〔四〕軍門一老隸，奸尤甚，先生偵知之。呼入卧室，使之自擇生死，隸乃輸情吐實。〔五〕先生許其不死，試所言〔六〕，悉驗。乃於城中立十家牌法。其法編十家共一牌，開列各户籍貫、姓名、年貌、行業，日輪一家，沿門按牌審察，遇面生可疑人〔七〕，即行報官究理。或有隱匿，十家連坐〔八〕。

仍告諭父老子弟務要父慈子孝，兄愛弟敬，夫和婦隨，長惠幼順；小心以奉官法，勤謹以辦國課，恭儉以守家業，謙和以處鄉里；心要平恕，毋得輕易忿争；事要含忍，毋得輒興詞訟；見善互相勸勉，有惡互相懲戒；務興禮讓之風，以成敦厚之俗。〔九〕【父老子弟曾見温良遜讓，卑己尊人，而人不敬愛者乎？曾見有凶狠貪暴，利己侵人，而人不疾怨者乎？夫嚣訟之人，争利而未必得利，求伸而未必能伸，上辱祖父，下累子孫，亦何苦而爲此也？言教懇懇，其勉聽之。】

選民兵。

先生以南、贛地連四省，山險林深，盜賊盤據，三居其一，窺伺剽掠〔一〇〕，大爲民患。當事者每遇盜賊猖獗，輒復會奏請調土軍狼達，往返經年，糜費逾萬。逮至集兵舉事，即已魍魎潛形，班師旋旅，則又鼠狐聚黨，是以機宜屢失，而備禦益弛。〔一一〕先生乃使四省兵備官於各屬弩手、打手、機快等項，挑選驍勇絶群、膽力出衆者，每縣多或十餘人，少或八九人，務求魁傑；或懸召募，大約江西、福建二兵備各以五六百名爲率，廣東、湖廣二兵備各以四五百名爲率，中間更有出衆者〔一二〕，優其廩餼，署爲將領。除南贛兵備自行編選〔一三〕，餘四兵備官仍於每縣原額數内揀選可用者〔一四〕，量留三分之二，委該縣賢能官統練，專以守城防隘爲事。其餘一分，揀退疲弱不堪者，免其著役，止出工食，追解該道，以益募賞〔一五〕。所募精兵，專隨各兵備官屯劄，别選官分隊統押，教習之。如此，則各縣屯戍之兵，既足以護守防截，而兵備募召之士，又可以應變出奇。盗賊漸知所畏，平良益有所恃而無恐矣〔一六〕。

二月，平漳寇。〔一七〕

初，先生道聞漳寇方熾，兼程至贛，即移文三省兵備，剋期起兵〔一八〕。自正月十六日蒞任，纔旬日，即議進兵。兵次長富村，遇賊大戰，斬獲頗多。賊奔象湖山拒守。我兵追至蓮花石，與賊對壘。會廣東兵至，方欲合圍，賊見勢急，遂潰圍而出。指揮覃桓、縣丞紀鏞馬陷〔一九〕，死之。諸將請調狼兵，俟秋再舉，先生乃責以失律罪，使立功自贖。

諸將議猶未決，先生曰：「兵宜隨時，變在呼吸，豈宜各持成説耶？福建諸軍稍緝，咸有立功贖罪心，利在速戰。若當集謀之始，即掩賊不備，奮擊而前，成功可必〔二〇〕。今既聲勢彰聞〔二一〕，各賊必聯黨設械以禦我師，且宜示以寬懈〔二二〕，而猶執乘機之説，以張皇於外〔二三〕，是徒知吾卒之可擊而不知敵之未可擊也。廣東之兵，意在倚重狼達土軍，然後舉事〔二四〕。諸賊亦候吾土兵之集，以卜戰期，乘此機候〔二五〕，正可奮怯爲勇，變弱爲强；而猶執持重之説以坐失事機，是徒知吾卒之未可擊而不知敵之正可擊也。善用兵者，因形而借勝於敵，故其戰勝不復而應形於無窮。勝負之算，間不容髮，烏可執滯哉！」

於是親率諸道鋭卒，進屯上杭，密敕群哨，佯言犒衆退師，俟秋再舉。密遣義官曾崇秀覘賊虚實，乘其懈，選兵分三路〔二六〕，俱於二月十九日乘晦夜，銜枚並進，直擣象湖，奪其隘口。諸賊失險，復據上層峻壁，四面滚木礧石，以死拒戰。我兵奮勇鏖戰，自辰至午，呼聲振地。三省奇兵從間鼓噪突登，乃驚潰奔走。遂乘勝追剿。已而福建兵攻破長富村等巢三十餘所，廣東兵攻破水竹、大重坑等巢一十三所，斬首從賊詹師富、温火燒等七千有奇，俘獲賊屬、輜重無算，而諸洞蕩滅。是役僅三月，漳南數十年逋寇悉平。

是月奏捷〔二七〕，具言福建僉事胡璉、參政陳策、副使唐澤、知府鍾湘、廣東僉事顧應祥、都指揮楊懋、知縣張戩勞績，賜敕獎賚，其餘陞賞有差。

初議進兵，諭諸將曰：「賊雖據險而守，尚可出其不意，掩其不備，則用鄧艾破蜀之策，從間道以出。若賊果盤據持重，可以計困，難以兵尅，則用充國破羌之謀，減冗兵以省費，務在防隱禍於顯利之中，絶深奸於意料之外，此萬全無失者也。」已而桓等狃於小勝，不從間道，故違節制，以致挫衄。諸將志沮，遂請濟師。先生獨以爲見兵二千有餘〔二八〕，已爲不少，不宜坐待濟師以自懈，遥制以失機也，遂親督兵而出，卒成功。

四月，班師。

時三月不雨。至於四月，先生方駐軍上杭，禱於行臺，得雨，以爲未足。及班師，一雨三日，民大悦。有司請名行臺之堂，曰「時雨堂」，取「王師若時雨」之義也，先生乃爲記。

〖【是日，參政陳策、僉事胡璉至，自班師。】〗

五月，立兵符。〔二九〕

先生謂：「習戰之方，莫要於行伍；治衆之法，莫先於分數。」

將調集各兵，每二十五人編爲一伍，伍有小甲；五十人爲一隊，隊有總甲；二百人爲一哨，哨有長，有協哨二人；四百人爲一營，營有官，有參謀二人；一千二百人爲一陣，陣有偏將；二千四百人爲一軍，軍有副將、偏將，無定員，臨事而設。小甲於各伍之中，選才力優者爲之；總甲於小甲之中，選才力優者爲之。哨長於千百户義官之中，選材識優者爲之。〔三〇〕副將得以罰偏將，偏將得以罰營官，營官得以罰哨長，哨長得以罰總甲，總甲得以罰小甲，小甲得以罰伍衆：務使上下相維，大小相承，如身之使臂，臂之使指，自然舉動齊一，治衆如寡，庶幾有制之兵矣。

編選既定，仍每五人給一牌，備列同伍二十五人姓名〔三一〕，使之連絡習熟，謂之「伍符」。每隊各置兩牌，編立字號，一付總甲，一藏本院，謂之「隊符」。每哨各置兩牌，編立字號，一付哨長，一藏本院，謂之「哨符」。每營各置兩牌，編立字號，一付營官，一藏本院，謂之「營符」。凡遇征調發符，比號而行，以防奸僞。其諸緝養訓練之方，旗鼓進退之節，務濟實用行之〔三二〕。

【疏請申明賞罰】。

伏睹《大明律》内該載失誤軍事：領兵官已承調遣，不依期進兵策應，若承差告報軍期而違限，因而失誤軍機者，並斬。從軍違期條：若軍臨敵境，托故違期，三日不至者，斬。主將不固守條：官軍臨陣先退，及圍困敵城而逃者，斬。此罰典也。及查得原擬直隸、山東、江西等處，征剿流賊陞賞事例：一人並二人爲首就陣，擒斬以次劇賊一名者五兩，二名者十兩，三名者陞實授一級，不願者賞十兩；陣亡者陞一級，俱世襲，不願者賞十兩。擒斬從賊六名以上至九名者，止陞實授二級，餘功加賞；不及六名，除陞一級之外，加算賞銀。三人、四人、五人以上共擒斬以次劇賊一名者，賞銀十兩均分；從賊一名者，賞五兩均分；領軍、把總等官自斬賊級，不准陞賞。部下獲功七十名以上者，陞署一級；五百名者，陞實授一級；不及數者，量賞。一人捕獲從賊一名者，賞銀四兩。二名者，賞八兩。三名者，陞一級。以次劇賊一名者，陞署一級，俱不准世襲，不願者賞五兩。此皆賞格也。

賞罰如此，宜乎人心激勸，功無不立。然而未有能者，蓋以賞罰之典雖備，然罰典止行於參提之後，而不行於臨陣對敵之時；賞格止行於大軍征勦之日，而不行於尋常用兵之際故也。合無申明賞罰之典，今後但遇前項賊情，領兵官不拘軍衛有司，所領兵衆有退縮不用命者，許領兵官軍前以軍法從事；領兵官不用命者，許總統兵官軍前以軍法從事。所統兵衆有能對敵擒斬功次，或赴敵陣亡者，從實開報，覆核是實，轉達奏聞，一體陞賞。至若生擒賊徒，鞫問明白，即時押赴市曹，斬首示衆，庶使人知警畏，亦與見行事例決不待時無相悖戾。如此，則賞罰既明，人心激勵，盜賊生發得以即時撲滅，糧餉可省，事功可見矣。夫盜賊之日滋，由於招撫之太濫；招撫之太濫，由於兵力之不足；兵力之不足，由於賞罰之不行。臣請因是爲陛下略言之。於是反覆四事，曲盡其詳，且曰：「誠使得以大軍誅討之，賞罰而行之，平時假臣等以令旗、令牌，使得便宜行事，如是而兵有不精，賊有不滅，臣等亦無以逃其死矣！」

奏設平和縣，移枋頭巡檢司。

先生以賊據險，久爲民患。今幸破滅，須爲拊背扼吭之策〔三三〕，乃奏請設平和縣治於河頭，移河頭巡檢司於枋頭。蓋以河頭爲諸巢之咽喉，而枋頭又河頭之唇齒也。

且曰：「方賊之據河頭也，窮凶極惡，至動三軍之衆，合二省之力，而始克蕩平。若不及今爲久遠之圖，不過數年，勢將復起，後悔無及矣。蓋盜賊之患，譬諸病人，興師征討者，針藥攻治之方；建縣撫輯者，飲食調攝之道。徒恃攻治，而不務調攝，則病不旋踵，後雖扁鵲、倉公，無所施其術也。」

按，是月，聞蔡宗兗、許相卿、季本、薛侃、陸澄同舉進士，先生曰〔三四〕：「入仕之始，意況未免搖動，如絮在風中，若非粘泥貼網，亦自主張未得。不知諸友却何如？想平時工夫，亦須有得力處耳。」

又聞曰仁在告，買田霅上，爲諸友久聚之計，遺二詩慰之。

六月，疏請疏通鹽法。〔三五〕

始，都御史陳金以流賊軍餉於贛州立廠，抽分廣鹽，許至袁、臨、吉三府發賣，然起正德六年至九年而止。至是，先生以敕諭有「便宜處置」語，疏請暫行。待平定之日，仍舊停止。從之。

九月，改授提督南、贛、汀、漳等處軍務，給旗牌，得便宜行事。〔三六〕

南、贛舊止以巡撫蒞之，至都御史周南會請旗牌，事畢繳還，不爲定制。〔三七〕

至是，先生疏請，遂有提督之命。後不復更。

疏以我國家有罰典，有賞格。然罰典止行於參提之後，而不行於臨陣對敵之時；賞格止行於大軍征剿之日，而不行於尋常用兵之際，故無成功。

今後凡遇討賊，領兵官不拘軍衛有司，所領兵衆有退縮不用命者，許領兵官軍前以軍法從事；領兵官不用命者，許總統官軍前以軍法從事。所領兵衆有對敵擒斬功次，或赴敵陣亡，從實具報，覆實奏聞，陞賞如制。若生擒賊徒，問明即押赴市曹，斬之以徇，庶使人知警畏，亦可比於令典決不待時者。如此，則賞罰既明，人心激勵，盜起即得撲滅，糧餉可省，事功可建。

又曰：「古者賞不逾時，罰不後事。過時而賞，與無賞同；後事而罰，與不罰同。況過時而不賞，後事而不罰，其何以齊一人心、作興士氣？雖使韓、白爲將，亦不能有所成。誠得以大軍誅賞之法，責而行之於平時，假臣等令旗令牌，便宜行事。如是而兵有不精，賊有不滅，臣等亦無以逃其死矣！」〔三八〕

事下，兵部尚書王瓊覆奏以爲宜從所請。於是改巡撫爲提督，得以軍法從事，欽給旗牌八面，悉聽便宜。既而鎮守太監畢真謀於近倖，請監其軍。瓊奏以爲，兵法最忌遥制，若使南、贛用兵而必待謀於省城鎮守，斷乎不可；惟省城有警，則聽南、贛策應。事遂寢。〔三九〕

按，敕諭有曰〔四〇〕：「江西南安、贛州地方，與福建汀、漳二府，廣東南、韶、潮、惠四府，及湖廣郴州、桂陽縣，壤地相接，山嶺相連，其間盜賊不時生發。東追則西竄，南捕則北奔。蓋因地方各省事無統屬，彼此推調，難爲處置。先年嘗設有都御史一員，巡撫前項地方，就令督剿盜賊。但責任不專，類多因循苟且，不能申明賞罰，以勵人心，致令盜賊滋多，地方受禍。今日所奏，及各該部覆奏事理，特改命爾提督軍務，撫安軍民，修理城池，禁革奸弊。一應軍馬錢糧事宜，但聽便宜區畫，以足軍餉。但有盜賊生發，即便設法調兵剿殺，不許踵襲舊弊，招撫蒙蔽，重爲民患。其管領兵快人等官員，不問文職、武職，若在軍前違期，並逗遛退縮者，俱聽軍法從事。生擒盜賊，鞠問明白，亦聽就行斬首示衆。」〔四一〕

【先生常言兵無定勢，謀貴從時。苟勢或因地而異便，則事宜量力以乘機。】

【先生在贛，懸弓壁上，暇則就壁挽數十回，不令臂軟。少年酷好弓馬，奉命造威寧伯墳，墜馬吐血，蓋平生强力不懈若此。

先生在贛平諸寇，未嘗調狼、土一人。每有大征，密檄吉安各縣發機兵若干人往，即羸弱無損壞者。由先生能以身先，且善部勒聚散，不在兵耳。】

撫諭賊巢。

是時，漳寇雖平，而樂昌、龍川諸賊巢尚多嘯聚，將用兵剿之，先犒以牛酒銀布，復諭之曰〔四二〕：

「〖【本院巡撫是方，專以弭盜安民爲職。蒞任之始，即聞爾等積年流劫鄉村，殺害良善，民之被害來告者月無虛日。本欲即調大兵剿除爾等，隨往福建督征漳寇，意待回軍之日，剿蕩巢穴。後因漳寇既平，紀驗斬獲功次七千六百有餘。審知當時倡惡之賊不過四五十人，黨惡之徒不過四千餘衆，其餘多係一時被脅，不覺慘然興哀。因念爾等巢穴之內，亦豈無脅從之人？況聞爾等亦多大家子弟，其間固有識達事勢、頗知義理者。自吾至此，未嘗遣一人撫諭爾等，豈可遽爾興師翦滅？是亦近於不教而殺，異日吾終有憾於心。故今特遣人告諭爾等，勿自謂兵力之强，更有巢穴險者，今皆悉已誅滅無存，爾等豈不聞見？」

「人之所共恥者，莫過於身被爲盜賊之名；人心之所共憤者，莫過於身遭劫掠之苦。今使有人罵爾等爲盜，爾必憤然而怒[四三]。又使人焚爾室廬，劫爾財貨，掠爾妻女，爾必懷恨切骨，寧死必報。爾等以是加人，人其有不怨者乎？人同此心，爾寧獨不知？乃必欲爲此，其間想亦有不得已者。或是爲官府所迫，或是爲大户所侵，一時錯起念頭，誤入其中，後遂不敢出。此等苦情，亦甚可憫，然亦皆由爾等悔悟不切耳。爾等當時去做賊時，是生人尋死路，尚且要去便去。今欲改行從善，是死人求生路，乃反不敢耶？若爾等肯如當初去做賊時拼死出來，求要改行從善，我官府豈有必要殺汝之理？爾等久習惡毒，忍於殺人，心多猜疑，豈知我上人之心，無故殺一雞犬尚且不忍，況於人命關天？若輕易殺之，冥冥之中，斷有還報，殃禍及於子孫，何苦而必欲爲此？我每爲爾等思念及此，輒至於終夜不能安寢，亦無非欲爲爾等尋一生路。惟是爾等冥頑不化，然後不得已而興兵，此則非我殺之，乃天殺之也。今謂我全無殺人之心，亦是誑爾；若謂必欲殺爾，又非吾之本心。

「爾等今雖從惡，其始同是朝廷赤子。譬如一父母同生十子，八人爲善，二人背逆，要害八人；父母之心，須去二人，然後八人得以安生。均之爲子，父母之心，何故必欲偏殺二子？不得已也。吾於爾等，亦正如此。若此二子者，一旦悔惡遷善，號泣投誠，爲父母者，亦必哀憫而赦之。何者？不忍殺其子者，乃父母之本心也。今得遂其本心，何喜何幸如之！吾於爾等，亦正如此。

「聞爾等爲賊所得，苦亦不多，其間尚有衣食不充者。何不以爾爲賊之勤苦精力而用之於耕農，運之於商賈？可以坐致饒富，而安享逸樂，放心縱意，遊觀城市之中，優遊田野之内。豈如今日〔四四〕，出則畏官避讎，入則防誅懼勦，潛形遁迹，憂苦終身，卒之身滅家破，妻子戮辱，亦有何好乎？爾等若能聽吾言〔四五〕，改行從善，吾即視爾爲良民〔四六〕，更不追爾舊惡。若習性已成，難更改動，亦由爾等任意爲之，吾南調兩廣之狼達，西調湖湘之土兵，親率大軍，圍爾巢穴，一年不盡，至於兩年，兩年不盡，至於三年。爾之財力有限，吾之兵糧無窮，縱爾等皆爲有翼之虎，諒亦不能逃於天地之外矣。

「『嗚呼！吾豈好殺爾等哉？爾等若必欲害吾良民，使吾民寒無衣，饑無食，居無廬，耕無牛，父母死亡，妻子離散。吾欲使吾民避爾，則田業被爾等所侵奪，已無可避之地；欲使吾民賄爾，則家資爲爾所據，已無可賄之財；就使爾等今爲我謀，亦必須盡殺爾等而後可。吾今特遣人撫諭爾等，賜爾等牛酒銀錢布疋與爾妻子，其餘人多不能遍及，各與曉諭一道。爾等好自爲謀，吾言已無不盡，吾心已無不盡。如此而爾等不聽，非我負爾，乃爾負我，我則可以無憾矣。」

「嗚呼！民吾同胞，爾等皆吾赤子，吾終不能撫恤爾等，而至於殺爾，痛哉！痛哉！興言至此，不覺淚下。」

按，是諭文藹然哀憐無辜之情，可以想見虞廷干羽之化矣。故當時酋長若黃金巢、盧珂等，即率衆來投，願效死以報。〔四七〕

疏謝陞賞。

朝廷以先生平漳寇功，陞一級，銀二十兩，紵絲二表裏，降敕獎勵，故有謝疏。

疏處南、贛商稅。

始，南安稅商貨於折梅亭，以資軍餉。後多奸弊，仍併府北龜角尾，以疏聞。〔四八〕

十月，平橫水、桶岡諸寇。

南、贛西接湖廣桂陽，有桶岡、橫水諸賊巢；南接廣東樂昌，東接廣東龍川，有浰頭諸賊巢。大賊首謝志珊，號征南王，糾率大賊鍾明貴、蕭規模、陳曰能等，約會樂昌高快馬等，大修戰具，並造呂公車。聞廣東官兵方有事府江，欲先破南康，乘虛入廣。

先是，湖廣巡撫都御史陳金題請三省夾攻。先生以桶岡、橫水、左溪諸賊荼毒三省，其患雖同，而事勢各異。以湖廣言之，則桶岡爲賊之咽喉，而橫水、左溪爲之腹心。以江西言之，則橫水、左溪爲之腹心，而桶岡爲之羽翼。今議者不去腹心，而欲與湖廣夾攻桶岡，進兵兩寇之間，腹背受敵，勢必不利。

今議進兵横水、左溪，剋期在十一月朔。賊見我兵未集，師期尚遠，必以爲先事桶岡，觀望未備，乘此急擊之，可以得志。由是移兵臨桶岡，破竹之勢成矣。〔四九〕

於是決意先攻横水、左溪，分定哨道，指授方略，密以十月己酉進兵。至十一月己巳，凡破賊巢五十餘，擒斬大賊首謝志珊等五十六，從賊首級二千一百六十八，俘獲賊屬二千三百二十四。

衆請乘勝進兵桶岡，先生復以桶岡天險，四塞中堅〔五〇〕。其所由入，惟瑣匙龍葫蘆洞、茶坑、十八磊、新池五處〔五一〕，然皆架棧梯壑，於崖巔坐發礌石，可以禦我師〔五二〕。惟上章一路稍平，然迂迴半月始達，湖兵從入，我師復往，事皆非便。況横水、左溪餘賊悉奔入，同難合勢，爲守必力。善戰者，其勢險，其節短。今我欲乘全勝之鋒，兼三日之程，争百里之利〔五三〕，以頓兵於幽谷，所謂「强弩之末，不能穿魯縞矣」。莫若移屯近地，休兵養威，使人諭以禍福，彼必懼而請服。或有不從，乘而襲之，乃可以逞。因使其黨往説之。賊喜，方集議，而横水、左溪奔入之賊果堅持不可。往復遲疑，不暇爲備，而我兵分道疾進，前後合擊，賊遂大敗。破巢三十餘，擒斬大賊首藍天鳳等三十四，從賊首級一千一百四，俘獲賊屬二千三百。

捷聞，賜敕獎諭。

〔先生以捷聞。

按，《疏》言大盜藍天鳳、謝志珊等，盤據千里，荼毒數郡，僭擬王號，圖謀不軌，自稱盤皇子孫，收有傳流寶印、畫像，蠱惑群賊，基禍種惡，且將數十餘年。而虐焰之熾盛，毒流之慘極，亦已數年於兹。前此亦嘗夾攻，曾不能損其一毛；屢加招撫，適足以長其桀驁。今乃驅卒不過萬餘，用費不過三萬，兩月之間，俘斬六千，破巢八十，渠魁授首，噍類無遺。此豈臣等賢於昔人，是皆仰仗朝廷威德之被，廟堂處置得宜。既假臣以賞罰之權，復專臣以提督之任，故臣得以伸縮自由，舉動如志；奉成算以成事，循方略而指揮；將士有用命之美，進止無掣肘之虞，則是追獲獸兔之捷，實由發縱指示之功。臣等偶叨任使，奚敢冒非其績！夫謀定於帷幄之中，而勝決於千里之外；命出於廟堂之上，而威行於百蠻之表。臣等敢爲朝廷國議有人賀，且自幸其所遭，得以苟免覆餗之戮也。〕

是役也，監軍副使楊璋，參議黄宏，領兵都指揮許清，指揮使郟文，知府邢珣、季斆、伍文定、唐淳，知縣王天與、張戩，指揮余恩、馮翔，縣丞舒富，隨征參謀等官指揮謝泉、馮廷瑞、姚璽，同知朱憲，推官危壽、徐文英，知縣陳允諧、黄文鸑、宋瑢、陸璥，千户陳偉、高睿等，咸上功〔五四〕。

【先生在贛，院左有旁門通射圃，暇即走其中，與諸生論學，多至夜分，次早諸生入揖爲常。

一夕夜坐，諸生請休。朝，叩門，守者曰：「昨夜公返，未幾即出兵，不知何往，今可至數十里外矣。」其神速機變若此。

【是年，撫州陳九川見。】

酋長謝志珊就擒，先生問曰：「汝何得黨類之衆若此？」志珊曰：「亦不容易。」曰：「何？」曰：「平生見世上好漢，斷不輕易放過，多方鈎致之，或縱其酒，或助其急，待其相德，與之吐實，無不應矣。」先生退，語門人曰：「吾儒一生求朋友之益，豈異是哉？」〔五五〕

十二月，班師。

師至南康，百姓沿途頂香迎拜。所經州縣、隘所，各立生祠。遠鄉之民，各肖像於祖堂，歲時尸祝。

閏十二月，奏設崇義縣治，及茶寮隘上堡、鉛廠、長龍三巡檢司。

先生上言：「横水、左溪、桶岡諸賊巢凡八十餘，界乎上猶、大庾、南康之中，四方相距各三百餘里，號令不及，以故爲賊所據。今幸削平，必建立縣治，以示控制〔五六〕。議割上猶、崇議等三里，大庾、義安三里，南康、至坪一里，而特設縣治於横水〔五七〕，道里適均，山水合抱，土地平坦，仍設三巡檢司以遏要害。茶陵復當桶岡之中，西通桂陽、桂東，南連仁化、樂昌，北接龍泉、永新，東入萬安、興國，宜設隘保障。令千户孟俊伐木立柵，移皮袍洞隘兵，而益以鄰近隘夫守焉。」議上，悉從之，縣名崇義。

校勘記

〔一〕此下，贛州本有「在贛」二字。

〔二〕「乞求振濟」，贛州本作「乞振」，「毋作非爲」作「毋輕犯法」，「懼」作「聽諾」。「泊岸」，天真本作「進舟泊岸」，「散歸」作「即時遁散」。

〔三〕此句，天真本無。

〔四〕「舉動未形」，贛州本作「欲舉動」，「先聞」作「先覺，甚苦之」。

〔五〕「生死」，贛州本作「生死孰便」。「吐實」，天真本作「盡吐積年奸弊」。

〔六〕「試所言」，天真本作「遂用其言」。

〔七〕「籍貫」、「年貌、行業」，天真本無，「審察」作「審查動靜」，「遇面生可疑人」作「但有面目生疏、蹤迹可疑之人」。

〔八〕此下，贛州本有「且諭所屬無遠近，皆務實行之」二句。

〔九〕「毋得輕易」至「詞訟」，贛州本作「毋懷險譎；事貴含忍，毋輕鬥争」，「務興禮讓之風，以成敦厚之俗」無。

〔一〇〕「先生」至「剽掠」，天真本作「先生以撫屬地方界連四省，山谷險隘，林木茂深，盜賊所盤，與民三居其一，乘間劫掠」。

〔一一〕「當事」至「益弛」，贛州本作「當事者不胜忿，多調狼達土軍，動經歲年，糜費逾萬，有損無益」。「益弛」

下，天真本有「古之善用兵，驅市人而使戰，假閭戍以興師，豈以十州八府之地無奮勇敢戰之夫乎」數句。

〔一二〕「更有出衆」，天真本作「若有力能扛鼎勇敵千人」。

〔一三〕「除南、贛兵備自行編選」，天真本作「編選之外」。

〔一四〕「仍於每縣原額數内揀選可用者」，贛州本作「仍其原額」。「可用」，天真本作「精壯可用」。

〔一五〕「募賞」，天真本作「召募犒勞之費」。

〔一六〕「畏」，贛州本作「畏服」，天真本作「畏而革心」。「平良益有所恃而無恐」，贛州本無，天真本下有「是使聲罪之義克振，然後撫綏之仁可施」二句。

〔一七〕「二月，平漳寇」事，天真本在下文「立兵符」事後。

〔一八〕此下，天真本有「無失機事，召募智勇，集於轅門」數句。

〔一九〕「覃桓」，天真本作「譚桓」，「陷」作「陷深泥」。

〔二〇〕「成功可必」上，天真本、贛州本有「奮擊而前」四字。

〔二一〕「今既」下，天真本、贛州本有「曠日持久」四字。

〔二二〕此下，大真本、贛州本有「待間而發」四字。

〔二三〕此下，大真本、贛州本有「以堅賊志」四字。

〔二四〕「廣東之兵」下，天真本、贛州本有「集謀稍緩」四字，「舉事」下有「利於持久」四字。

〔二五〕「乘此機候」上，天真本、贛州本有「其備必弛，若因而形之，以緩」十一字。

〔二六〕「懈」，天真本作「勢懈」，「選兵分三路」作「會選精兵，分爲三路」。

〔二七〕「是月奏捷」，天真本作「按《别録》，先生班師奏捷」。

〔二八〕「二千有餘」，「千」原作「十」，據天真本、贛州本改。

〔二九〕「立兵符」事，天真本繫于正月下。

〔三〇〕「小甲於各伍」至「爲之」，贛州本作「小甲選於各伍中，總甲選於小甲中，哨長選於千百户義官中」。

〔三一〕「二十五人」，贛州本無。

〔三二〕「務濟實用行之」，天真本作「皆要逐一講求，務濟實用以收成績」。

〔三三〕「破滅須爲」，天真本作「滅賊平巢，惟有設縣控制，屯兵要害爲得」。

〔三四〕「先生曰」，贛州本作「遺之書曰」。

〔三五〕「六月，疏請疏通鹽法」事，天真本無。

〔三六〕「改授」、「等處」、「給旗牌，得便宜行事」，天真本無。

〔三七〕「南贛」，天真本作「虔鎮」，「都御史」三字無，「事畢繳還，不爲定制」作「隨繳還」。

〔三八〕「疏以我國家」至「死矣」三段，贛州本在「疏請申明賞罰」條，天真本詳載全疏：「其請棋牌疏曰：據兵備副使楊璋呈大明律失誤軍事條：領兵官已承調遣，不依期進兵策應，若承差告報軍期違限，因而失誤軍機者，並斬。從軍違期條：若軍臨敵境，托故違期三日不至者，斬。主將不固守條：官臨陣先退，及圍困敵城而逃者,斬。此罰典也。又見行原擬直隸、山東、江西等處征剿流賊陞賞事例,一人並二人爲首就陣,擒斬以次劇賊一名者五兩,二名者十兩,三名者陞實授一級,不願者賞銀十兩。陣亡者,陞一級,俱准世襲,不願者賞銀十兩。擒斬從賊六名以上至九名者,陞實授二級,餘功加賞。不及六名,除陞一級之外,加算賞銀。三人、四人、五人以上共擒斬以次劇賊一名者,賞銀十兩均分。從賊一名者,賞五兩均分。領軍把總等官自斬賊級,不准陞賞。部下獲功七十名以上者,陞署一級;五百名者,陞實授一級;不及數者量賞。一人捕獲從賊一名者,賞銀四兩。二名者,賞銀八兩。三名者,陞一級。以次劇賊一名者,陞署一級,俱不准世襲,不願者賞銀五兩。此賞格也。賞罰如此,宜乎人心激勸,功無不立。然而有未能者,蓋以罰典行於參提之後,而不行於臨陣之時;賞格行於大軍征剿,而不行於尋常用兵故也。

「且以嶺北一道言之,四省連絡,盜賊淵藪。近如賊首謝志珊等數千餘徒,每督兵追剿,僅得解圍退散,卒不敢決一勝者,以無賞罰爲之激勸耳。宜申明舊典,今後凡遇討賊,領兵官無論軍衛有司,領兵衆有退縮不用命者,許領兵官軍前以軍法從事;領兵官不用命者,許總統官軍前以軍法從事。所領兵衆有對敵擒斬功次,或赴敵陣亡,從實具報,覈實奏聞,陞賞如制。若生擒賊徒,問明即時押赴市曹,斬之以徇,庶人知懼,亦可比於令典決不待時者。如此,則賞罰既明,人心激勵,盜起即得撲滅,糧餉可省,事功可建。

「呈乞奏聞議處臣卷查三省盜賊,二三年前,總計不過三千有餘。今據所在官司申報,殆將數萬,不啻十倍於前。臣嘗深求其故，詢諸官僚，訪諸父老，采諸道路，驗諸田野，皆以爲盜賊日滋，由於招撫太濫；招撫太濫，由於兵力不足；兵力不足，由於賞罰不行，誠有如璋所言者。臣請爲陛下略言其故。

「盜賊之性雖皆凶頑，固亦未嘗不畏誅討。夫惟爲之而誅討不及，又從而招撫之，然後肆無所忌。蓋招撫之議，但可偶行於無辜脅從之民，而不可常行於長惡怙終之寇；可一施於回心向化之徒，而不可屢施於隨招隨叛之黨。南、贛之盜，其始也，被害之民恃官府威令，猶或聚衆而與之角；及鳴之於官，而有司以爲既招撫之，則皆置不問。盜賊習知官府之不彼與也，益從而讎脅之。民不任其苦，知官府之不足恃，亦遂靡然而從賊。由是，盜賊益無所畏，而出劫日頻，知官府之必將已招也；百姓益無所恃，而從賊日衆，知官府之不能爲己地也。

「夫平良有冤苦無伸，而盜賊反無求不遂；爲民者困征輸之劇，而爲賊者獲犒賞之勤，則亦何苦而不彼從乎？是故近賊者爲之戰守，遠賊者爲之鄉導；處城郭者爲之交援，在官府者爲之間諜；其始也出於避禍，其卒也從而利之。故曰『盜賊日滋，由於招撫太濫』者，此也。

「夫盜賊之害，神怒人怨，孰不痛心！而獨有司者必欲撫之，豈得已哉？誠使兵力足以殲渠魁而蕩巢穴，則百姓之憤雪，地方之患除，功成名立，豈非其所欲乎！然而南、贛之兵素不練養，類皆脆弱驕惰，每遇徵發，追呼旬日而始集；約束賫遣，又旬日而始至，則賊已捆載歸巢矣。即使遇賊，望塵先奔，猶驅群羊而攻猛虎，安得不以招撫爲事乎？故凡南、贛之用兵，不過文移調遣，以苟免坐視之罰；應名剿捕，而聊爲招撫之媒。求之實用，斷有不敢。何則？兵力不足，則剿捕必不能克；剿捕不克，則必有失律之咎，則必征調日繁，督責日至，糾舉論劾四面而起，往往坐是落職敗名者有之。招撫之策行，則可安居無事，可無調發之勞，可無戴罪之責，可無遷轉之滯，夫如是，亦孰不以招撫爲得計！是故寧使百姓荼毒，而不敢出一卒以抗方張之虜；寧使孤兒寡婦之顛連疾苦，而不敢提一旅以忤招撫之議。其始也，出於不得已；其卒也，遂守以爲常策。故曰『招撫太濫，由於兵力不足』者，此也。

「古之善用兵者，驅市人而使戰，收散亡之卒以抗强虜。今南、贛之兵尚足以及數千，豈盡無可用乎？然而金之不止，鼓之不進，未見敵而亡，不待戰而北。何者？進而效死，無爵賞之勸；退而奔逃，無誅戮之及；則進必有死而退有幸生也，何苦而求必死乎？吴起有云：法令不明，賞罰不信，雖有百萬，何益於用？凡兵之情，畏我則不畏敵，畏敵則不畏我。今南、贛之兵，皆畏敵而不畏我，欲求其用，安可得乎！故曰『兵力不足，由於賞罰不行』者，此也。

「朝廷賞罰之典具在，但未申明而舉行耳。古者賞不逾時，罰不後事。過時而賞，與無賞同；後事而罰，與不罰同。况過時而不賞，後事而不罰，其何以齊一人心、作興士氣？雖使韓、白爲將，亦不能有所成，况如臣等腐儒素不知兵者，亦復何所冀乎？議者以南、贛諸賊連絡數萬，盤據四省，非奏調狼兵，大舉夾攻，不足掃蕩。然臣以爲狼兵之調，非獨所費不貲，兼其所過殘掠，不下於盗。况大兵之興，曠日持久，聲勢彰聞；比及舉事，渠魁悉遁，所可得者，不過老弱脅從。於是乎有横罹之慘，於是乎有妄殺之弊。班師未幾，而復以嘯聚。此皆往事之驗。臣亦近揀南、贛精鋭，得二千有餘，部勒操演，略有可觀。誠得以大軍誅賞之法，責而行之於平時，假臣等以便宜行事，不限以時而惟成功是責，則比於大軍之舉，臣竊以爲可省半費而收倍功。臣請以近事證之。臣於本年正月抵贛，卷查兵部咨行題准申明律例，今後地方但有草賊生發，事情緊急，該管官司即依律調發策應；凡係軍情，即爲馳奏。敢有遲延隱匿，巡撫巡按三司官即便參問，罷職充軍如律。雖不係聚衆草賊，但係有名强盜肆行劫掠，賊勢凶惡，白晝攔截，或明火持杖，無論爲徒衆寡，亟爲設法緝捕，即爲申報上司，具申兵部處分。如有仍前隱蔽，以致滋蔓貽害，從重參究。時以缺官久，未及行，臣至即刊布遠近。未及一月，而大小諸司以賊情來報者接踵，亦遂屢有斬獲者。蓋兵得隨時調用，官無觀望掣肘，自然無可退托，思效其力。是律例具存，前此惟不申明而舉行耳。今使賞罰之典悉從而舉明之，其獲效亦未必不如是之速也。伏望念盜賊之日繁，哀民生之日蹙，憫地方荼毒之愈甚，痛百姓冤憤之莫伸，特敕兵部俯采前議，亦如往者，律例更爲申明，特假臣等令旗令牌，便宜行事。如是而兵有不精，賊有不滅，臣等亦無以逃其死矣！

「夫任不專，權不重，賞罰不行，以致於僨軍敗事，然後選重臣，假以總制之權而往拯之，縱善其後，已無救於其所失矣。臣才弱多病，自度不足辦此，行從陛下乞骸骨。但今方待罪於此，心知其弊，不敢不爲陛下盡言。陛下從臣之請，使後來者得效其分寸，收討賊之功，臣亦得以少逭死罪於萬一矣。」

〔三九〕此段，贛州本在下文「事宜量力以乘機」下，「於是改巡撫爲提督，得以軍法從事」二句無，「欽給」作「始給」。

〔四〇〕「按」字下，贛州本有「乃上疏換敕謝恩」一句。

〔四一〕此段敕諭天真本無。

〔四二〕「樂昌」，天真本、贛州本皆無。「將用兵」至末，天真本作「正欲平之，先以撫諭，其文曰」。

〔四三〕此下，天真本、贛州本有「爾等豈可心惡其名而身蹈其實」一句。

〔四四〕「今日」下，天真本、贛州本有「擔受驚怕」四字。

〔四五〕「爾等」下，天真本、贛州本有「好自思量」四字。

〔四六〕此下，天真本、贛州本有「撫爾如赤子」五字。

〔四七〕此段按語，天真本作：「按，是諭文雖爲西向專征，佯撫樂昌、龍川諸賊，以沮離其黨，然其哀憐無辜，反覆開諭之誠，實足以動格心向化者之念。當是時，各寨酋長若黄金巢、盧珂等，即率衆出投，非徒免其殺戮，且願出力立效，卒藉其衆以誅後夫，至今稱爲新民。百世之下，讀是論文者，可以想見虞廷干羽之化矣。」贛州本作：「是時酋長若黄金巢、盧珂等，即率衆來投，且求自效。」

〔四八〕「疏謝陞賞」、「疏處南、贛商税」二事，天真本無。

〔四九〕此段贛州本：「今議者皆以爲必須先攻桶岡，然湖廣剋期乃在十一月朔。横水、左溪見我兵未集，師期尚遠，必以爲先桶岡，勢必觀望未備。今若出其不意，進兵速擊，可以得志。已破横水、左溪，移兵而臨桶岡，破竹之勢蔑不濟矣。」天真本同贛州本，唯「横水、左溪見」作「賊見」。

〔五〇〕「四塞中堅」，天真本作「多畜」。其下天真本、贛州本有「往者夾攻數月無功」一句。

〔五一〕「新池」，天真本作「新地」。

〔五二〕「可以禦我師」，天真本、贛州本作「可無執兵而禦我師」。

〔五三〕「争百里之利」，天真本、贛州本作「百里争利，彼若拒而不前」。
〔五四〕「咸上功」，天真本作：「或監軍督餉，或領兵隨征，皆深歷危險，備嘗艱難，各效勤苦，共成克捷，俱合甄録以勵將來。伏願亻彰廟堂之大賞，兼收行伍之微勞。激勸既行，功庸益集，自然賊盗寢息，百姓安生。」
〔五五〕此段，天真本無。
〔五六〕「以示控制」，贛州本作「以圖久遠」。
〔五七〕「横水」，贛州本作「三巢」。

十有三年戊寅，先生四十七歲，在贛。〔一〕

正月，征三浰。

與薛侃書曰：「即日已抵龍南，明日入巢，四路皆如期並進，賊有必破之勢矣。向在横水，嘗寄書仕德云：『破山中賊易，破心中賊難。』區區翦除鼠竊，何足爲異？若諸賢掃蕩心腹之寇，以收廓清平定之功，此誠大丈夫不世之偉績。數日來，諒已得必勝之策，奏捷有期矣，何喜如之！梁日孚、楊仕德誠可與共學。廨中事累尚謙。小兒正憲，猶望時賜督責。」時延尚謙爲正憲師，兼倚以衙中政事，故云。〔二〕

二月，奏移小溪驛。

小溪驛舊當南康、南安中。丙子，大庾峰山里民懼賊仇殺，自願築城爲衛。至是年二月，奏移驛其中。〔三〕

三月，疏乞致仕，不允。

以病也。〔四〕

襲平大帽、浰頭諸寇。

先生議攻取之宜，先横水，次桶岡，次與廣東徐圖浰頭。〔五〕方進兵横水時，恐浰頭乘之，乃爲告諭，頗多感動。〔六〕惟池仲容曰：「我等爲賊非一年，官府來招非一次，告諭何足憑？待金巢等無事，降未晚也。」金巢等至，乃釋罪，推誠撫之，各願自投。〔七〕於是擇其衆五百人從征横水。横水既破，仲容等始懼，遣其弟池仲安來附〔八〕，意以緩兵。先生覺之〔九〕。

比征桶岡，使截路上新池，以迂其歸，内嚴警備，外若寬假。被害者皆言池氏凶狡，兩經夾剿無功。其曰：「狼兵易與耳，調來須半年，我避不須一月。」謂來不能速，留不能久也。咸請濟師，不從。乃密畫方略，使各歸部集，候期遏賊。〔一〇〕

及桶岡破，賊益懼，私爲戰守自備。復使人賫賜酋牛酒，以察其變。賊度不可隱，詐稱龍川新民盧珂、鄭志高等將行掩襲，故豫爲防，非虞官兵也。佯信之，因怒珂等擅兵仇殺，移檄龍川，使廉實，將伐木開道討之。〔一一〕賊聞且信且懼，復使人來謝〔一二〕。會珂等告變，先生欲藉珂以紿三浰，密語珂曰：「吾姑毀狀，汝當再來。來則受杖三十，繫數旬，乃可。」珂知，既喜諾。先生復授其意，參隨密示行杖人，令極輕。至是假怒珂，數罪狀，且將逮其屬盡斬之，而陰縱其弟集兵。

先生先期召巡捕官，佯曰：「今大征已畢，時和年豐，可令民家盛作鼓樂，大張燈會樂之，亦數十年一奇事也。」又曰：「樂户多住龜角尾，恐招盜，曷遷入城來？」於是街巷俱然燈鳴鼓。已旬餘，又遣指揮余恩及黄表頒曆三浰〔一三〕，推心招徠之。時仲容等因疑先生圖己，既得曆，稍安。〔一四〕黄表輩從容曰：「若輩新民，禮節生疏，我來頒曆，若可高坐乎？」〔一五〕

於是仲容率其黨與豪健者九十二人，皆猙酋〔一六〕，來營教場，而自以數人入見。先生呵曰〔一七〕：「若皆吾新民，不入見而營教場，疑我乎？」仲容惶恐曰：「聽命耳。」即遣人引至祥符宮，見物宇整潔，喜出望外。是時，十二月二十三也。

先生既遣參隨數人館伴，復製青衣油靴教之習禮，以察其志意所向。審其貪殘，終不可化，而士民咸訴於道曰：「此養寇貽害。」先生始決殲魁之念矣。逾日辭歸，先生曰：「自此至三浰八九日，今即往，歲内未必至家；即至，又當走拜正節，徒自取勞苦耳。聞贛州今歲有燈，曷以正月歸乎？」數日，復辭，先生曰：「正節尚未犒賞，奈何？」〔一八〕初二日，令有司大烹於宮，以次日宴。是夕，令龍光潛入甲士。詰旦，盡殲之。先生自惜終不能化，日已過未刻，不食，大眩暈，嘔吐。〔一九〕

先時嘗密遣千户孟俊督珂弟集兵以防其變，及是夜將半，自率軍從龍南、冷水直擣下浰。〔二〇〕賊故阻水石，錯立水中。先生躡屬先行，諸軍繼之，無溺者。門堅甚，先生摘百人，捲旗持炮火〔二一〕，緣後山登。須臾，後山炮火四發，旗幟滿山，守者狼顧，門遂破，時正月七日丁未也。兵備副使楊璋，守備指揮郟文，知府陳祥、邢珣、季斅，推官危壽，指揮余恩、姚璽，縣丞舒富皆從。凡破巢三十有八，擒斬賊首五十八，從賊二千餘，餘奔九連山。

往議九連山橫亘數百里，四面陡絶，須半月始達，而賊已據險。先生選精鋭七百餘，皆衣賊衣，佯奔潰，乘暮至賊崖下。賊下招之，我兵佯應。既度險，扼其後路。次日，從上下擊，四路伏起〔二二〕，一鼓擒之，撫其降酋張仲全等二百餘人。視地里險易，立縣置隘，留兵防守而歸。〔二三〕

〔先生以捷聞，疏言：大賊首池仲容等荼毒萬民，騷擾三省，比之上猶諸巢，尤爲桀驁。乃今臣等驅不練之兵，資缺乏之費，不逾兩月，而破奸雄不制之虜，以除三省數十年之患。實由朝廷明見萬里，洞察往弊，處置得宜，既假臣便宜，復改臣提督；以兵忌遥制，而重各省專征之責，事或牽狃，而抑守臣干預之請；授之方略而不拘以制，責其成功而不限以時。以故詔旨一頒，而賊先破膽奪氣；諮文一布，而人皆踴躍爭先。是乃所謂「得先勝之算於廟堂，收折衝之功於罇俎」，實用兵之要道，制事之良法也。臣偶叨任使，濫竽成功。敢於獻捷之餘，拜首啓首以賀。伏願推成功之所自，原發縱之有因，庶無僭賞，以旌始謀。兵備副使楊璋，監軍給餉，多資贊畫，紀功督戰，備歷辛苦，十旬兩剿，功勞獨著，宜加顯擢，以勵功能；守備指揮郟文，知府邢珣、季斆，推官危壽，指揮余恩、姚璽，及千户孟俊，縣丞舒富等，皆身親行伍，屢立戰功，俱合獎擢，庶示激揚，以爲後勸。

臣本凡庸，繆當重任；偶逢機會，倖免敗事。然功非其才，福已逾分，遂沾痿痹之疾，既成廢棄之人。別疏乞休，惟垂察焉。」

先生未至贛時，已聞有三省夾攻之議，即謂「夾攻大舉，恐不足以滅賊」，乃進《攻治疏》〔二四〕，謂：「朝廷若假以賞罰，使得便宜行事，動無掣肘，可以相機而發，一寨可攻，則攻一寨；一巢可撲，則撲一巢。量其罪惡之淺深，而爲剿撫之先後，則可以省供饋征調之費，日剪月削，漸盡灰滅。此則如昔人拔齒之喻，齒拔而兒不覺者也〔二五〕。若欲夾攻以快一朝之忿，則計賊二萬，須兵十萬；積粟料財，數月而事始集。〔二六〕兵未出境，賊已深逃，鋒刃所加，不過老弱脅從之輩耳。況狼兵所過，不減於盜。近年，江西有姚源之役，福建有汀漳之寇，府江之師方集於兩廣，偏橋之討未息於湖湘，若復加以大兵，民將何以堪命？此則一拔去齒，而兒亦隨斃者也。」是疏方上，而夾攻成命已下矣。

先生又以爲夾攻之策，名雖三省大舉，其實舉動次第，自有先後。如江西之南安，有上猶、大庾、桶岡等處賊巢，與湖廣桂東、桂陽接境，夾攻之舉，止宜江西與湖廣會合，而廣東於仁化縣要害把截，不與焉。贛州之龍南，有浰頭賊巢，與廣東龍川接境，夾攻之舉，止宜江西與廣東會合，而湖廣不與焉。廣東樂昌、乳源賊巢，與湖廣宜章縣接境；惠州賊巢，與湖廣臨武縣接境；仁化縣賊巢，與湖廣桂陽縣接境，夾攻之舉，止宜湖廣、廣東二省會合，而江西於大庾縣要害把截，不與焉。若不此之察，必欲通待三省兵齊然後進剿，則老師費財，爲害匪細矣。〖【今宜先合湖廣、江西之兵，併力而舉上猶諸賊，逮事之畢，廣東之兵亦且集矣。則又合湖廣、廣東之兵，併力而舉樂昌諸處，逮事之畢，江西之兵又得以少息矣。則又合廣東、江西之兵，併力而舉龍川。】〗今併力於上猶也，則姑遣人佯撫樂昌諸賊，以安其心。彼見廣東既未有備，而湖廣之兵又不及已，乃幸旦夕之生，必不敢越界以援上猶。及夫上猶既舉，而湖廣移兵以合廣東，則樂昌諸賊其勢已孤。二省兵力益專，其舉益易。當是之時，龍川賊巢相去遼絶，自以爲風馬牛不相及，彼見江西之兵又徹，意必不疑。班師之日，出其不意，回軍合擊，蔑有不濟者矣。

疏上，朝廷許以便宜行事〔二七〕。桶岡既滅，湖廣兵期始至。恐其徒勞遠涉，即獎勵統兵參將史春，使之即日回軍，及計斬浰頭，廣東尚不及聞。皆與前議合〔二八〕。

四月，班師，立社學。

先生謂民風不善，由於教化未明〔二九〕。今幸盜賊稍平，民困漸息，一應移風易俗之事，雖未能盡舉，姑且就其淺近易行者，開導訓誨。〔三〇〕即行，告諭發南、贛所屬各縣父老子弟，互相戒勉，興立社學〔三一〕，延師教子歌詩習禮，出入街衢〔三二〕，官長至，俱叉手拱立。先生或贊賞訓誘之。久之，市民亦知冠服，朝夕歌聲達於委巷，雍雍然，漸成禮讓之俗矣〔三三〕。

按，《〈訓蒙大意〉示教讀劉伯頌等》曰：「〖【古之教者，教以人倫。後世記誦詞章之習起，而先王之教亡。】〗今教童子者，當以孝悌忠信、禮義廉耻爲專務，其培植涵養之方，則宜誘之歌詩，以發其志意；導之習禮，以肅其威儀；諷之讀書，以開其知覺。今人往往以歌詩習禮爲不切時務，此皆末俗庸鄙之見，烏足以知古人立教之意哉？大抵童子之情，樂嬉戲而憚拘檢，如草木之始萌芽，舒暢之則條達，摧撓之則衰痿。

「〖【今教童子，必使其趨向鼓舞，中心喜悦，則其進自不能已。譬之時雨春風，霑被卉木，莫不萌動發越，自然日長月化，若冰霜剥落，則生意蕭索，日就枯槁矣。】〗

「故凡誘之歌詩者，非但發其志意而已，亦所以洩其跳號呼嘯於詠歌，宣其幽抑結滯於音節也。導之習禮者，非但肅其威儀而已，亦所以周旋揖讓而動盪其血脈，拜起屈伸而固束其筋骸也。諷之讀書者，非但開其知覺而已，亦所以沉潛反復而存其心，抑揚諷誦以宣其志也。

「〖【凡此皆所以順導其志意，調理其性情，潛消其鄙吝，默化其麤頑，日使之漸於禮義而不苦其難，入於中和而不知其故，是蓋先王立教之微意也。若近世之訓蒙稺者，日惟督以句讀課倣。】〗

「若責其檢束而不知導之以禮，求其聰明而不知養之以善，〖【鞭撻繩縛，若待拘囚。】〗彼視學舍如囹獄而不肯入，視師長如寇仇而不欲見矣，〖【窺避掩覆以遂其嬉遊，設詐飾詭以肆其頑鄙，偷薄庸劣，日趨下流，是蓋驅之於惡，】〗求其爲善也，得乎？

「〖【凡吾所以教，其意實在於此。恐時俗不察，視以爲迂，且吾亦將去，故特叮嚀以告爾諸教讀：其務體吾意，永以爲訓，毋輒因時俗之言，改廢其繩墨，庶成蒙以養正之功矣。念之！念之！】〗」

【是年，爲《立志説》遺弟，略曰：「夫志，氣之帥也，人之命也，木之根也，水之源也。源不濬則流息，根不植則木枯，命不續則人死，志不立則氣昏。是以君子之學，無時無處而不以立志爲事。正目而視之，無它見也；傾耳而聽之，無它聞也。如貓捕鼠，如雞覆卵，精神心思，凝聚融結，而不復知有其它，然後此志常立，神氣精明，義理昭著，一有私欲，即便知覺，自然容住不得矣。】」

五月，奏設和平縣。

和平縣治本和平峒羊子地，爲三省賊衝要路。其中山水環抱，土地坦平，人烟輳集，千有餘家。東去興寧、長樂、安遠，西抵河源，南界龍川，北際龍南，各有數日程。其山水阻隔，道里遼遠，人迹既稀，奸宄多萃。相傳原係循州龍川、雷鄉一州二縣之地〔三四〕，後爲賊據，止存龍川一縣〔三五〕。洪武中，賊首謝士真等相繼作亂，遂極陵夷。先生謂宜乘時修復縣治，以嚴控制，改和平巡檢司於浰頭，以遏要害〔三六〕。」議上，悉從之。

【先生既平南、贛，其相近各巢，令自取便利，分轄諸地，有警屬之。其後一二恃强相抗者，先生自携大兵剿之，雖幸逭誅，終來投者。至今飲食必祭，言及多泣下者。】

六月，陞都察院右副都御史，廕子錦衣衛，世襲百户。辭免，不允。〔三七〕

旌横水、桶岡功也。

先生具疏辭免曰：「臣過蒙國恩，授以巡撫之寄。時臣方抱病請告，偶值前官有托疾避難之嫌，朝廷譴之簡書，臣遂狼狽莅事。當是時，兵耗財匱，盜熾民窮，束手無策。朝廷念民命之顛危，慮臣力之薄劣，本兵議假臣以賞罰，則從之；議給臣以旗牌，則從之；議改臣以提督，則從之。授之方略，而不拘以制；責其成功，而不限以時。由是臣得以伸縮如志，舉動自由，一鼓而破横水，再鼓而滅桶岡。振旅復舉，又一鼓而破三浰，再鼓而下九連。皆本兵之議，朝廷之斷也，臣亦何功之有，而敢冒承其賞乎？〔三八〕況臣福過災生，已嘗懇疏求告，今乃求退獲進，引咎蒙賚，其如賞功之典何？」奏入，不允。

七月，刻古本《大學》。

先生出入賊壘，未暇寧居，門人薛侃、歐陽德、梁焯、何廷仁、黄弘綱、薛俊、楊驥、郭治、周仲、周衝、周魁、郭持平、劉道、袁夢麟、王舜鵬、王學益、余光、黄槐密、黄鍪、吴倫、陳稷劉、魯扶黻、吴鶴、薛僑、薛宗銓、歐陽昱〔三九〕，皆講聚不散。至是回軍休士，始得專意於朋友，日與發明《大學》本旨，指示入道之方。

先生在龍場時，疑朱子《大學章句》非聖門本旨，手録古本，伏讀精思，始信聖人之學本簡易明白。其書止爲一篇，原無經傳之分。格致本於誠意，原無缺傳可補。以誠意爲主，而爲致知、格物之功，故不必增一「敬」字。以良知指示至善之本體，故不必假於見聞。至是録刻成書，傍爲之釋，而引以叙。〔四〇〕

刻《朱子晚年定論》。

先生序，略曰：「昔謫官龍場，居夷處困，動心忍性之餘，恍若有悟〔四一〕。證諸六經、四子，洞然無復可疑。獨於朱子之説，有相牴牾，恒疚於心。切疑朱子之賢，而豈其於此尚有未察？及官留都，復取朱子之書而檢求之，然後知其晚歲固已大悟舊説之非，痛悔極艾，至以爲自誑誑人之罪，不可勝贖。世之所傳《集注》《或問》之類，乃其中年未定之説，自咎以爲舊本之誤，思改正而未及。而其諸《語類》之屬，又其門人挾勝心以附己見，固於朱子平日之説〔四二〕，猶有大相繆戾者。而世之學者局於見聞，不過持循講習於此，其於悟後之論，概乎其未有聞，則亦何怪乎予言之不信，而朱子之心無以自暴於後世也乎？予既自幸説之不繆於朱子，又喜朱子之先得我心之同然，且慨夫世之學者，徒守朱子中年未定之説，而不復知求其晚歲既悟之論，競相呶呶，以亂正學，不自知其已入於異端，輒採録而裒集之，私以示夫同志，庶幾無疑於吾説，而聖學之明可冀矣。」

與安之書曰：「留都時，偶因饒舌，遂至多口，攻之者環四面。取朱子晚年悔悟之説，集爲《定論》，聊藉以解紛耳。門人輩近刻之雩都，初聞甚不喜，然士夫見之，乃往往遂有開發者。無意中得此一助，亦頗省頰舌之勞。近年篁墩諸公嘗有《道一》等編，見者先懷黨同伐異之念，故卒不能有入，反激而怒。今但取朱子之所自言者表章之，不加一辭，雖有褊心，將無所施其怒矣。有志向者〔四三〕，一出指示之。」

八月，門人薛侃刻《傳習録》。

侃得徐愛所遺《傳習録》一卷，序二篇，與陸澄各録一卷，刻於虔。

【愛《自述》曰：「先生於《大學》格物諸説，悉以舊本爲正，蓋先儒所謂誤本者也。愛始聞而駭，既而疑，已而殫精竭思，參互錯縱以質於先生，然後知先生之説若水之寒，若火之熱，斷斷乎百世以俟聖人而不惑者也。

「先生明睿天授，然和樂坦易，不事邊幅。人見其少時豪邁不羈，又嘗泛濫於詞章，出入二氏之學，驟聞其説，皆目以爲立異好奇，漫不省究。不知先生居夷三載，處困養静，精一之功固已超入聖域，粹然大中至正之歸矣。愛朝夕炙門下，但見先生之道，即之若易而仰之愈高，見之若粗而探之愈精，就之若近而造之愈益無窮，十餘年來，竟未能窺其藩籬。世之君子，或與先生僅交一面，或猶未聞其謦欬，或先懷忽易憤激之心，而遽欲於立談之間，傳聞之説，臆斷懸度，如之何其可得也？從遊之士，聞先生之教，往往得一而遺二，見其牝牡驪黄而棄其所謂千里者。故愛備録平日之所聞，私以示夫同志，相與考而正之，庶無負於先生之教云。」】

是年愛卒，先生哭之慟。愛及門獨先，聞道亦早。嘗遊南岳，夢一瞿曇撫其背曰：「爾與顔子同德，亦與顔子同壽。」自南京兵部郎中告病歸，與陸澄謀耕霅上之田以俟師。年纔三十一。先生每語，輒傷之。〔四四〕

九月，修濂溪書院。

四方學者輻輳，始寓射圃，至不能容，乃修濂溪書院居之。

【鄒守益輩來見。】

先生大征，既上捷。一日，設酒食勞諸生，且曰：「以此相報。」諸生瞿然，問故。先生曰：「始吾登堂，每有賞罰，不敢肆，常恐有愧諸君〔四五〕。比與諸君相對久之，尚覺前此賞罰猶未也，於是思求其過以改之〔四六〕。直至登堂行事，與諸君相對時，無少增損，方始心安〔四七〕。此即諸君之助〔四八〕，固不必事事煩口齒爲也。」諸生聞言，愈省各畏。〔四九〕

【黄弘綱問：「戒懼是己所不知時工夫，慎獨是己所獨知時工夫，如何？」先生曰：「只是一個。無事時，固是獨知。有事時，亦是獨知。人若不於此獨知之地用力，只在人所共知處用功，便是作僞，便是見君子而後掩然。此獨知處便是誠的萌芽，此處不論善念惡念，更無虚假，一是百是，一錯百錯，正是王伯、義利、誠僞、善惡界頭，於此一立，立定便是端本澄源，便是立誠。古人許多誠身的工夫、精神命脈，全體只在此處。真是莫見莫顯、無時無處、無終無始，只是此個工夫。今若又分戒懼爲己所不知的工夫，便支離，便有間斷。既戒懼即是知，己若不知，是誰戒懼？如此見解，便要流入斷滅禪定。」】

十月，舉鄉約。

先生自大征後，以爲民雖格面，未知格心，乃舉鄉約告諭父老子弟，使相警戒，辭有曰：「頃者頑卒倡亂，震驚遠邇，父老子弟甚憂苦騷動。彼冥頑無知，逆天叛倫，自求誅戮，究言思之，實足憫悼。然亦豈獨冥頑者之罪？有司撫養之有缺，訓迪之無方，均有責焉。雖然，父老之所以倡率飭勵於平日，無乃亦有所未至歟？今倡亂渠魁，皆就擒滅，脅從無辜，悉已寬貸。地方雖以寧復，然創今圖後，父老所以教約其子弟者，自此不可以不豫。故今特爲保甲之法，以相警戒，聊屬父老，其率子弟慎行之。務和爾鄰里，齊爾姻族，德義相勸，過失相規，敦禮讓之風，成淳厚之俗。〖【本院奉命撫巡兹土，屬有哀疢，未遑匍匐來問父老疾苦，廉有司之不職，究民之利弊而興除之，故先遣告諭父老子弟，使各知悉。方春，父老善相保愛，督子弟及時農作，毋惰！】〗」

十有一月，再請疏通鹽法。〔五〇〕

據户部覆疏，所允南、贛暫行鹽税例止三年。先生念連年兵餉不及小民，而止取鹽税，所謂「不加賦而財足」，所助不少。且廣鹽止行於南、贛，其利小，而淮鹽必行於袁、臨、吉，以灘高也。故三府之民，長苦乏鹽；而私販者水發舟多，蔽河而下，寡不敵衆，勢莫能遏。〔五一〕乃上議，以爲「廣鹽行，則商税集，而用資於軍餉，賦省於貧民。廣鹽止，則私販興，而弊滋於奸宄，利歸於豪右。况南、贛巢穴雖平，殘黨未盡，方圖保安之策，未有撤兵之期。若鹽税一革，軍餉之費，苟非科取於貧民，必須仰給於内帑。夫民已貧而斂不休，是驅之從盜也；外已竭而殫其内，是復殘其本也。臣竊以爲宜開復廣鹽，著爲定例」。

朝廷從之，至今軍民受其利。〔五二〕

校勘記

〔一〕自此條始，贛州本分爲中卷。天真本無「戊寅，先生四十七歲，在贛」。

〔二〕「梁日孚」至「故云」，贛州本無。

〔三〕此段天真本無。

〔四〕「疏乞致仕，不允。以病也」事，天真本無。

〔五〕此段天真本作：「先生初議先攻横水，次攻桶岡，而末乃會圖廣東，徐圖浰頭。如攻堅木，先其易者，後其節目。」

〔六〕「恐浰頭」至「感动」，天真本作「恐浰頭乘虚出擾，思有以沮離其黨，乃爲告諭，具述禍福，賜以銀布，亦多感动。寨首黄金巢等皆願從使者出投」。

〔七〕「池仲容曰」，天真本作「大賊首池仲容獨曰」。「我等」至「一次」，贛州本作「家等爲賊久，官府多不可信」。「自投」，天真本作「立效」，贛州本作「自報」。

〔八〕「遣其弟池仲安來附」，天真本作「使其弟池仲安率二百餘徒求隨衆立效」。

〔九〕「先生覺之」，天真本作「因爲内應，陽許之」，贛州本作「先生陽許之」。

〔一〇〕此段天真本作：「進攻桶岡，使領其衆截路於上新地，以遠其歸途。内嚴警備，外示寬假，陰使人分召隣賊被害者詣軍門計事，皆以此賊凶狡，兩經夾剿，狼兵二三萬竟無功。且曰：狼兵易與耳，調來亦須半年，我避只消一月。蓋謂其來不能速，留不能久也。今且僭號設官，逆謀亦甚，非大調狼兵不可。先生以爲兵無常執，因敵制勝，今賊謂必待狼兵，此所以不必狼兵而可以攻之也。乃密畫方略，使各歸部集，候我兵有期，則據隘遏賊。」「被害者」，贛州本作「陰召被害者計事」，「其曰」作「常言」，「請濟」至「遏賊」作「因指其僭號設官之罪，乃密畫方略，使歸候期」。

〔一一〕「怒」，天真本作「復陽怒」，「將伐木開道討之」作「且令各賊伐木開道，將回兵取道討之」。

〔一二〕此句後，天真本有「無勞官兵」四字。

〔一三〕「黄表」，贛州本作「諸參隨」。

〔一四〕「既得曆，稍安」，贛州本作「既喜得曆，宴勞良厚」。

〔一五〕此下，贛州本有「衆謂良是。於是老者促少者往，少者曰：往則俱往，勿使我當災也」數句。

〔一六〕「九十二」，贛州本作「九十三」，「皆狎酋」三字無。

〔一七〕「先生呵曰」，贛州本作「先生聞仲容來，固已匿兵，復飭祥符宫寬間以居，故呵曰」。

〔一八〕此段贛州本作：「先生既遣參隨數人館伴，復製長青衣油靴，教之習禮，而特試之。一日漫給賞，老少互爭，參隨以告，先生曰：『多事！忘分別耳。汝何不開手本來？』次日依序給賞，老少不亂，衆始安，而私入衛獄覘珂。參隨先期故匣繫珂甚苦，衆莫不唾罵數之。逾日辭歸，先生曰：『自此至三浰八九日，今即往，歲前未必至家；即至，又當謁正，徒取勞苦。聞贛州今歲有燈，曷以正月歸乎？』其少者固喜觀燈，冶遊不禁，諸參隨復代之銀，聞言，欣然忘歸。既復辭，先生曰：汝謁正尚未犒賞，奈何？」

〔一九〕「令龍光」至「嘔吐」，贛州本作：「潛入甲士六百人射圃，以六人制其一，復密語參隨吉水致仕縣丞龍光曰：『每了十人，汝可立屏下安我，否則入告。』計既定，詰旦集仲容等院中，盛設鼓樂，内外不得聞聲。乃召屠人刲牛豕階下，與銀曆酒肉，兩手莫勝。復以花采絆繫，已乃勞之酒。三叩頭出，令謝兵道。既出，甲士盡殲之外門。然人刲肉勞酒，不令得見前後，故數刻始一發，而强甚者須七八人乃屈，至八十七人，光以甲士且盡，入告先生，遥見色變，光故緩行上階，取茶造膝，曰：『人盡矣。』先生即指所賞者，曰：『汝後生昨日何得先長行，須綁以示教。』已而歷指未賞者六人，曰：『是皆先長者，盡綁押出。』比畢事，日過未刻。先生退，大眩暈，嘔吐。」

〔二〇〕「先時」至「下浰」，贛州本作：「黄昏，光入問，先生曰：『勞甚得此，幸食薄粥，坐數時，無傷也。』光密曰：『遣人乎？』先生大呵之。蓋先時嘗密遣千户孟俊督珂弟兵，又爲僞牌以捕珂黨爲言，故經池巢相紿。及是珂已先歸。夜將半，自率軍走三浰。」

〔二一〕「捲旗」上，贛州本有「銜枚」二字。

〔二二〕「四路伏起」，「四」原作「西」，據贛州本改。

〔二三〕「會珂等告變」至「留兵防守而歸」七段，天真本作：「會盧珂等各來報變，先已諜知其事，即陽怒，以爲爾等擅兵仇殺，乘機誣陷，且仲容等方遣弟報效，安得有此？遂收縛珂等，將斬之。時仲安之屬初大驚懼，至是皆羅拜歡呼，競訴珂等罪惡。因陽令具狀，謂將並拘其黨屬，盡斬之。於是遂械繫珂等，而密喻以意，且使其先遣人歸，集衆以俟。又遣使喻仲容，使勿自疑；密購其所親信，陰説之使降。迨兵已還贛，乃張樂大享將士，散兵歸農，示不復用。而使仲安亦領衆以歸，以備珂等。賊衆皆喜，遂弛備。又使余恩賚曆往賜，賊衆益喜，所遣黄表等因説使往謝。所購親信者復從旁贊之，仲容遂率其麾下共九十三人自詣贛。乃密遣人先行屬縣勒兵，分哨候報而發。又遣孟俊先至龍川督集珂等兵，以道經浰巢，别賚一牌，以拘捕珂等黨屬爲名。各賊聞俊往，果遮迎問故，見牌不復爲意。仲容等至贛，見官兵散歸，以爲不復用兵。密賂獄卒，私覘珂等械繫深固。乃大喜，遣人歸報其屬曰：『乃今吾事始得萬全矣！』乃夜釋珂等，使馳歸發兵；而令官僚次設牛酒，日犒仲容等，以緩其歸。正月癸卯，度珂等已至，屬縣勒兵已集，乃設犒於庭，先伏甲士，引仲容入，並其黨悉殲之。出珂等所告狀，皆伏，悉寘於獄。夜使趣發屬縣兵，期以初七日丁未同時入巢。知府陳祥、邢珣等，各從信地而入；先生自率帳下，從龍南、冷水直擣下浰；別使副使楊璋，從後監各哨分路同時並進，會於三浰，遂破其巢穴三十八處；擒斬大賊首池仲容二十九名顆，次賊首三十八名顆，從賊二千零六名顆；餘徒奔聚九連山，設計度險，斷其後路，盡擒之。乃撫其歸順張仲全等二百餘徒，遂相視地里險易，經理立縣設隘，爲久安長治之策，留兵防守而歸。」「留兵防守而歸」下，贛州本有「給仲容事難顯言，故上捷之辭稍異」二句。

〔二四〕「攻治疏」，天真本作「疏攻治二説」。

〔二五〕「齒拔」上，天真本、贛州本有「日漸動搖」四字。

〔二六〕「若欲夾攻」至「始集」，天真本、贛州本作「然而下民之情，莫不欲大舉夾攻，以快一朝之忿，必須南調兩廣之狼達，西調湖湘之土兵，四路並進，一鼓成擒，庶幾數十年之大患可除，千萬人之積冤可雪。然而以兵法十圍五攻之例計，賊二萬，須兵十萬，日費千金，疲於道路，不得操事者七十萬家，積粟料財，數月而事始集。聲迹彰聞」。

〔二七〕「許以」下，天真本有「申明賞罰事例，使之」八字，「便宜行事」下有「至是，諸巢撲滅，盡酬前議，而二省依期進兵，賊已蕩平矣」數句。

〔二八〕「皆與前議合」，天真本作「惟時，當事者尚以欺誑失信見責。噫！執尾白之信而趨，必缺可成之功，毒民誤國甚矣！大信不約，善計者爲之乎？」。

〔二九〕此下，天真本有「近因地方多盜，民遭荼毒，驅馳兵革，朝夕不遑。所謂救死不贍，奚暇治禮義哉」數句。

〔三〇〕「先生」至「訓誨」，贛州本作：「先生嘗有告示曰：百姓風俗不美，亂所由興。今民窮苦已甚，而又競爲奢侈，豈不重自困哉？民間習染已久，亦難一旦盡變，吾姑就其易見易改，漸次誨爾。今後居喪，不得用鼓樂，爲佛事，竭資分帛，儉於親身，投諸水火。病者宜求醫藥，不得聽信邪術，專事巫禱。嫁娶之家，豐儉稱力，不得計論聘財粧奩，大會賓客，酒食連朝。親戚歲時相問，惟貴誠心。村坊不得迎神賽會。凡此不率教者，十家牌均罪之。」

〔三一〕此下，天真本有「作《訓蒙大意》」五字。

〔三二〕「出入」上，天真本有「令童子」三字。

〔三三〕此下，天真本、贛州本有「觀者莫不興嘆，謂古稱王道易易者，誠非虚語也」。

〔三四〕「原係」，原作「原非」，據天真本、贛州本改。

〔三五〕此下，天真本有「厥後州縣既廢，聲教不及」十字。

〔三六〕此下，天真本有「庶爲保安至計」六字。

〔三七〕「辭免，不允」，天真本無。

〔三八〕「臣過蒙國恩」至「冒承其賞乎」，天真本、贛州本作：「臣以章句陋儒，過蒙國恩，不終擯斥投之閑散之中，授以巡撫之寄。時臣方抱病請告，偶值前官有托疾避難之嫌，本兵責以大義，朝廷譴之簡書，臣遂狼狽涖事。當是時，兵耗財匱，盜熾民窮，束手無策。朝廷念民命之顛危，慮臣力之薄劣，謂其責任不專，無以聯屬人心；賞罰不重，無以作興士氣；號令不肅，無以督調遠近，於是本兵議假臣以賞罰，則從之；議給臣以旗牌，則從之；議改臣以提督，則從之。授之方略，而不拘以制；責其成功，而不限以時。由是臣以賞罰之柄而激勵三軍之氣，以旗牌之重而號召遠近之兵，以提督之權而紀綱八府一州之吏，伸縮如志，舉動自由。於是兵威漸振，賊氣先奪，成軍而出，一鼓而破橫水，再鼓而滅桶岡；振旅復舉，又一鼓而破三浰，再鼓而下九連，皆役不再藉，兵無挫刃。遣官賚執旗牌，以麾督兩廣夾剿之師，亦罔不用命，咸集膚功。由是言之，凡臣之得藉以成功者，皆本兵之議，朝廷之斷也。臣亦何功之有，而敢冒承其賞乎？辟之駑馬而得良御，馬之得盡其力，皆御馬者之力也，而遂歸於馬，可乎？」

〔三九〕「周魁」，天真本、贛州本作「劉魁」。「袁夢麟」，贛州本作「袁慶麟」。「余光」至「歐陽昱」，贛州本無。「黃槐密」，天真本作「王槐密」。

〔四〇〕「指示入道之方」至「而引以叙」，贛州本作：「始刻古本，自爲序，略曰：『《大學》之道，誠心而已矣。誠意之功，格物而已矣。誠意之極，止至善而已矣。止至善之則，致知而已矣。正心，復其體也；修身，著其用也。以言乎己，謂之明德；以言乎人，謂之親民；以言乎天地之間，則備矣。是故至善也者，心之本體也。動而後有不善，而本體之知未嘗不知也。意者，其動也。物者，其事也。致其本體之知，而動無不善。然非即其事而格之，則亦無以致其知。故致知者，誠意之本也。格物者，致知之實也。物格則知致、意誠，而有以復其本體，是之謂止至善。聖人懼人之求之於外也，而反覆其辭。舊本析而聖人之意亡矣。』」

〔四一〕此下，天真本、贛州本有「體驗探求，再更寒暑」八字。

〔四二〕「朱子」，原作「諸子」，據天真本、贛州本改。

〔四三〕「有志向者」上，天真不、贛州本有「聊往數册」四字。

〔四四〕徐愛卒一事，天真本繫於「刻《朱子晚年定論》」事下，作：「是年門人徐愛卒，先生哭之慟。始愛及門問學，於同門獨先。聞師教，即能洞悟真修，不以影響敏穎爲得。其聞道也，於同門亦獨先。首録《傳習録》《同志考》，以輔師教。接人和易謙沖，雖無意親人，而人自親之。嘗遊南嶽，夢一瞿曇撫其背曰：『爾與顔子同德，亦與顔子同壽。』自南京兵部郎中告病歸，與陸澄謀耕霅上之田，以俟師歸，爲同志久聚計。不幸物故，先生每言及，輒哭，數爲文而傷之。」

〔四五〕此下，贛州本有「自謂無過舉矣」一句。

〔四六〕此下，贛州本有「幾番磨擦」四字。

〔四七〕此下，贛州本作「然已不知費多少力氣矣」。

〔四八〕「之助」，贛州本作「教誨所在」。

〔四九〕此段征捷勞諸生事，天真本未載。

〔五〇〕天真本、贛州本此事皆繫於十月下。「再請」，天真本作「奏請」。

〔五一〕此段天真本作：「先是南贛鹽税例滿三年當止，先生以連年兵餉不加於小民，惟取給於鹽税。且廣鹽止行於南、贛，而不及袁、臨、吉，淮鹽行於袁、臨、吉，而常止於南昌。蓋廣鹽順流易，而淮鹽逆流難也。故三府之民，長苦乏鹽。而廣商十伯成群，越禁而下，勢不能止。」

〔五二〕此二句，贛州本作「得俞旨。後嘉靖十五年十二月奉新例，廣鹽止行於南、贛、吉，至於今」。

年譜二

十有四年己卯，先生四十八歲，在江西〔一〕。

正月，疏謝陞蔭。〔二〕

以三洲、九連功蔭子錦衣衛，世襲副千户。

上疏辭免，謂：「蔭子實非常典，私心終有未安。疾病已纏，圖報無日。」疏入不允。〔三〕

疏乞致仕，不允。〔四〕

以祖母疾亟故也。上書王晋溪瓊曰：「郴、衡諸處群孽，漏殄尚多。蓋緣進剿之時，彼省土兵不甚用命，廣兵防夾稍遲，是以致此〔五〕。閩中之變，亦由積漸所致，始於延平，繼於邵武，又發於建寧、於汀漳、於沿海諸衛所，將來之禍，不可勝言，固非迂劣如某所能辦此也。又況近日祖母病危，日夜痛苦，方寸已亂。望改授〔六〕，使全首領以歸〔七〕。」

六月，奉敕勘處福建叛軍。十五日丙子，至豐城，聞宸濠反，遂返吉安，起義兵。〔八〕

時福州三衛軍人進貴等脅衆謀叛，奉敕往勘。以六月初九日啟行〔九〕，十五日午，至豐城，知縣顧佖迎，告濠反〔一〇〕。先生遂返舟。

先是，寧藩世蓄異志，至濠奸惡尤甚。正德初，與瑾納結。嘗風南昌諸生呈舉孝行，撫按諸司表奏，以張聲譽。〔一一〕

安成舉人劉養正，素有詩文名〔一二〕，屈致鼓衆，株連富民，朘剥財産，縱大賊閔念四、淩十一等四出劫掠，以佐妄費〔一三〕。按察使陸完因濠器重，遂相傾附。及爲本兵，首復護衛，樹羽翼。而濠欲陰入第二子爲武宗後〔一四〕。其内官閻順等潛至京師發奏，朝廷置不問，且謫順等孝陵浄軍，濠益無忌。〔一五〕

完改吏部〔一六〕，王瓊代爲本兵，度濠必反，乃申軍律，督責撫臣，修武備，以待不虞。而諸路戒嚴，捕盜甚急。淩十一繫獄，劫逃，瓊責期必獲。濠始恐，復風諸生頌己賢孝，挾當道奏之〔一七〕，武宗見奏，驚曰：「保官好陞，保寧王賢孝，欲何爲耶？」〔一八〕是時，江彬方寵倖，太監張忠欲附彬以傾錢寧，聞是言，乃密應曰：「錢寧、臧賢交通寧王，其意未可測也。」太監張鋭初通濠，復用南昌人張儀言，附忠、彬自固。而御史熊蘭居南昌，素仇濠。少師楊廷和亦欲革護衛免患，交爲内主。上乃令太監韋霦傳旨：「故事，王府奏事人辭見有常，今稽違非制。」〔一九〕

於是，試御史蕭淮上疏，曰：「近奉敕旨，王人無事不得延留京師，臣有以仰窺陛下微意矣。臣不忍隱默，竊見寧王不遵祖訓，包藏禍心，多殺無辜，横奪民産，虐害忠良，招納亡命，私造兵器，潛謀不軌。交通官校有年，如致仕侍郎李仕實，前鎮守太監畢真，及諸前後附勢者，皆今日亂臣賊子，關係宗社安危，非細故也。或逮繫至京，或坐名罷削。布政使鄭岳、副使胡世寧，皆守正蒙害，宜亟起用，庶幾人知順逆，禍變可弭矣。」疏入，忠、彬等贊之，欲內閣降敕責鎮巡，而給事中徐之鸞、御史沈約等又具奏其不法。廷和恐禍及，欲濠上護衛自贖，同官外廷不知也。〔二〇〕

一日，駙馬都尉崔元遣問瓊曰：「適聞宣召，明早赴闕，何事？」瓊問廷和，廷和佯驚曰：「何事？」瓊微笑曰：「公勿欺我。」廷和忸怩，徐曰：「宣德中，有疑於趙，嘗命駙馬袁泰往諭，竟得釋，或此意也。」〔二一〕明旦，瓊至左順門，見元領敕，謂曰：「此大事，何不廷宣？」乃留，當廷領之〔二二〕。敕有曰：「蕭淮所言，關係宗社大計，朕念親親，不忍加兵，特遣太監賴義、駙馬都尉崔元、都御史顔頤壽往諭，革其護衛。」元領敕既行〔二三〕，廷和復令兵部發兵觀變。瓊曰：「此不可泄。近給事中孫懋〔二四〕、易讚建議選兵操江，爲江西流賊設備。疏入，留中日久，第請如擬行之，備兵之方無出此矣。」廷和默然〔二五〕。會濠偵卒林華者，聞朝議二三，不得實，晝夜奔告。〔二六〕

值濠生辰，宴諸司，聞言大驚，以爲詔使此來，必用昔日蔡震擒荊藩故事。且舊制，凡抄解宮眷，始遣駙馬親臣，固不記趙王事也。宴罷，密召士實、劉吉等謀之。養正曰：「事急矣！明旦諸司入謝，即可行事。」是夜集兵以俟。〔二七〕

比旦，諸司入謝，濠出，立露臺，宣言於衆曰：「汝等知大義否？」都御史孫燧對曰：「不知。」濠曰：「太后有密旨，令我起兵監國，汝保駕否？」燧曰：「天無二日，民無二王，此是大義，不知其他。」濠怒，令縛之。按察司副使許逵從下大呼曰：「朝廷所遣大臣，反賊敢擅殺耶！」罵不絕口。校尉火信曳出惠民門外，同遇害。是時日午，天忽陰曀，遂劫鎮巡諸司下獄，奪其印。〔二八〕

於是太監王宏，御史王金，公差主事馬思聰、金山，布政使胡濂，參政陳杲、劉斐〔二九〕，參議許效廉、黃宏，僉事顧鳳，都指揮許清、白昂，皆在繫。思聰、宏不食死。濠乃僞置官屬，以吉暨余欽、萬鋭等爲太監，迎士實爲太師，先期迎養正南浦驛，爲國師，閔念四等各爲都指揮，參政王倫爲兵部尚書〔三〇〕，季斆暨僉事潘鵬、師夔輩俱聽役〔三一〕。脅布政使梁宸、按察使楊璋、副使唐錦、都指揮馬驥，移咨府部，傳檄遠近，革年號，斥乘輿，分遣所親婁伯、王春等四出收兵〔三二〕。

始，濠聞武宗嬖伶官臧賢，乃遣秦榮就學音樂，饋萬金及金絲寶壺。一日，武宗幸賢，賢以壺注酒，訝其精澤巧麗，曰：「何從得此？」賢吐實。武宗曰：「寧叔何不獻我？」是時，小劉新得幸，濠失賄，深銜之。比罷歸，小劉笑曰：「爺爺尚思寧王物，寧王不思爺爺物足矣，不記薦疏乎？」武宗乃益疑忠、彬，因贊蕭疏，遂及賢，賢不知也。濠遣人留賢，家多複壁，外鑰木橱，開則長巷，後通屋，甚隱，人無覺者。有旨大索賢家，林華遽走會同館，得馬，故速歸。

初，寧獻王臞仙傳惠、靖、康三王。康王久無子，宮人南昌馮氏以成化丁酉生濠。康王夢蛇入宮，啖人殆盡，心惡之，欲弗舉。以內人爭免，遂匿優人家，與秦滐同寢處。稍長，淫宮中。康王憂憤且死，不令入訣。弘治丙辰襲位，通書史歌詞〔三三〕。

至是謀逆，期以八月十五日因入試官吏生校舉事。比林華至，始促反。〔三四〕

【劉養正，字子吉。嘗舉奇童。會試時，誤入飛語，有詩曰：「桃紅李白年年是，誰識園林舊主非？」辛未後，不復會試。製隱士服，部使者候其門，得而爲幸。而士實以名士數受濠饋，聞變就縊，爲群妾所守，不得死。

白沙嘗簡以詩曰：「風光何處可憐生？共把閒愁向酒傾。今日花巷前日看，少年人到老年更。秦傾武穆憑張俊，蜀取劉璋病孔明。千古此冤誰洗得？老夫無計挽東溟。」若豫爲悲嘆者吁，異哉！

先生發贛，時參隨取敕印作一扛，留後堂，俟隨輿出。少傾，倉卒封門，遂忘之。行之吉安，先生登岸取敕印，左右始覺。乃發指揮某往取，以是沿途遲留。不爾正遘宸濠宴期，不聞報於豐城矣。於乎！天乎！】

十九日，疏上變〔三五〕。

【豐城令顧佖別後，風迅舟駛，已至曲江，先生亟召參隨入。參隨望見色變，已疑有它，問曰：「曾聞顧言否？」曰：「未。」曰：「寧王反矣！」參隨口噤莫能對。先生曰：「汝謀走計，何爲若此？」且曰：「若輩盤纏少，吾有俸銀可分。」又曰：「自此西可入瑞州，吾善行無憂也。」光曰：「夫人在舟，奈何？」先生曰：「彼意在我，得老嫗何爲？」光曰：「善行莫如馬，傾刻十里，曷若舟便？」於是始定小舟計。計甫定，舟已至黄土腦矣。參隨牽小舟，苦風逆，先生自至舟首。】

濠既戕害守臣，因劫諸司，據會城，乃悉拘護衛，集亡命，括丁壯，號兵十萬，奪運船順下〔三六〕。

戊寅，襲南康，知府陳霖等遁。己卯，襲九江，兵備曹雷、知府汪穎、指揮劉勳等遁，屬縣聞風皆潰。濠初謀欲徑襲南京，遂犯北京，故乘勝尅期東下〔三七〕。

先生聞變，返舟，値南風急，舟弗能前，乃焚香拜泣告天曰〔三八〕：「天若哀憫生靈，許我匡扶社稷，願即反風〔三九〕。若無意斯民，守仁無生望矣。」須臾，風漸止，北帆盡起。濠遣内官喻才領兵追急，是夜乃與幕士蕭禹、雷濟等潛入魚舟得脱。然念兩京倉卒無備，欲沮撓之，使遲留旬月。於是故爲兩廣機密火牌，備兵部咨及都御史顔咨云，率領狼達官兵四十八萬江西公幹，令雷濟等飛報摇之〔四〇〕。

濠見檄，果疑懼，遲延未發〔四一〕。

先生四晝夜，至吉安〔四二〕。

明日庚辰〔四三〕，上疏告變〔四四〕，乃與知府伍文定等計傳檄四方〔四五〕，暴發逆濠罪狀，檄列郡起兵以勤王。疏留。復命巡按御史謝源、伍希儒紀功，張疑兵於豐城〔四六〕，又故張接濟官軍公移，備云兵部咨題，准令許泰、郤永分領邊軍四萬，從鳳陽陸路進；劉暉、桂勇分領京邊官軍四萬，從徐、淮水陸並進；王守仁領兵二萬，楊旦等領兵八萬，陳金等領兵陸萬，分道並進，尅期夾攻南昌。且以原奉機密敕旨爲據，故令各兵徐行，待其出城，遮擊前後以誤之。又爲李士實、劉養正内應僞書，賊將淩十一、閔念四投降密狀，令濟、光等親人計入於濠。〔四七〕

濠乃留兵會城以觀變〔四八〕。

至七月三日，諜知非實，乃屬宗支栱樤與萬鋭等留兵萬餘守南昌，遣潘鵬持檄説安慶，季斆説吉安，而自與宗支栱栟、士實、養正等東下。賊衆六萬人，〔四九〕號十萬，以劉吉爲監軍，王綸參贊軍務，指揮葛江爲僞都督，總一百四十餘隊，分五哨。出鄱陽〔五〇〕，過九江，令師夔守之，直趨安慶。時欽、淩等攻圍雖已浹旬，知府張文錦、守備都指揮楊鋭、指揮使崔文同守不下。

按，是時巡撫南畿都御史李充嗣飛章告變，瓊請會議左順門。衆觀望，猶不敢斥言濠反。〔五一〕瓊獨曰：「豎子素行不義，今倉卒舉亂，殆不足慮。都御史王守仁據上游躡之，成擒必矣〔五二〕。」乃從直房頃刻覆十三疏，首請下詔削濠屬籍，正賊名。次請命將出師，趨南都，命伯方壽祥防江都，御史俞諫率淮兵翊南都〔五三〕，尚書王鴻儒主給餉，次請命守仁率南、贛兵由臨、吉，都御史秦金率湖兵由荆、瑞會南昌，充嗣鎮鎮江，許廷光鎮浙江，叢蘭鎮儀真，遏賊衝。傳檄江西諸路，但有忠臣義士，能倡義旅以擒反者，封侯。〔五四〕又請南京守備操江武職，并五府掌印僉書官，各自陳取上裁，務在得人，以固根本。詔悉從之。

先生在吉安，守益趨見曰：「聞濠誘葉芳兵夾攻吉安。」先生曰：「芳必不叛。諸賊舊以茅爲屋，叛則焚之。我過其巢，許其伐鉅木創屋萬餘，今其黨各千餘，不肯焚矣。」益曰：「彼從濠，望封拜，可以尋常計乎？」先生默然良久曰：「天下盡反，我輩固當如此做。」益惕然，一時胸中利害如洗。次早復見曰：「昨夜思之，濠若遣逮老父奈何？已遣報之，急避他所。」〔五五〕

壬午，再告變。

叛黨方盛，恐中途有阻，故再上。

疏乞便道省葬，不允〔五六〕。

先生起兵，未奉成命。上便道省葬疏，意示遭變暫留，姑爲牽制攻討，〔五七〕俟命師之至，即從初心。

時奉旨：「着督兵討賊，所奏省親事，待賊平之日來説。」

疏上僞檄。

六月二十二日，參政季斆同南昌府學教授趙承芳，旗校十二人，賫僞檄榜諭吉安府，至墨潭，領哨官縛送軍門。先生即固封以進其疏，略曰：「陛下在位一十四年，屢經變難，民心騷動，尚爾巡遊不已，致使宗室謀動干戈，冀竊大寶。且今天下之覬覦，豈特一寧王？天下之奸雄，豈特在宗室？言念及此，懍胄寒心。昔漢武帝有輪臺之悔，而天下向治；唐德宗下奉天之詔，而士民感泣。伏望皇上痛自克責，易轍改絃；罷出奸諛，以回天下豪傑之心；絕迹巡遊，以杜天下奸雄之望，則太平尚有可圖，群臣不勝幸甚。」

甲辰〔五八〕**，義兵發吉安。丙午**〔五九〕**，大會於樟樹。己酉，誓師。**〔六〇〕**庚戌，次市汊。辛亥，拔南昌。**

先生聞濠兵既出，乃促列郡兵剋期會於樟樹，自督知府伍文定等及通判談儲、推官王暐，以十三日甲辰發吉安〔六一〕。於是臨江知府戴德孺，袁州知府徐璉，贛州知府邢珣，瑞州通判胡堯元、童琦，南安推官徐文英，贛州都指揮余恩，新淦知縣李美，泰和知縣李楫，寧都知縣王天與，萬安知縣黃冕〔六二〕，各以其兵來赴。

【初欲登臺誓師，以事多病作，乃自書牌曰：「伍不用命者，斬隊將。隊將不用命者，斬副將。副將不用命者，斬主將。」次早己酉，呼文定四知府入，手是牌授之曰：「此是實語，不相誑也。」師遂行。】

己酉，誓師於樟樹，次豐城。

諜知賊設伏於新舊廠，以爲省城之應，乃遣奉新知縣劉守緒，領兵從間道夜襲破之〔六三〕。

庚戌，發市汊，分布既定，薄暮齊發。〔六四〕

辛亥黎明，各至信地。

先是城中爲備甚嚴，及廠賊潰奔入城，一城皆驚。又見我師驟集，益奪其氣。衆乘之〔六五〕，呼噪梯絙而登。遂入城〔六六〕，擒栱樤、萬鋭等千有餘人，所遺宫眷縱火自焚。先生乃撫定居民，分釋脅從，封府庫，收印信，人心始寧。於是胡濂、劉裴、許效廉、唐錦、賴鳳、王玘等皆自投首〔六七〕。

初，會兵樟樹，衆以安慶被圍，急宜引兵赴之。先生曰：「今南康、九江皆爲賊據，我兵若越二城，直趨安慶，賊必回軍死鬬，是我腹背受敵也。莫若先破南昌〔六八〕，賊失内據，勢必歸援。如此，則安慶之圍自解，而賊成擒矣。」卒如計云。

遂促兵追濠，甲寅，始接戰。乙卯，戰於黄家渡。丙辰，戰於八字腦。丁巳，獲濠樵舍，江西平。〔六九〕

初，濠聞南昌告急〔七〇〕，即欲歸援，遂解安慶圍。移沅子港，先分兵二萬趨南昌，身旋繼之。

二十二日，先生偵知其故，問衆計安出，多以賊勢强盛，宜堅壁觀釁，徐圖進止。先生曰：「賊勢雖强，未逢大敵，惟以爵賞誘人。今進不得逞，退無所歸，衆已消沮。若出奇擊惰〔七一〕不戰自潰，所謂『先人，有奪人之氣也』。」會撫州知府陳槐、進賢知縣劉源清提兵亦至，乃遣伍文定、邢珣、徐璉、戴德孺各領兵五百，分道並進，擊其不意。又遣余恩以兵四百，往來湖上誘致之。陳槐、胡堯元、童琦、談儲、王暐、徐文英、李美、李楫、王冕、王軾、劉守緒、劉源清等，各引兵百餘，四面張疑設伏，候文定等合擊之〔七二〕。分布既定，甲寅，乘夜急進。文定以正兵當賊鋒，恩繼之，珣繞出賊後，璉、德孺張兩翼以分其勢。

乙卯〔七三〕，賊兵鼓譟乘風，逼黄家渡，氣驕甚。文定、恩佯北以致之，賊争趨利，前後不相及。珣從後横擊，直貫其中〔七四〕。文定、恩乘之，夾以兩翼，四面伏起〔七五〕，賊大潰，退保八字腦。濠懼，厚賞勇者，且令盡發九江、南康守城兵益之。是日，建昌知府曾璵兵亦至。先生以爲九江不破，則湖無外援；南康不復，則我難後躡。乃遣槐領兵四百，合饒州知府林瑊兵攻九江，以廣信知府周朝佐取南康。

丙辰，賊復併力挑戰。我兵少却〔七六〕，文定立銃砲間，火燎其鬚〔七七〕，殊死戰。砲入濠副舟，賊大敗，擒斬二千餘，溺死者無算；乃聚樵舍，連舟爲方陣，盡出金銀賞士。

先生乃密爲火攻具，使珣擊其左，璉、德孺出其右，恩等設伏，期火發以合。

丁巳，濠方晨朝群臣，責不用命者，將引出斬之。争論未決，我兵掩至，火及濠副舟，衆遂奔散。妃嬪與濠泣别，多赴水死。濠爲知縣王冕所執，與其世子眷屬及僞黨士實、養正、劉吉、涂欽〔七八〕、王綸、熊瓊、盧衍、盧横、丁樌、王春、吴十三、秦榮、葛江、劉勳、何塘、王行、吴七、火信等數百，復執脅從官王宏、王金、楊璋、金山、王疇、程杲、潘鵬、梁宸、郟文、馬驥、白昂等，擒斬三千，落水二萬餘，衣甲器械財物與浮尸横十餘里。餘賊數百艘逃潰，乃分兵追剿。

戊午，及於昌邑，大破之。至吴城，復斬擒千餘，死水中殆盡。

己未，得槐等報，各擒斬復千餘〔七九〕。

蓋自起兵至破賊，曾不旬日〔八〇〕，紀功凡一萬一千有奇。

初先生屢疏力疾赴闕，值寧藩變，臣子義不容舍。又闔省方面並無一人，事勢幾會，間不容髮，故復圖爲牽制攻守，以俟命師之至。〔八一〕

疏入，未報，即以捷聞。

【因具述寧王罪狀與積威刼人之久。及領兵知府伍文定、邢珣、徐璉、戴德孺、陳槐、曾璵、林瑊、周朝佐，署都指揮僉事余恩，分哨通判胡堯元、童琦、談儲，推官王暐、徐文英，知縣李美、李楫、王冕、王軾、劉源清、劉守緒、傅南喬，隨哨通判楊昉、陳旦，指揮馬璽、高睿、孟俊，知縣張淮、應恩、王廷、顧佖、萬士賢、馬津各分辨等第以上。復舉都御使王懋中，編修鄒守益，御史張鰲山，郎中曾直，評事羅僑，僉事劉藍，進士郭持平，驛丞王思、李中，按察使劉遜，參政黄綉，知府劉昭，當加爵賞，其克敵制勝之故，皆實不謬，防禦委曲，有疏所不能盡，惟同事者知之。】

〔具言寧王烝淫奸暴，腥穢彰聞，賊殺善類，剥害細民，數其罪惡，世所未有。不軌之謀，已逾一紀；積威所劫，遠被四方。士夫雖在千里之外，皆閉目揺手，莫敢論其是非。小人雖在幽僻，且吞聲飲恨，不敢訴其冤抑。招納劇賊渠魁如閔念四、淩十一之屬數千餘衆，召募義勇、力能拔樹排闥者萬有餘徒。又使其黨王春等陰置奸細於滄州、淮揚、山東、河南之間，亦各數百。比其起事，從其護衛姻族，連其黨與朋私，驅脅軍民商旅，遣其官屬親暱，使各募兵從行，多者數千，少者數百，帆檣蔽江，衆號一十八萬。其從之東下，不下八九萬餘。且矯稱密旨，以挾制遠近；僞傳檄諭，以揺惑人心。故自其舉兵倡亂，四方震懾畏避，謂其事已定，莫敢倡義爭衡，抱節者僅堅城守，忠憤者惟冀俟時，非智謀忠義之不足，其勢使然也。臣以弱質，當兹大變，輒敢冒非其任，以行旅百數之卒，起事於顛沛危疑之中。旬月之間，遂能克復堅城，俘擒元惡。以一方烏合之兵，破强寇十萬之衆，是固上天陰隲，宗社默佑，陛下威靈所致。而廟堂諸臣早計豫擬，改臣提督，扼制上流，申明律例，使得人自爲戰，敕臣以及時應策，不限以地，故臣得以不俟詔旨，而調集數郡之兵。數郡之民亦不待詔旨，而赴國家之難，驅馳越境，直擣窮追，不以非任爲嫌，是乃伏至險於無形，藏不測於常制，人徒見擘奚之多獲，而不知王良之善御有以致之也。廟算之功，孰得希先之？是役也，有若領哨知府伍文定、邢珣、徐璉、戴德孺、陳槐、曾璵、林瑊、周朝佐，署都指揮僉事余恩，分哨通判胡堯元、童琦、談儲，推官王暐、徐文英，知縣李美、李楫、王冕、王軾、劉源清、劉守緒、傅南喬，隨哨通判楊昉、陳旦，指揮馬璽、高睿、孟俊，知縣張淮、應恩、王廷、顧佖、萬士賢、馬津等雖效績輸能，亦有等列，然皆首從義師，爭赴國難，協謀並力，共收全功。其間若文定、珣、璉、德孺等冒險衝鋒，功勛尤懋。御史謝源、伍希孺監軍，督哨弼智匡謀，鼓動忠義之氣，備嘗紀録之勞；家居都御使王懋中，編修鄒守益，御史張鰲山，郎中曾直，評事羅僑，僉事劉監，進士郭持平，驛丞王思、李中，按察使劉遜，參政黄綉，知府劉昭等，仗義興兵，協張威武，連籌贊畫，折衝夾輔。以上諸臣功勞，雖其尋常征剿，亦爲難事。況當震恐摇惑，四方智勇莫敢一攖其鋒，而諸臣激烈忠憤，捐身徇國，乃能若此。伏願論功酬錫之餘，晋加爵賞旌擢，以勸天下之忠義，以勵將來之懦怯。仍詔示天下，使知奸雄若寧王者，蓄其不軌之謀十有餘年，而發之旬月輒就擒滅，於以見天命之有在，神器之不可窺，以定天下之志。尤願罷息巡幸，建立國本，端拱勵精，以承宗社之鴻休，絶奸雄之覬覦，則天下幸甚。」

洪嘗見龍光述張疑行間事甚悉，嘗問曰：「事濟否？」先生曰：「未論濟與不濟，且言疑與不疑。」光曰：「疑固不免。」曰：「但得渠一疑，事濟矣。」後遇河圖爲武林驛丞，又言公欲稽留宸濠，何時非間？何事非間？

嘗問光曰：「曾會劉養正否？」光對曰：「熟識。」即使光行間，移養正家屬城内，善飲食之。縛賫檄人欲斬，濟躡足，遂不問。一日發牌票二百餘，左右莫知所往。臨省城，先以順逆禍福之理諭官民。聞鋭與瑞昌王助逆，遣其心腹胡景隆私招回各兵，以離其黨。人徒見成功之易，而不知其伐謀之神也。

黄弘綱聞吉安居人疑曰：「王公之戈，未知何向？」亟入告，先生笑而不答。出兵誓師，斬失律者殉營中，軍士股慄，不敢仰視，不知即前賫檄人也。後賊平，張、許謗議百出，天下是非益亂，非先生自信於心，烏能遽白哉？〔八二〕

先是，先生思豫備，會汀、漳兵備僉事週期雍以公事抵贛，知可與謀，且官異省，屏左右語之〔八三〕。雍歸，即陰募驍勇〔八四〕，部勒以俟，故晨奉檄而夕就道。福建左布政使席書〔八五〕、嶺東兵備僉事王大用亦以兵來，道聞賊平，乃還。致仕都御史林俊聞變，夜範錫爲佛狼機銃，并火藥法，遣僕從間道來遺，勉以討賊〔八六〕。

〖初公嘗使門人常德冀元亨者，因講學説濠以君臣大義，或格其奸。濠意不懌，元亨辭去，曰：「濠必反。公宜早計。」遂遁去。及聞變，知必起師，即潛行赴難。先生曰：「見素公在莆陽，周官上杭，冀在常德，去南昌各三千餘里，乃皆同日而至，事若有不偶然者。」因作《佛郎機贊》，並以識其事云。〗

先生入城，日坐都察院，開中門，令可見前後。對士友論學不輟。報至，即登堂遣之。有言伍焚髮狀，暫如側席，遣牌斬之〔八七〕。還坐，衆咸色怖，驚問。先生曰〔八八〕：「適聞對敵小却，此兵家常事，不足介意。」後聞濠已擒，問故行賞訖。還坐，咸色喜，驚問，先生曰：「適聞寧王已擒，想不僞，但傷死者衆耳。」理前語如常〔八九〕，傍觀者服其學。

濠就擒，乘馬入，望見遠近街衢行伍整肅，笑曰：「此我家事，何勞費心如此？」一見先生，輒托曰：「婁妃，賢妃也。自始事至今，苦諫未納，適投水死，望遺葬之。」比使往，果得屍，蓋周身皆紙繩内結，極易辯。婁爲諒女，有家學，故處變能自全。〔九〇〕

【擒濠次日，守益入曰：「喜成不世之功！」先生曰：「不然！且喜昨晚沉睡，蓋自聞報，至是私心稍安。」】

八月，疏諫親征。

是時，兵部會議命將討賊。武宗詔曰：「不必命將，朕當親率六師，奉天征討。」於是假威武大將軍鎮國公行事，命太監張永、張忠，安邊伯許泰，都督劉暉，率京邊官軍萬餘，給事祝續、御史張綸，隨軍紀功。雖捷音久上，不發〔九一〕，皆云：「元惡雖擒，逆黨未盡，不捕必遺後患。」先生具疏諫止，略曰：「臣於告變之後，選將集兵〔九二〕，振威揚武，先攻省城，虛其巢穴，繼戰鄱湖，擊其惰歸。今宸濠已擒，謀黨已獲，從賊已掃，閩、廣赴調軍士已散，地方驚擾之民已帖。竊惟宸濠擅作辟威〔九三〕，睥睨神器，陰謀久蓄，招納叛亡，輦轂之動静，探無遺迹；廣置奸細，臣下之奏白，百不一通。發謀之始，逆料大駕必將親征，先於沿途伏有奸黨，期爲博浪、荆軻之謀。今逆不旋踵，遂已成擒。法宜解赴闕門，式昭天討。然欲付之部下各官，誠恐潛布之徒乘隙竊發，或虞意外，臣死有餘憾矣〔九四〕。蓋時事方艱，賊雖擒，亂未已也。

是月，疏免江西税〔九五〕，益王、淮王餉軍，留朝覲官，恤重刑以實軍伍，處置署印府縣從逆人，參九江、南康失事。便道省葬，前後凡九上。〔九六〕

再乞便道省葬，不允。

與王晋溪書曰：「始懇疏乞歸，以祖母鞠育之恩，思一面爲訣。後竟牽滯兵戈，不及一見，卒抱終天之痛。今老父衰疾，又復日亟，而地方已幸無事，何惜一舉手投足之勞，而不以曲全之乎？」〔九七〕

九月壬寅〔九八〕，獻俘錢塘，以病留。

九月十一日〔九九〕，先生獻俘，發南昌。忠、泰等欲追還之，議將縱之鄱湖，俟武宗親與遇戰，而後奏凱論功。連遣人追至廣信。先生不聽，乘夜過玉山、草萍驛。張永候於杭，先生見永，謂曰：「江西之民，久遭濠毒。今經大亂，繼以旱災，又供京邊軍餉，困苦既極，必逃聚山谷爲亂。昔助濠尚爲脅從，今爲窮迫所激，奸黨群起，〔一〇〇〕天下遂成土崩之勢。至是興兵定亂，不亦難乎？」永深然之，乃徐曰：「吾之此出，爲群小在君側，欲調護左右，以默輔聖躬，非爲掩功來也。但皇上順其意而行，猶可挽回，萬一若逆其意，徒激群小之怒，無救於天下大計矣。」於是，先生信其無他，以濠付之〔一〇一〕，稱病西湖浄慈寺。

武宗嘗以威武大將軍牌遣錦衣千户追取宸濠，先生不肯出迎〔一〇二〕，三司苦勸。先生曰：「人子於父母亂命，若可告語，當涕泣以從，忍從諛乎？」不得已，令參隨負敕，同迎以入。有司問勞錦衣禮，先生曰：「止可五金。」錦衣怒不納。次日來辭，先生執其手曰：「我在正德間下錦衣獄甚久，未見輕財重義有如公者。昨薄物出區區意，只求備禮。聞公不納，令我惶愧。我無他長，止善作文字。他日當爲表章，令錦衣知有公也。」於是復再拜以謝。其人竟不能出他語而别。〔一〇三〕

奉敕兼巡撫江西。

十一月，返江西。〔一〇四〕

先生稱病〔一〇五〕，欲堅卧不出。聞武宗南巡，已至淮揚。群奸在側，人情洶洶〔一〇六〕，不得已，從京口將徑趨行在。大學士楊一清固止之。會奉旨兼巡撫江西，遂從湖口還〔一〇七〕。忠等方挾宸濠搜羅百出，軍馬屯聚，糜費不堪。續、綸等望風附會，肆爲飛語，時論不平。〔一〇八〕

先生既還南昌，北軍肆坐慢罵〔一〇九〕，或故衝導起釁。先生一不爲動，務待以禮。豫令巡捕官諭市人移家於鄉，而以老羸應門。〔一一〇〕始欲犒賞北軍，泰等預禁之，令勿受。乃傳示内外，諭北軍離家苦楚，居民當敦主客禮。每出，遇北軍喪，必停車問故，厚與之櫬，嗟嘆乃去。久之，北軍咸服〔一一一〕。會冬至節近，預令城市舉奠。時新經濠亂，〔一一二〕哭亡酹酒者聲聞不絕。北軍無不思家，泣下求歸。先生與忠等語，不稍徇，漸已知畏。〔一一三〕

忠、泰自居所長，與先生較射於教場中，意先生必大屈。先生勉應之，三發三中，每一中，北軍在傍哄然，舉手嘖嘖。忠、泰大懼，曰：「我軍皆附王都耶！」〔一一四〕遂班師。

校勘記

〔一〕「在江西」，天真本無。

〔二〕此條天真本繫于十三年。

〔三〕此段，贛州本作：「辭免，不准。疏謝略曰：『臣竊惟因勞而進秩者，朝廷賞功之典；量能而受禄者，人臣自守之節，故功疑惟重。雖聖帝之寬仁，而食浮於行，尤君子所深耻。陛下之賜，行其賞功之典也。臣之不敢當者，亦惟伸其自守之節而已。《軍志》有之：「該罰而請不罰者，有誅。該賞而請不賞者，有誅。」古之人君，執其賞罰，堅如金石，信如四時，是以令之所播如轟霆，兵之所加無堅敵，而功之所成無愆期。今日之事，兵事也。漢臣趙充國云：「兵事當爲後法。」臣誠自知貪冒之耻，然亦安敢徇一己之小節，以亂陛下之軍政乎？但蔭子實非常典，私心終有所未安。黽勉受命，憂慚交集。自恨疾病之已纏，深懼圖報之無日。』」天真本無「辭免不准」句，「臣竊惟」上有「正德十三年六月初六日准兵部咨云云」，其餘同贛州本。

〔四〕此條天真本無。

〔五〕此下，贛州本有「今亦未敢動作，但恐一二年後不能保耳」二句。

〔六〕「改授」上，贛州本有「曲加矜憫」四字。

〔七〕此下，贛州本有「非生一人之幸也」一句。

〔八〕天真本自此條始分爲卷之三，「宸濠」作「逆濠」，「起義兵」三字無。

〔九〕此下，贛州本有「亦移之外境，以防變瓊之微也」二句。

〔一〇〕此下，贛州本有「蓋先期十有四日，是爲乙亥」二句。

〔一一〕此段，天真本作「先是，寧邸世蓄異志，傳至濠尤包藏禍心，矯飾文行。自正德初，政在逆瑾，厚與結納。風南昌諸生舉其孝行，撫按諸司爲之表奏，以鼓聲譽，要人心」。贛州本「蓄異志」作「失德」，「尤甚」作「獨甚，矯飾叵測，而婬虐凶穢，言不忍聞」。

〔一二〕此下，贛州本有「以不仕自高」五字。

〔一三〕此下，贛州本有「不便己，即甘心焉，而仕江右者又復多爲鷹犬自容」數句。

〔一四〕此下，贛州本有「大臣、諸奄故皆姑賄，至是多藏亡命京師」二句。

〔一五〕此段，天真本作：「而劉養正者，安成舉人也，素有詩文名。濠屈己招致，遂爲知己。尚書陸完嘗爲按察使，濠獨器重，以故陸亦心附之。及是完爲本兵，遂托之謀復護衛，羽翼既成，逆謀益急，其内官閻順等潛至京師，奏發其事，朝廷悉置不問，且謫順等孝陵浄軍，濠益恃有内應。」

〔一六〕「完」字上，贛州本有「聞上行邊，計納都督馬昂寡妹，中之」十四字。

〔一七〕此下，贛州本有「以解，都御使孫燧不得已，隨衆類署，別奏其不法事，前後七上，皆爲濠卒遮留。比」三十一字。

〔一八〕此下，贛州本有「且將置我何地耶」一句。

〔一九〕此段，天真本作：「及聞上行邊，計納都督馬昂寡妹，密懷伺隙。陰養大盜閔念四、淩十一等，招引叛亡，己不便者，潛使盜屠其家。及完改吏部，王瓊代爲本兵，瓊度濠必反，乃申明軍律，督責天下撫臣修武備，以戒不虞。自是諸路戒嚴，捕盜甚急。淩十一已獲，繫獄，復爲其黨劫出，瓊具奏，責限期於必得。濠恐，復風諸生知厚者頌其賢孝，挾當道奏之，以惑衆聽。是時江彬寵幸日盛，太監張忠因欲附彬以傾錢寧，會奏至，忠因密言於上曰：聞錢寧、臧賢者交通寧王，將爲不軌耳。上疑之。會太監張鋭初亦通濠，既而信南昌人張儀言，遂附忠、彬以自安。會南昌人熊蘭時爲御史，因父仇濠，見保奏至，不勝忿，播言王必反，密謀於儀，求鋭内應。而少師楊廷和亦欲復革護衛免後患，因許共成儀計，於是忠等乃泄濠計，上前且指奸細潛住交通爲證。上乃令太監韋霦傳旨：『故事，凡王人奏事，事竣，辭回，無有愆期。近或有遷延數月或經年者，占居公館，有妨夷使。自今但有差奏事及入賀進貢人員，所司剋期遣還，如或故違，所司並刺事衙門督促起程，托故潛住者，具奏治罪。』蓋入忠等語也。」

〔二〇〕此段，天真本作：「於是試御史蕭淮聞張儀述濠事甚悉，遂暴發其事，疏曰：『近奉敕旨，王人無事不得無故延留京師，臣有以窺陛下微意之所在矣。臣有隱憂不忍緘默，竊見寧王不遵祖訓，包藏禍心，多殺無辜，横奪民産，虐害忠良，招納亡命，私造兵器，潛謀不軌。差來官校踵接交通，造謀積有數年。近本府内官告變，流言籍籍。如致仕侍郎李士實、儀賓顧官祥，指揮葛江、王信，引禮丁壐，内使陳賢、王壽山、熊壽、涂欽、粱瑋，義官倪慶、盧孔彰、徐紀、趙七、謝涪省，祭官王海、秦粱，舍人李顯忠、羅黄、盧榮，校尉査伍、火信，伶人秦鎔，賊首淩十一、閔念四等，或爲腹心，或爲爪牙，共圖逆謀，待時而發，實爲今日亂臣賊子，關係宗社生靈安危，非細故也。陛下已著離明，宜奮乾斷，特敕錦衣衛逮繫黨與諸人至京，明正典刑。其潛住京師者，究治無失；其占奪官民事産，令所司盡爲核實追給；謀復護衛屯田，敕兵部蚤爲革削，以快人心，以遏亂萌。前鎮守太監畢真等，輒爲保奏賢行；副使李夢陽，僉事李淳、王奎，參政白金，參議王泰，皆附勢爲害者，宜即加罷削。布政使鄭岳、副使胡世寧，皆守正蒙害者，宜亟爲起用，庶幾人知順逆，尚有典型，而禍變可弭矣。』疏入，張鋭、江彬等復贊之，姑假當道求褒獎之非，傳諭内閣，下敕切責鎮巡以抑之，而給事中徐之鸞、御史沈灼等俱交章上反狀，廷和恐禍及，欲密遣官戒諭寧王，令納護衛自解，同官外廷皆不知也。」「李仕實」至「罷削」，贛州本作「李士實等皆今日亂臣賊子，關係宗社生靈安危，非細故也，陛下宜敕錦衣衛逮繫黨與至京究治，以快人心。前鎮守太監畢真等首保賢行，及諸前後附勢者，宜坐名罷削」。

〔二一〕「忸怩」，贛州本作「愧發」。「宣德中」至「或此意也」，天真本作「宣德中，趙府有異志，命袁駙馬往諭，事遂得息。今遣崔公，亦此意也。且將革其護衛，幸勿泄」。

〔二二〕「當廷領之」，天真本作「元等翌日宣諭於廷，遣之」。

〔二三〕「元」字上，贛州本有「蓋用内閣意也」一句。

〔二四〕「近」字下，天真本有「因部中」三字。

〔二五〕此下，天真本有「然外間不知，詔旨止以削寧府護衛爲事」二句。

〔二六〕「二三，不得實」，天真本作「閧甚，又逮奸細」。「晝夜奔告」，贛州本作「晝夜才十八日奔告」。

〔二七〕此段，天真本作：「才十有八日，至南昌，值濠生辰，方宴諸司官僚。華請間，具言之，且曰：『差官兼程且至，嗣聞宣召兵部，不知何事也。』濠大驚懼，以爲詔使此來，必用昔日蔡震擒荆藩故事，行且擒我。舊制，凡抄解宫眷，始遣駙馬親臣，濠習知之，固不記趙王故事也。宴罷，即密召士實及承奉劉吉等謀之。養正曰：『事急矣！明旦諸司當入謝，即可擒之，因而起事。』濠深然之。乃夜集賊首閔念四、凌十一、吴十三等飭兵以俟。」

〔二八〕「汝等知大義否」至「敢擅殺耶」，贛州本作：「孝宗爲李廣所誤，抱養民間子。我祖宗不血食者，十四年於兹矣。太后有旨，令起兵討賊，共伸大義，汝等知否？燧曰：『請旨看。』濠曰：『不必多言。我往南京，汝保駕否？』燧曰：『天無二日，民無二王，此是大義，不知其它。』濠戟手怒曰：『你既説我孝行如何，又遣人奏我，如此反覆，豈知大義？』令縛之。按察副使許逵從下大呼曰：『孫都御使，朝廷所遣大臣，汝反賊敢擅殺耶？』顧燧曰：『我欲先發，不聽。今制於人，尚何言？』」。「汝保駕否」至「天忽陰曀」，天真本作：「燧與副使許逵抗言曰：『天無二日，臣無二君，此是大義，惟有赤心耳，豈從汝反乎。』濠大怒，令指揮王信等並曳出斬之。」

〔二九〕「劉斐」，天真本作「劉裴」。

〔三〇〕「王倫」，天真本、贛州本作「王綸」。

〔三一〕「聽役」，天真本作「各預密謀，爲之宣力」。

〔三二〕「收兵」，天真本作「招兵，中外洶洶」。

〔三三〕此下，贛州本有「而是時，武宗初生，李廣用事，外間不察，妄爲飛語。濠始懷異」數句。

〔三四〕「始，濠聞武宗嬖伶官臧賢」至「始促反」三段，天真本未載。

〔三五〕此下，天真本有「遂起義兵」四字。

〔三六〕「奪運船順下」，天真本作「分命賊首淩十一等將之，僞太監涂欽監焉，大奪運船順流東下」。

〔三七〕「濠既戕害守臣」至「剋期東下」二段，贛州本在下文「令濟、光等親人計入於濠」下。

〔三八〕「泣告天」三字，贛州本無。

〔三九〕「反風」，贛州本作「反風助順」。

〔四〇〕「須臾」至「飛報揺之」，贛州本作：「言與涙下，遂與蕭禹、雷濟、龍光等登舟脱走。少頃，風漸止，北帆盡起。内官喻才來追，不及。尤念兩京倉卒無備，故爲兩廣機密火牌，備云兵部咨及都御史顔咨率領狼達官兵四十八萬江西公幹，又令濟等故爲南贛飛報揺之。」天真本作：「須臾，忽轉北風。濠已遣内官喻才領兵追急，即夜乃與幕士蕭禹、雷濟等計潛入魚舟得脱走。濠徑襲南京，遂犯北京，必倉卒無備，欲沮撓，使遲留旬月，庶遠近有備。於是故爲兩廣機密火牌，備兵部咨及都御史顔咨率領狼達官兵四十八萬江西公幹，意示朝廷先遣顔輩勘事，已密於兩廣諸路□兵，乘時掩襲，冀以誤濠。令雷濟等計

□□之。」

〔四一〕此段，天真本作：「先生登小舟時，問光等何故遺忘一物。曰：『何？』曰：『黄傘。』比過臨江，語實，皆曰：『是何誑我。』及張蓋，舟夫始渡江來。至新淦，方登站船。邑令李美善練士，堅請留。先生登城曰：『汝意甚善，惜城小耳。』」

〔四二〕此下，天真本有「又令濟等故爲□□飛報前事，一以動揺省城，一以鼓□吉安忠義」數句。

〔四三〕「明日庚辰」，天真本作「十九日」。

〔四四〕此下，贛州本有「因推都御史王懋中、評事羅僑才識，復薦裁革兵備副使羅循，養病副使羅欽德，郎中曾直，御史周魯，同知郭祥鵬，省親進士郭持平，驛丞李忠、王思，當擢用，以勸忠貞」數句。

〔四五〕「等計」，贛州本、天真本作「共謀牽制，於是遵便宜制」。

〔四六〕此下，天真本有「故示欲攻之勢」一句。

〔四七〕「且以原奉機密」至「計入於豪」，天真本作：「且曰：原奉機密敕旨皆是掩其不備，先發制人之謀，其時必以寧兵未舉，今彼兵出有期，卻恐北來官兵有誤事機。若彼堅守南昌，則官軍遠來，天時地利皆有不便，一時難圖。須是按兵徐行，或分兵先守南都，候其已離江西，或遮其前，或擊其後，破之必矣。又行間以爲其謀主李士實、劉養正各密約爲内應，賊將淩十一、閔念四亦密狀投降，約反戈報效。仍令濟等親人佯爲實事，使之潛行。又訪濠素交通之人，厚加結納，密與謀圖，冀泄其事於濠。濠果生猜忌，雖素恃爲謀主，亦不免致疑。」

〔四八〕此句，贛州本作：「濠既害守臣，劫諸司，據會城，乃悉拘護衛、亡命，括丁壯，命淩十一等分將欽監之，奪運船順下。戊寅，襲南康，知府陳霖等遁。己卯，襲九江，兵備曹雷、知府汪穎、指揮劉勳等遁，屬縣皆下。初濠欲徑襲南京，遂犯北京，爲諸詐所沮。」

〔四九〕「乃屬宗支」至「賊衆」，贛州本作「遂乘勝東下，屬宗支栱樤、與萬鋭等留兵萬餘守南昌，而自與宗支栱栟、士實、養正並閔念四等」，天真本作「乃屬其心腹宗支栱樤、僞太監萬鋭等留兵萬餘，居守南昌，遣潘鵬持檄説安慶諸郡，季斆説吉安諸郡，濠乃自引兵東下，與宗支栱栟及士實、養正並閔念四賊徒」。

〔五〇〕「出鄱陽」下，天真本、贛州本有「舳艫蔽江」四字。

〔五一〕「衆官望，猶不敢斥言濠反」，天真本作「衆多顧忌，且懷觀望，不敢正名曰濠反，但曰有故事」。

〔五二〕「成擒必矣」，天真本作「後擒濠者，必守仁也」。

〔五三〕「翊南都」下，贛州本有「且戒嚴」三字，天真本有「次請命南都守臣戒嚴」九字。

〔五四〕此下，天真本、贛州本有「且曰：如此，則賊如釜中魚，安能爲乎？」數句。

〔五五〕此段，天真本無。

〔五六〕「不允」，天真本無。

〔五七〕「上便道省葬疏，意示」，贛州本作「故疏意」，「攻討」作「攻守」。

〔五八〕「甲辰」，天真本作「戊申」。

〔五九〕「丙午」，天真本作「己酉」。

〔六〇〕「己酉，誓師」。天真本無。
〔六一〕「以十三日甲辰」，天真本無。
〔六二〕「黄冕」，贛州本作「王冕」。
〔六三〕「破之」下，贛州本有「以亂城中」，天真本有「以摇城中」。
〔六四〕「分布既定，薄暮齊發」，贛州本無。
〔六五〕「衆乘之」，天真本作「我師乘其動摇」。
〔六六〕「遂入」，天真本作「城中。兵土崩，師入據之」。
〔六七〕「於是」，天真本作「諸司脅從官」，「王玘」作「王紀」。「劉裴」，贛州本作「劉斐」。
〔六八〕「是我腹背受敵也，莫若先破南昌」，天真本作「安慶僅能自守，不能援我，南昌絶我糧道，而九江、南康合勢撓躡，四方之援又不可望，事難圖矣。今我師驟集，先聲所加，城中震懾，併力急攻，其勢必下。既破南昌」，贛州本作「安慶勢不能援，是我腹背受敵也。既破南昌」。
〔六九〕此段，天真本作「甲寅，促兵追濠。乙卯，戰於黄家渡。丙辰，戰於樵舍。丁巳獲濠，江西平」。
〔七〇〕「濠」字下，天真本有「既挫志堅城且」六字。
〔七一〕「二十二日」至「擊惰」，天真本作「先生集衆議所以禦之之策，衆多以賊勢强盛，我師無援，宜斂兵入城堅壁觀釁，徐圖進止。先生以爲賊勢雖强，未逢大敵，所以扇惑其下者，惟以進取爵賞之利誘之。今進不得逞，退無所歸，衆志消沮。若先出奇兵，擊其惰歸，一挫其鋒」。

〔七二〕「合擊」上，天真本有「兵交四起」四字。
〔七三〕「乙卯」下，天真本有「侵晨」二字。
〔七四〕此下，天真本有「賊敗走」三字。
〔七五〕此下，天真本有「呼噪並進」四字。
〔七六〕「我兵」上，贛州本有「時風勢不便」五字。
〔七七〕此下，天真本有「不敢退，奮督各兵」七字。
〔七八〕「涂欽」，原作「余欽」，據天真本、贛州本改。
〔七九〕「各」字下，天真本有「於沿湖」三字。
〔八〇〕此下，天真本有「而亂平矣」四字。
〔八一〕此段，天真本作「初，先生之起兵討賊也，馳疏具言：臣近奉命力疾赴閩，中途值寧藩之反，國家大變，臣子之節，不容舍之而去。又闔省撫按方面無一人在，天下事幾間不容髮，故復忍死留此，爲牽制攻守之圖，以俟命帥之至」。
〔八二〕「洪嘗見龍光」至「烏能遽白哉」三段，天真本作：「洪嘗見龍光述平藩始末，張疑行間事甚悉，蓋濠構禍有年，東下之兵號稱二十萬，方舉事三日，即能襲破連城。使當時徑襲南京，以犯北京，倉卒無備，禍無抵極，謀欲沮撓，非多方以誤之，不可當其行間。時光曰：『事得濟否？』先師曰：『未論濟與不濟，且言疑與不疑。』光曰：『是固不免。』曰：『但得渠一疑，吾事濟矣。』夫兵者，詭道。反間之事，捷書不言。

人徒見襄難之易，而不知其伐謀之神也。

「後見何圖選武林驛驛丞，以反間事覆之圖曰：『光所述特大端耳，公欲稽留宸濠，何時非間，何事非間？』曰：『得伊旬月不出，擒於江上必矣。』問龍光曰：『曾會養正否？』光對曰：『熟識。』即使龍光家人行間。養正家屬在廬陵，取入府城，厚養之，即以其家屬行間。知府季斅率校尉二十人，賫僞檄至梅林渡，守者縛解軍門，公大怒，碎檄，即令斬之。濟等躡足附耳，公乃緩殺，令收者款留之。即以賫檄人行間也。師臨省城，先告諭從逆官民，示以順逆禍福之理，以離其黨。聞内官萬鋭與瑞昌王助賊兵五千人，則以間使鋭，遣其心腹胡景隆招回各兵以離其黨。人見公師一出，而賊已就擒，遂謂宸濠易與耳。然濠雖積穢，天人不與，士實、養正輩誠非公敵，疑若易與，但時當武宗巡遊，天下洶洶思亂，聞濠倡禍，民心從違一時未知所定。積年造謀，招納叛亡，所收皆劇賊。兵稱二十萬，而精悍亦不下十萬，烏在其爲易與也？當時若非伐謀之神，定計於未戰之前，其能撲之速若是哉？傍視者不究其源，徒欲論難易於臨戰之日，是豈可與論兵術哉？

「嘗聞黄弘綱言：吉安人不知公行反間，相詬於外曰：『王公發兵，未知戈指何向。』弘綱聞之，亟進陳其狀。先生笑而不答。出兵誓師於教場，擒失律者二十人，斬於營中以殉。軍士股栗，不敢仰視。尚不知所斬者，即前賫檄人也。既後賊平，張、許輩害師成功，謗議百出，士人遂從而和之。予嘗疑師既蹈疑迹，使其時未及擒賊而身或先亡，其心何由白於天下？及爲師輯奏疏、文移，六月二十一日牌行各府州縣，集兵策應。咨報各省巡撫共勤國難，反覆暴宸濠之穢惡，明臣子之大義，以激天下之忠憤，以鼓志士之義氣。一日，齊發者二百餘紙，是近師左右尚未知信，而不知其心已遍布於天下矣。乃憮然自嘆曰：『人須辦得真心。真心所在，千古不磨。況一時毀譽之迹乎？古人學明而知達，出入變化，妙應圓神，其潛若鬼神而莫測其端，其發若雷霆而莫究其至，卒能成天下之事，以濟國家之難，此聖學之全功，三王之遺智也。區區一時毀譽，烏足以動其衷哉！』」

〔八三〕天真本「屏左右语之」上有「非濠念所及因」六字，下有「故遂與定議期」六字。

〔八四〕此下，天真本有「具械束装」四字。

〔八五〕「福建」上，天真本有「當其檄召四方援兵，惟期雍先至，而」十四字。

〔八六〕此下，贛州本有「識以詩」三字。

〔八七〕此下，贛州本有「略不見顔色」五字。

〔八八〕「曰」字上，贛州本有「從容」二字。

〔八九〕此下，贛州本有「不少遺」三字。

〔九〇〕「先生入城」至「自全」二段，天真本無。

〔九一〕「不發」下，天真本有「諸奸在側，欲掩爲己功」二句。

〔九二〕「選將集兵」，天真本作「調集軍兵，擇委官署，激勵士氣」。

〔九三〕此下，天真本有「虐焰已張於遠」一句。

〔九四〕此下，天真本有「況平賊獻俘固國家之常典，亦臣子之職分云云」二句。

〔九五〕「疏免江西税」，天真本作「疏凡十一上，因江西旱，寧王乘釁僞命免税，先生恐民從亂，爲奏乞免。及奏聞」。
〔九六〕「便道省葬，前後凡九上」，天真本作「二乞便道省葬，凡十一疏」。
〔九七〕此「再乞便道省葬」條及「與王晋溪書」條，天真本無。
〔九八〕「九月壬寅」，天真本無。
〔九九〕「九月十一日」，天真本無。
〔一〇〇〕「今爲窮迫所激，奸黨群起」，天真本作「今自爲亂，激於窮迫。四方奸黨，群起相應」。
〔一〇一〕此下，天真本有「復回江西，先生乃」七字。
〔一〇二〕此下，贛州本有「曰：『大將軍一品，文武元不相屬，何迎爲？』往返數日」數句。
〔一〇三〕此段，天真本無。
〔一〇四〕「十一月，返江西」，天真本無。
〔一〇五〕此下，天真本有「南屏」二字。
〔一〇六〕此下，天真本有「恐一失事機，禍亂無日矣」二句。
〔一〇七〕此下，贛州本有「遂遊廬山白鹿洞及開先寺」一句。
〔一〇八〕此段，天真本作：「忠等方挾宸濠搜求隱伏，羅織善良，濫指妄戮以爲功，而籍没其貲者無算。軍馬屯聚，靡費困疲，民不堪命，續、綸輩承望風旨，從臾附會，忌功嫉能，多爲飛語，以中傷當事，爲賊報仇，時論不平。」

〔一〇九〕「慢」字上，贛州本有「曉夜呼名」四字。

〔一一〇〕「務待以禮」至「老羸應門」，天真本作「第入院，稱病不出」。「老羸應門」下，贛州本有「冬至將近，務哭奠如禮」一句。

〔一一一〕「咸服」，贛州本作「咸曰：王都堂待我有禮，我安得犯之」。

〔一一二〕「節近」至「濠亂」，贛州本作「又新經濠亂，家家上墳」。

〔一一三〕此段，天真本作：「乃以計處之，會冬至近，先期令城市舉追奠禮，早夜哭聲相聞。復大揭告示城內外，敍京邊軍離家困苦情，令居民敦主客義。身復御之以禮，客死者厚殯之，卹其火侶特厚。聞之多感泣思歸，不敢相侮。先生與忠等往復正言讜論，陰折其邪心，諸奸漸覺畏避。」

〔一一四〕「忠、泰自居所長」至「我軍皆附王都耶」，贛州本作「忠、泰自居所長，較射教場中，對的，莫上一矢，戲以相強，意必大屈。先生不得已勉應之，忠、泰含笑相隨，連三發三中，每一中，北軍在傍同聲喝彩，遠近嘖嘖。忠、泰大不樂而罷，且曰：我軍皆附於彼，奈何？」天真本作「又與忠、泰等較射於教場，三發三中，忠、泰俱屈。於是諸軍閧然，舉手稱頌。忠、泰等始懼，曰：吾軍士俱歸附王都耶！」

十有五年庚辰，先生四十九歲，在江西〔一〕。

正月，赴召次蕪湖。尋得旨，返江西。〔二〕

忠、泰在南都，讒先生必反，惟張永持正保全之。武宗問忠等曰：「以何驗反？」對曰：「召必不至。」

有詔面見，先生即行。忠等恐語相違，復拒之蕪湖半月。不得已，入九華山，每日宴坐草庵中。適武宗遣人覘之，曰：「王守仁學道人也，召之即至，安得反乎？」乃有返江西之命。始忠等屢矯僞命，先生不赴。至是，永有幕士順天檢校錢秉直急遣報，故得實。〔三〕

先生赴召至上新河，爲諸幸讒阻，不得見。中夜默坐，見水波拍岸，汩汩有聲。思曰：「以一身蒙謗，死即死耳，如老親何？」謂門人曰：「此時若有一孔可以竊父而逃，吾亦終身長往不悔矣。」【聞雞鳴促就寢，曰：「彼必不來。」】

江彬欲不利於先生，先生私計彬有他，即計執彬武宗前，數其圖危宗社罪，以死相抵，亦稍償天下之忿。徐得永解。其後刑部判彬有曰：「虎旅夜驚，已幸寢謀於牛首；宮車宴駕，那堪遺恨於豹房。」若代先生言之者。〔四〕

【重遊化城寺

愛山日日望山晴，忽到山中眼自明。鳥道漸非前度險，龍潭更比舊時清。會心人遠空遺洞，識面僧來不記名。莫謂中丞喜忘世，前途風浪苦難行。

有僧坐巖中三年詩勵吾黨

莫怪巖僧木石居，吾儕真切幾人如？經營日夜身心外，剽竊糠粃齒頰餘。俗學未堪欺老

納，昔賢取善及陶漁。年來奔走成何事？此日斯人亦起予。】

以晦日重過開先寺，留石刻讀書臺後，詞曰：「正德己卯六月乙亥，寧藩濠以南昌叛，稱兵向闕，破南康、九江，攻安慶，遠近震動。七月辛亥，臣守仁以列郡之兵復南昌，宸濠擒，餘黨悉定。當此時，天子聞變赫怒，親統六師臨討，遂俘宸濠以歸。於赫皇威！神武不殺，如霆之震，靡擊而折，神器有歸，孰敢窺竊？天鑒於宸濠，式昭皇靈，嘉靖我邦國。正德庚辰正月晦，提督軍務都御史王守仁書。」從征官屬列於左方。

明日，遊白鹿洞，徘徊久之，多所題識。〔五〕

二月，如九江。

先生以車駕未還京，心懷憂惶。是月出，觀兵九江，〔六〕因遊東林、天池、講經臺諸處。

是月還南昌。〔七〕

三月，請寬租。

江西自己卯三月不雨〔八〕，至七月，禾苗枯死。繼遭濠亂，小民乘隙爲亂。先生盡心安戢，許乞優恤。至是部使數至，督促日迫，先生上疏，略曰：

「日者〔兵荒之後，繼以大駕親征，京邊官軍前後萬數沓至，填城塞郭。百姓戍守鋒鏑之餘，未及息肩弛擔，又復救死扶傷，呻吟奔走，以給廝養一應誅求，妻孥鬻於草料，骨髓竭於徵輸。

當是之時，鳥驚魚散，貧民老弱流離，棄委溝壑：，俠健者逃竄山澤，群聚爲盜：，獨遺其稍有家業與良善守死者十之二三，又皆顛頓號呼於挺刃捶撻之下。郡縣官吏，咸赴省城與兵馬住屯之所，奔命聽役，不復得親民事。上下洶洶，如駕漏船於風濤顛沛之中，惟懼覆溺之不暇，奚遑復顧其他，爲日後之慮，憂及稅賦之不免，征科之未完乎？當是時，雖臣等亦皆奔走道路，危疑倉皇，豈遑憂及賦稅之不免，征科之未完，而暇爲之請乎？及京邊官軍殆有旅歸之期，而户部歲額之征，漕運交兑之檄，已交馳四集矣。〗流移之民，聞官軍將去，稍稍脅息，延望歸尋故業，足未入境，而頸已繫於追求者之手矣！夫荒旱極矣，而因之以變亂：，變亂極矣，而又加之以師旅；師旅極矣，而又加之以供饋，益之以誅求，亟之以征斂。當是之時，有目者不忍觀，有耳者不忍聞，又從而刻其膏血，有人心者尚忍乎？

「〖今遠近軍民呼號匍匐，訴告喧騰，求朝廷出帑藏以賑濟，久而未獲，反有追征之令，闔然興怨，謂臣等昔日蠲賦之言爲詒己，竊相傷嗟，謂宸濠叛逆猶知優免租稅以要人心，我輩朝臣赤子皆嘗竭骨髓，出死力，以勤國難。今困窮已極，獨不蒙少加優恤，又從而追征之，將何以自全？是以令之而益不信，撫之而益憤憤，諭之而益呶呶，計窮勢迫，匿而爲奸，肆而爲寇。兩月以來，有司之以鼠竊警報者，月無虛日。無怪也，彼無家業衣食之資，無父母妻子之戀，而又旁有追呼之苦，上有捶剥之災，自非禮義之士，孰肯閉口枵腹，坐以待死乎？今朝廷亦嘗有寬恤賑濟之典矣，然寬恤賑濟，内無帑藏之發，外無官府之儲，而徒使有司措置。措置者豈能神輸而鬼運？必將取諸富民。今富民則皆又貧民矣，削貧以濟貧，猶割心臠肉以啖口，口未飽而身斃。且又有侵尅之斃，又有漁獵之奸，民之賴以生者，不能什一；民之坐而死者，常十九矣。故〗寬恤之虛文，不若蠲租之實惠；賑濟之難及，不若免税之易行。今不免租税，不息誅求，而徒曰『寬恤賑濟』，是奪其口中之食而曰『吾將療汝之饑』，刳其腹腎之肉而曰『吾將救汝之死』，凡有血氣者，皆將不信之矣。」

按：是年，與巡按御史唐龍、朱節上疏，計處寧藩變産官銀，代民上納，民困稍蘇。〔九〕

三疏省葬，不允。〔一〇〕

五月，江西大水，疏自劾。

是年四月，江西大水，漂溺公私廬舍，田野崩陷。先生上疏自劾四罪〔一一〕，且曰：

「〖臣惟有官守者，不得其職則去；受人之牛羊而爲之牧者，求牧與芻而不得，則反諸其人。臣以匪才，繆膺江西巡撫之寄。今且數月，曾未能有分毫及民之政，而地方日以多故，民日益困，財日益匱，災變日興，禍患日促。〗

「自春入夏，雨水連綿，江湖漲溢，經月不退。自贛、吉、臨、瑞、廣、撫、南昌、九江、南康，沿江諸路，無不被害。黍苗淪没，室廬漂蕩，魚鱉之民聚棲於木杪，商旅之舟經行於閭巷，潰城決堤，千里爲壑，煙火斷絶，惟聞哭聲。詢之父老，皆謂數十年所未有也。

〔一〕夫變不虚生，緣政而起；政不自弊，因官而作。官之失職，臣實其端，何所逃罪？夫以江西之民，遭逆濠之荼毒，脂膏已竭，而又因之以旱荒，繼之以師旅，遂使豐稔連年，曲加賑恤，尚恐生理未易完復，今又重以非常之災，危亟若此，當是之時，雖使稷、契爲牧，周、召作監，亦恐計未有措。況病廢昏劣如臣之尤者，而畀之倀然坐尸其間，譬使盲夫駕敗舟於顛風巨海中，而責之以濟險，不待智者，知其覆溺無所矣。又況部使之催徵益急，意外之誅求未已。在昔一方被災，鄰省尚有接濟之望。今湖、湘連歲兵荒，閩、浙頻年旱潦，兩廣之征剿未息，南畿之供饋日窮，淮、徐以北，山東、河南之間，聞亦饑饉相屬。由此言之，自全之策既無所施，而四鄰之濟又以絶望，悠悠蒼天，誰任其咎！静言思究，臣罪日多！何者？宸濠之變，臣在接境，不能圖於未形，致令獮突震驚遠邇，乃勞聖駕親征，師徒暴於原野，百姓殆於道路，朝廷之政令因而閼隔，四方之困憊由是日深，臣之大罪一也。徒避形迹之嫌，苟爲自全之計，隱忍觀望，幸而脱禍，不能直言極諫以悟主聽，臣之大罪二也。徒以逢迎附和爲忠，而不知日陷於有過；徒以變更遷就爲權，而不知日紊於舊章；徒以掇拾羅織爲能，而不知日離天下之心；徒以聚斂征索爲計，而不知日積小民之怨。此臣之大罪三也。上不能有裨於國，下不能有濟於民，坐視困窮，淪胥以溺，臣之大罪四也。且臣憂悸之餘，百病交作，尪羸衰眊，視息僅存。以前四者之罪，人臣有一於

此，亦足以召災而致變，況備而有之，其所以速天神之怒，深下民之憤，而致災沴之集，又何疑乎？〕

「伏惟皇上軫災恤變，別選賢能，代臣巡撫。〔即以臣爲顯戮，彰大罰於天下，臣雖隕首，亦云幸也。〕即不以臣爲顯戮，削其祿秩，黜還田里，以爲人臣不職之戒，庶亦有位知警，民困可息，天變可弭，人怒可泄，而臣亦死無憾矣。」

按，是時武宗猶羈南畿，進諫無由，姑敘地方災異以自劾，冀君心開悟而加意黎元也。〔一二〕

六月，如贛。

十四日，從章口入玉笥大秀宮。

十五日，宿雲儲。

十八日，至吉安，遊青原山，和黃山谷詩，遂書碑。行至泰和，少宰羅欽順以書問學。先生答曰：「來教訓某『《大學》古本之復，以人之學但當求之於內，而程、朱格物之說不免求之於外，遂去朱子之分章，而削其所補之傳』。非敢然也。學豈有內外乎？《大學》古本乃孔門相傳舊本耳。朱子疑其有脱誤，而改正補緝之。在某則謂其本無脱誤，悉從其舊而已矣。失在過信孔子則有之，非故去朱子之分章而削其傳也。

「夫學，貴得之心。求之於心而非也，雖其言之出於孔子，不敢以爲是也，而況其未及孔子者乎？求之於心而是也，雖其言之出於庸常，不敢以爲非也，而況其出於孔子者乎？且舊本之傳數千載矣，今讀其文辭，既明白而可通；論其功夫，又易簡而可入，亦何所按據而斷其此段之必在於彼，彼段之必在於此，與此之如何而缺，彼之如何而誤，而遂改正補緝之？無乃重於背朱而輕於叛孔已乎？

「來教謂：『如必以學不資於外求，但當反觀内省以爲務，則「正心誠意」四字，亦何不盡之有？何必入門之際，使困以「格物」一段工夫也？』誠然誠然。若語其要，則『修身』二字亦足矣，何必又言『正心』？『正心』二字亦足矣，何必又言『誠意』？『誠意』二字亦足矣，何必又言『致知』，又言『格物』？惟其工夫之詳密，而要之只是一事，所以爲『精一』之學，此正不可不思者也。

「夫理無内外，性無内外，故學無内外。講習討論，未嘗非内也；反觀内省，未嘗遺外也。夫謂學必資於外求，是以己性爲有外也，是義外也，用智者也；謂反觀内省爲求之於内，是以己性爲有内也，是有我也，自私者也：是皆不知性之無内外也。故曰：『精義入神，以致用也；利用安身，以崇德也。』性之德也，合内外之道也。此可以知格物之學矣。

「格物者，《大學》之實下手處，徹首徹尾，自始學至聖人，只此工夫而已。非但入門之際，有此一段也。夫正心、誠意、致知、格物，皆所以修身而格物者，其所以用力日可見之地。故格物者，格其心之物也，格其意之物也，格其知之物也；正心者，正其物之心也；誠意者，誠其物之意也；致知者，致其物之知也：此豈有内外彼此之分哉？

「理一而已。以其理之凝聚而言，則謂之性；以其主宰而言，則謂之心；以其主宰之發動而言，則謂之意；以其發動之明覺而言，則謂之知；以其明覺之感應而言，則謂之物。故就物而言，謂之格；就知而言，謂之致；就意而言，謂之誠；就心而言，謂之正。正者，正此也；誠者，誠此也；致者，致此也；格者，格此也，皆所謂窮理以盡性也。

「天下無性外之理，無性外之物。學之不明，皆由世之儒者認理爲外，認物爲外。而不知義外之説，孟子蓋嘗闢之，乃至襲陷其内而不覺，豈非亦有似是而難明者歟？不可以不察也。凡執事所以致疑於格物之説者，必謂其是内而非外也；必謂其專事於反觀内省之爲，而遺棄其講習討論之功也；必謂其一意於綱領本原之約，而脱略於支條節目之詳也；必謂其沉溺於枯槁虚寂之偏，而不盡於物理人事之變也。審如是，豈但獲罪於聖門，獲罪於朱子？是邪説誣民，叛道亂正，人得而誅之也，而況於執事之正直哉？審如是，世之稍明訓詁，聞先哲之緒綸者，皆知其非也，而況執事之高明乎哉？凡某之所謂格物，其於朱子九條之説，皆包羅統括於其中，但爲之有要，作用不同，正所謂毫釐之差耳。然毫釐之差，而千里之謬實起於此，不可不辯。」〔一三〕

是月，至贛。

先生至贛，大閲士卒，教戰法。江彬遣人來覘動静。相知者俱請回省，無蹈危疑。先生不從，作《啾啾吟》解之，有曰：「東家老翁防虎患，虎夜入室銜其頭。西家小兒不識虎，持竿驅虎如驅牛。」且曰：「吾在此與童子歌詩習禮，有何可疑？」

門人陳九川等亦以爲言。先生曰：「公等何不講學？吾昔在省城，處權豎，禍在目前，吾亦帖然；縱有大變，亦避不得。吾所以不輕動者，亦有深慮焉耳。」

洪昔葺師疏，《便道歸省》與《再報濠反疏》同日而上，心疑之，豈當國家危急存亡之日，而暇及此也？當是時，倡義興師，濠且旦夕擒矣，猶疏請命將出師，若身不與其事者。至《諫止親征疏》，乃嘆古人處成功之際難矣哉！〔一四〕

七月，重上江西捷音。

武宗留南都既久〔一五〕，群黨欲自獻俘襲功。張永曰：「不可。昔未出京，宸濠已擒，獻俘北上，過玉山，渡錢塘，經人耳目，不可襲也。」於是以大將軍鈞帖令重上捷音。先生乃節略前奏，入諸人名於疏内，再上之，始議北旋〔一六〕。

尚書霍韜曰：「是役也，罪人已執，猶動衆出師；地方已寧，乃殺民奏捷。誤先朝於過舉，摇國是於將危。蓋忠、泰之攘功賊義，厥罪滔天，而續、綸之詭隨敗類，其黨惡不才亦甚矣。」

御史黎龍曰：「平藩事，不難於成功，而難於倡義。蓋以逆濠之反，實有内應，人懷觀望，而一時勤王諸臣，皆捐軀亡家，以赴國難。其後，忌者構爲飛語，欲甘心之，人心何由服乎？後有事變，誰復肯任之者？」

費文獻公宏《送張永還朝序》曰：「兹行也，定禍亂，而不必功出於己；開主知，而不使過歸乎上；節財用，不欲久困乎民；扶善類，而不欲罪移非辜。且先是發瑾罪狀，首以規護衛爲言，實以逆謀之成萌於護衛之復，其早辯預防，非有體國愛民之心，不能及此。」

洪謂：「平藩事不難於倡義，而難於處忠、泰之變。蓋忠、泰挾天子以偕亂，莫敢誰何。豹房之謀，無日不在畏，即據上游不敢騁，卒能保乘輿還宮，以起世宗之正始。開先勒石，所謂『神器有歸，孰敢窺竊』，又曰『嘉靖我邦國』，則改元之兆，先征於兹矣。噫！豈偶然哉！」〔一七〕

先生在贛時，有言萬安上下多武士者。先生令參隨往紀之。命之曰：「但多膂力，不問武藝。」已而得三百餘人。

龍光問曰：「【不問武藝，何也？」先生曰：「膂力難得。有膂力，學武藝易易耳。」至是，光問曰：】「宸濠既平，紀此何爲？」曰：「吾聞交阯有内難，出其不意而擣之，一機會也。」後二十年，有登庸之役，人皆相傳先生有預事謀，而不知當時計有所在也。〔一八〕

八月，咨部院雪冀元亨冤狀。〔一九〕

先是宸濠攬結名士助己，凡仕江右者，多隆禮際。武陵冀元亨爲公子正憲師，忠信可托，故遣往謝〔二〇〕。佯與濠論學，濠大笑曰：「人癡乃至此耶！」立與絶。比返贛，述故，先生曰：「禍在兹矣。」乃衛之間道歸。及是張、許等索釁不得，遂逮元亨，備受考掠，無片語阿順。於是科道交疏論辯，先生備咨部院白其冤〔二一〕。世宗登極，詔將釋。前已得疾，後五日，〔二二〕卒於獄。同門陸澄、應典輩備棺殮。訃聞，先生爲位慟哭之。

元亨，字惟乾〔二三〕，舉鄉試。其學以務實不欺爲主，而謹於一念。在獄視諸囚不異一體，諸囚日涕泣，至是稍稍聽學自慰。湖廣逮其家，妻李與二女俱不怖，曰：「吾夫平生尊師講學，肯有他乎？」手持麻枲不輟，暇則誦《書》歌《詩》。事白，守者欲出之。李曰：「不見吾夫，何歸？」按察諸僚婦欲相會，辭不敢赴。已乃潔一室，就視則囚服，不釋麻枲。有問者，答曰：「吾夫之學，不出閨門衽席間。」聞者悚愧。元亨既卒，先生移文恤其家。

羅洪先贈女兄夫周汝方序略曰：「憶龍岡嘗自贛病歸，附廬陵劉子吉舟。劉與陽明先生素厚善，會母死，往請墓誌，實濠事暗相邀結，不合而返。至舟，顧龍岡呻吟昏瞀，意其熟寢也。呼門人王儲，嘆曰：『初意專倚陽明，兩日數調以言，若不喻意，更不得一肯綮，不上此船明矣。此事將遂已乎？且吾安得以一身當重擔也？』儲拱手曰：『先生氣弱，今天下屬先生〔二四〕，先生安所退托？陽明何足爲有無哉？』劉曰：『是固在我，多得數人更好。陽明曾經用兵爾。』儲曰：『先生以陽明爲才乎？吾見其怯也。』劉曰：『誠然！贛州峒賊，髦頭耳，乃終日練兵。若對大敵，何其張皇哉？』相與大笑而罷。龍岡反舍，語予若此，己卯二月也。其年六月，濠反，子吉與儲附之。七月，陽明先生以兵討賊。八月，俘濠。是時議者紛然，予與龍岡竊嘆莫能辯。比見詆先生者，問之，曰：『吾惡其言是而行非，蓋其僞也。』龍岡舌尚在，至京師，見四方人士，猶有爲前言者否乎？盍以語予者語之？』〔一二五〕

「其後養正既死，先生過吉安，令有司葬其母，復爲文以奠。辭曰：『嗟嗟！劉生子吉，母死不葬，爰及干戈。一念之差，遂至於此，嗚呼哀哉！今吾葬子之母，聊以慰子之魂。蓋君臣之義，雖不得私於子之身，而朋友之情，猶得以盡於子之母也，嗚呼哀哉！』其事在是年六月。」

閏八月，四疏省葬，不允。

初，先生在贛，聞祖母岑太夫人訃，及海日翁病，欲上疏乞歸，會有福州之命。比中途遭變，疏請命將討賊，因乞省葬。朝廷許以賊平之日來説。至是凡四請。嘗聞海日翁病危，欲棄職逃歸，〔一二六〕後報平復，乃止。一日，問諸友曰：「我欲逃回，何無一人贊行？」門人周仲曰：「先生思歸一念，亦似着相。」先生良久曰：「此相安能不着？」

九月，還南昌。〔十月，門人集。〕

先生再至南昌。武宗駕尚未還宫，百姓嗷嗷〔二七〕，乃興新府工役，檄各院道取濠廢地逆産改造貿易，以濟饑代税，境内稍甦。〔二八〕

嘗遺守益書曰：「自到省城，政務紛錯，不復有相講習如虔中者。雖自己舵柄不敢放手，而灘流悍急，須仗有力如吾謙之者持篙而來，庶能相助，更上一灘耳。」

泰州王銀服古冠服，執木簡，以二詩爲贄，請見。先生異其人〔二九〕，降階迎之。既上坐，問：「何冠？」曰：「有虞氏冠。」問：「何服？」曰：「老萊子服。」曰：「學老萊子乎？」曰：「然。」曰：「將止學服其服，未學上堂詐跌掩面啼哭也？」銀色動，坐漸側。及論致知格物，悟曰：「吾人之學，飾情抗節，矯諸外；先生之學，精深極微，得之心者也。」遂反服，執弟子禮。先生易其名爲「艮」，字以「汝止」。

進賢舒芬以翰林謫官市舶〔三〇〕，自恃博學〔三一〕，見先生問律吕。先生不答，且問元聲。對曰：「元聲制度頗詳，特未置密室經試耳。」先生曰：「元聲豈得之管灰黍石間哉？〔三二〕心得養則氣自和，元氣所由出也。《書》云『詩言志』，志即是樂之本；『歌永言』，歌即是制律之本。永言和聲，俱本於歌。歌本於心，故心也者，中和之極也。」芬遂躍然拜弟子。〔三三〕

是時陳九川、夏良勝、萬潮、歐陽德、魏良弼、李遂、舒芬及裘衍日侍講席〔三四〕，而巡按御史唐龍、督學僉事邵鋭，皆守舊學相疑，唐復以徹講擇交相勸〔三五〕。先生答曰：「吾真見得良知人人所同，特學者未得啟悟，故甘隨俗習非。今苟以是心至，吾又爲一身疑謗，拒不與言，於心忍乎？求真才者，譬之淘沙而得金，非不知沙之汰者十去八九，然未能舍沙以求金爲也。」當唐、邵之疑，人多畏避，見同門方巾中衣而來者，俱指爲異物，獨王臣、魏良政、良器、鍾文奎、吴子金等挺然不變，相依而起者日衆。〔三六〕

【十二月。

先生官中稍暇，即靜坐。比在都府無事，一日，嘿嘿坐花園亭中，龍光外侍。先生呼光入，問曰：「外間有何聞？」曰：「無有。」光喜得間，因造膝密告曰：「光有一語，懷之甚久，不敢言。」先生曰：「弟言之。」光曰：「宸濠就擒，江西人人自慶再生。但後主未立，光輩報思無地，以此耿耿耳。」先生慰起之，良久曰：「汝所言，吾亦思之。天地生人，自有分限，吾亦人耳。此學二千年來，不意忽得真竅，已爲過望。今僥幸成此功，若又得子，不大完全乎？汝不見草木，哪有千葉石榴結果者？」光聞之悚然。】

校勘記

〔一〕「在江西」，天真本作「正月，居贛」。

〔二〕此「赴召，次蕪湖。尋得旨，返江西」條事，天真本繫於十四年。

〔三〕此段，天真本作：「上即召先生。先是忠等屢矯僞命，先生俱不至。至是，聞召，先生覺之，即趨赴。忠等又懼其面奏，語或相連，復使人拒於蕪湖，不得見者半月。乃入九華山，每日宴坐草庵中。適武宗遣人覘之，曰：『王守仁學道人也，召之即至，安得反乎？』乃命復還江西。自是信永言，不復疑先生矣。」

〔四〕此段，贛州本在「先生赴召」段上。

〔五〕「先生赴召」至「多所題識」四段，天真本無。

〔六〕「先生」至「九江」，贛州本無。

〔七〕「二月，如九江」及「是月還南昌」條，天真本皆無。

〔八〕「江」字上，天真本有「是時，武宗尚留南畿，四方民情憂危不測。先是」十八字。

〔九〕此段按語贛州本無。

〔一〇〕「三疏省葬，不允」，天真本無。

〔一一〕「自劾四罪」，天真本無。

〔一二〕此段按語贛州本無。句末天真本有「庶其自悔以亟反乎？噫！當疑謗顛危之時，而猶不忘正諫，其亦苦心矣哉」數句。

〔一三〕此「六月如贛，十四日、十五日、十八日」條事，天真本皆無。

〔一四〕此「是月至贛」條事，天真本繫於「十有五年庚辰，先生四十九歲」條，唯不載《啾啾吟》詩文。「洪昔葺師疏」一段，贛州本無，天真本作：「洪昔葺師奏疏，至《乞便道歸省》與《再報濠謀反疏》同日而上，心疑之。當國家顛沛，兵務倥偬，又何暇及此念也。當是時，倡義興師，指揮一定，擒濠可卜旦夕矣，而猶惓惓疏請命將出師，而自名以姑爲牽制，征討之圖，若身不與其事者。至《諫止親征疏》，乃嘆古人處成功之際難矣哉。蓋武宗好巡遊，諸奸協異志，賊雖就擒，而預知後患未已也。忠、泰輩屢追還宸濠，並不聽。至玉山，聞王師已至徐、淮，乘夜過草萍驛，惟欲早脱江西，以免百姓重困。見永與言，乃知其有憂時報主之心，遂以浮馘畀之。使當時苟有計私自利之心，其能以已成之功，脱若遺迹，一毫無介烈中耶？及與忠等酬對，守正而不屈，旁行而不流，出入變化，妙應無迹，而奸黨終不敢逞，身亦免難。三代以下，證聖學之全功，徵矣哉！」。

〔一五〕此下，天真本有「將歸」二字。

〔一六〕「始議」，天真本作「大駕乃班師」。

〔一七〕此段，贛州本無。「挾天子」至「豈偶然哉」，天真本作：「挾天子威令以崇亂階，勢焰熏炙，莫敢誰何。先生守經行權，隨機運變，卒能奪其氣而褫其魄。知永可與托國，卒致聖駕還京，以啟今上之治。非其忠誠懇惻，識達時宜，消亂於已形，制變於不測者，其孰能與於此？」

〔一八〕「先生在贛」至此句末三段，天真本無。「人皆相傳」至「計有所在也」，贛州本無。

〔一九〕自此條始，天真本分爲卷之四。

〔二〇〕此下，贛州本有「濠不知，謂『即其人』，以它語相調」數句。

〔二一〕「先生」下，贛州本有「尤痛苦之」四字。

〔二二〕「佯與濠論學」至「後五日」，天真本作：「至，與濠論不合。比返虔，一一述濠言。先生曰：『禍在是矣。』乃護之間道歸武陵。後濠既擒，張、許巇先生不可得。至是誣元亨與濠通，逮至京，備嘗考掠，絶復甦，無一語相及。科道論辯，以先生伸雪爲證，事得白，將釋。」

〔二三〕此下，天真本有「湖廣常德府武陵人」一句。

〔二四〕「天下」下，贛州本有「大事」二字。

〔二五〕此段，天真本無。

〔二六〕「之命」至「棄職逃歸」，天真本作「三衛有叛軍之變，尚書王瓊具奏，降敕差先生往勘之。軍變事微，本不必煩重臣。瓊蓋因南、贛、溪洞已靖，欲假師便宜，敕書以待他變也。先生初欲從汀、漳入，冀了事遂從廣信乞歸。因夫人、公子在，乃從舟行。不意中途遭變。先生疏請命將討賊，因乞省葬。朝廷許以賊平之日來説。濠就擒，江西底寧，疏再上，不報。至是凡四上。一日，聞海日翁病危，先生欲棄職逃歸，左右皆勸留」。

〔二七〕天真本「百姓嗷嗷」上有「北望懷憂」四字，下有「告饑」二字。

〔二八〕「乃興」至末，天真本在下文「一灘耳」下。

〔二九〕「異其人」三字，贛州本無。

〔三〇〕「以翰林謫官市舶」，天真本作「以翰林修撰謫官福建市舶司副提舉，先生取至軍門」。

〔三一〕此下，天真本有「無意及門也，初」六字。

〔三二〕此下，天真本有「不出吾心耳」一句。

〔三三〕此段，贛州本無。「躍然」下，天真本有「悔舊學之非」五字。

〔三四〕「舒芬」，天真本、贛州本無。

〔三五〕「唐復以徹講擇交相勸」，天真本作「且四方謗議洶洶，虞佐勸先生徹講擇交。徹講可以息天下之疑謗，擇交可以得天下之真才」。

〔三六〕「當唐、邵之疑，人多畏避」，天真本作「虞佐以爲然。三學諸生畏主司異議」。「吴子金」，天真本、贛州本無。「不變，相依而起者日衆」，天真本作「破群議，以力學爲己任，久之相依而起者百十人」，贛州本作「不變，人難之」。

十有六年辛巳，先生五十歲，在江西〔一〕。

正月，居南昌。

是年，先生始揭致良知之教。

先生聞前月十日，武宗駕入宮〔二〕，始舒憂念。自經宸濠、忠、泰之變，益信良知真足以忘患難，出生死〔三〕，所謂考三王，建天地，質鬼神，俟後聖，無弗同者。〔四〕

乃遺書守益曰：「近來信得『致良知』三字，真聖門正法眼藏。往年尚疑未盡。今自多事以來，只此良知，無不具足。譬之操舟得舵，平瀾淺瀨，無不如意，雖遇顛風逆浪，舵柄在手，可免没溺之患矣。」

一日〔五〕，先生喟然發嘆。九川問曰：「先生何嘆也？」曰：「此理簡易明白若此，乃一經沉埋數百年〔六〕。」九川曰：「亦爲宋儒從知解上入，認識神爲性體，故聞見日益，障道日深耳。今先生拈出『良知』二字，此古今人人真面目，更復奚疑？」先生曰：「然！譬之人有冒别姓墳墓爲祖墓者〔七〕，何以爲辯？只得開壙〔八〕，將子孫滴血，真僞無可逃矣。我此『良知』二字，實千古聖聖相傳一點滴骨血也。」

又曰：「某於此『良知』之説，從百死千難中得來〔九〕，不得已與人一口説盡。只恐學者得之容易，把作一種光景玩弄，不實落用功，負此知耳。」〔一〇〕

先生自南都以來，凡示學者，皆令存天理去人欲以爲本。有問所謂，則令自求之，未嘗指天理爲何如也。間語友人曰：「近欲發揮此，只覺有一言發不出，津津然如含諸口，莫能相度。」久乃曰：「近覺得此學更無有他，只是這些子。了此，更無餘矣。」旁有健羨不已者，則又曰：「連這些子亦無放處。」今經變後，始有良知之説。〔一一〕

【又曰：「此道至簡至易的，亦至精至微的。孔子曰：『其如示諸掌乎！』且人於掌，何日不見?及至問他掌中多少文理,却便不知。即如我『良知』二字,一講便明,誰不知得?若欲的見良知,却誰能見得?」問曰:「此『知』恐是無方體的?最難捉摸。」先生曰:「『良知』即是易。其爲道也屢遷,變動不居,周流六虛,上下無常,剛柔相易,不可爲典要,惟變所適。此『知』如何捉摸得?見得透時,便是聖人。」

又與同志書曰:「聖賢論學,無不可用之工,只是『致良知』三字尤簡易,有實下手處,更無走失。同志亦已知其説,而實用工者絶少。皆緣見『良知』未真,又將『致』字看太易了,是以多未得力。雖比支離稍有頭緒,然五十步、百步之間耳。」

又曰:「良知在夜氣發的方是本體,以其無物欲之雜也。學者要使事物紛擾之時,常如夜氣一般,就是通乎晝夜之道而知。」

洪先考先生之學,始而馳騁於詞章;既以考索遇奇疾,乃學長生;居夷三年,困頓備嘗,無復雜念,而一專意聖學。然在滁以前,喜人静中悟入,已而畏其沉空守寂,不可以經世宰物也。南都後,拳拳於「存天理」「去人欲」兩言。久之,自覺此心本靈不昧,此靈無往不善。故辛巳以後,方有「致良知」之説。而教人亦且三變,然其所指「良知」固即悟入之處,天理之真而未嘗一有所異。嘗語學者曰:「我此良知,蒼蠅停脚不得。」蓋言微乎其微,學者須用力而自得之,不可以言傳,而亦不能以言傳也。戊寅歲,叙《大學》古本,有曰:「不務誠意而徒以格物,謂之支;不事格物而徒以誠意，謂之虛。」全是增曰：「不本於致知而徒以格物誠意者，謂之妄。支、虛與妄，其於至善也遠矣。」末又改曰：「乃若致知，則存乎心悟，致知焉盡矣。」似與初本結語，若兩人然。嗚呼！吾黨曷亦反覆先生之學，詳其始末所由，凡幾變而後良知益覺光瑩，其無輕於立言哉。】

録陸象山子孫。

先生以象山得孔、孟正傳〔一二〕，其學術久抑而未彰，文廟尚缺配享之典，子孫未沾褒崇之澤，〔一三〕牌行撫州府金溪縣官吏，將陸氏嫡派子孫仿各處聖賢子孫事例，免其差役；有俊秀子弟，具名提學道，送學肄業。

按，象山與晦翁同時講學，自天下崇朱説，而陸學遂泯。先生刻《象山文集》，爲序以表彰之。席元山嘗聞先生論學於龍場，深病陸學不顯，作《鳴冤録》以寄，先生稱其身任斯道，庶幾天下非之而不顧。〔一四〕

〖然中間有須詳論者。蓋象山之學簡易直截，孟子之後一人。但其學問思辯、致知格物之説，亦未免有沿襲之累，此亦不可不察。正如求精金者，必務鍛煉足色，勿使有纖毫之雜，然後可無虧損變動。蓋是非之懸絶，所争毫釐耳。〗

【先生答楊士鳴書曰：「此學如立在空中，四面皆無倚靠，萬事不容染着，色色信他本來，不容一毫增減。若涉些安排，着些意思，便不是合一工夫。雖言句時有未瑩，亦是議擬倣象，已後

只做得一個弄精魄的漢，雖症候稍有不同，其爲病痛一而已矣。】

五月，集門人於白鹿洞〔一五〕。

是月，先生有歸志，欲同門久聚，共明此學。適南昌府知府吴嘉聰欲成《府志》，時蔡宗兖爲南康府教授，主白鹿洞事，遂使開局於洞中，集夏良勝、舒芬、萬潮、陳九川同事焉。先生遺書促鄒守益曰：「醉翁之意蓋有在，不專以此煩勞也。區區歸遁有日，聖天子新政英明，如謙之亦宜束裝北上，此會宜急圖之，不當徐徐而來也。」

【是月，與嶺南同志書。】

庚辰春，甘泉湛先生避地髮履塚下，與霍兀厓韜、方叔賢同時家居爲會〔一六〕，先生聞之曰：「英賢之生，何幸同時共地，又可虚度光陰，失此機會耶〔一七〕？」是秋，兀厓過洪都，論《大學》，輒持舊見。先生曰：「若傳習書史，考正古今，以廣吾見聞，則可。若欲以是求得入聖門路，譬之採摘枝葉以綴本根，而欲通其血脈，蓋亦難矣。」

至是甘泉寄示《學庸測》，叔賢寄《大學》《洪範》。先生遺書甘泉曰：「『隨意體認天理』，是真實不誑語〔一八〕。究兄命意發端，却有毫釐未協〔一九〕。修齊治平，總是格物，但欲如此節節分疏，亦覺説話太多；且語意務爲簡古，比之本文，反更深晦〔二〇〕，莫若淺易其詞，略指路徑，使人自思得之，更覺意味深長也。」

遺書叔賢曰：「〖【承示《大學原》，知用心於此深密矣。】〗道一而已。論其大本一原，則《六經》《四書》無不可推之而同者，又不特《洪範》之於《大學》而已。譬之草木，其同者，生意也；其花實之疏密，枝葉之高下，亦欲盡比而同之，吾恐化工不如是之雕刻也。〖【學之不明，幾百年矣。近幸同志相與切磋講求，頗有端緒，念叔賢志節遠出流俗，所進超卓，海內諸友實罕其儔。今忽復牽滯文義若此，吾將誰望乎！】〗君子論學，固惟是之從，非以必同爲貴。至於入門下手處，則有不容於不辯者〖【，所謂毫釐之差，千里之謬矣】〗。」

先是，倫彥式以訓嘗過贛問學。是月，遺其弟以諒遺書問曰：「學無靜根，感物易動，處事多悔，如何？」先生曰：「三言者，病亦相因。惟學而別求靜根，故感物而懼其易動；感物而懼其易動，是故處事而多悔也。心，無動靜者也。〖【其靜也者，以言其體也；其動也者，以言其用也。】〗故君子之學，〖【無間於動靜，】〗其靜也，常覺而未嘗無也，〖【故常應；其動也，常定而未嘗有也，】〗故〖【常寂。】〗常應常寂，動靜皆有事焉，是之謂集義。集義，故能無祇悔，所謂『動亦定，靜亦定』者也。心一而已。靜，其體也，而復求靜根焉，是撓其體也；動，其用也，而懼其易動焉，是廢其用也。故求靜之心即動也，惡動之心非靜也，是之謂動亦動，靜亦動，將迎起伏，相迎於無窮矣。故循理之謂靜，從欲之謂動。〖【欲也者，非必聲色貨利外誘也，有心之私，皆欲也。故循理焉，雖酬酢萬變，皆靜也。濂溪所謂『無欲』之謂也，是謂『集義』者也，從欲焉，雖心齋坐忘，亦動也。告子之强制正助之謂也，是『外義』者也。】」

【或問「未發、已發」。先生曰：「只緣後儒將未發、已發分説了，只得劈頭説個無未發、已發，使人自思得之。若説有個已發、未發，聽者依舊落在後儒見解。若真見得無未發、已發，説個有未發、已發，原不妨有個未發、已發在。」問曰：「未發，未嘗不和；已發，未嘗不中。譬如鐘聲未扣，不可謂無；既扣，不可謂有，畢竟有個扣與不扣，何如？」先生曰：「未扣時，原是驚天動地。既扣時，也只是寂天寞地。」】

六月，赴内召，尋止之，陞南京兵部尚書，參贊機務。遂疏乞便道省葬。〔二一〕

六月十六日，奉世宗敕旨，以「爾昔能剿平亂賊，安静地方，朝廷新政之初，特兹召用。敕至，爾可馳驛來京，毋或稽遲」。先生即於是月二十日起程，道由錢塘。輔臣阻之〔二二〕，潛諷科道建言，以爲「朝廷新政，武宗國喪，資費浩繁，不宜行宴賞之事」。先生至錢塘，上疏，懇乞便道歸省。朝廷准令歸省，陞南京兵部尚書，參贊機務。

按，《乞歸省疏》略曰：臣自兩年以來，四上歸省奏，皆以親老多病，懇乞暫歸省視〔二三〕。復權奸讒嫉〔二四〕，恐罹曖昧之禍〔二五〕，故其時雖以暫歸爲請，而實有終身丘壑之念矣。既而天啟神聖〔二六〕，入承大統〔二七〕，親賢任舊，向之爲讒嫉者，皆以誅斥，陽德興而公道顯。臣於斯時〔二八〕，若出陷阱而登之春臺也〔二九〕，豈不欲朝發夕至，一快其拜舞踴躍之私乎？〔三〇〕顧臣父老且病，頃遭讒構朝夕〔三一〕，常有父子不相見之痛。今幸脱洗殃咎，復睹天日，父子之情，固思一見顔面，以叙其悲慘離隔之懷〔三二〕。況臣取道錢塘，迂程鄉土，止有一日。此在親交之厚，將不能已於情，而況父子乎〔三三〕？然不以之明請於朝〔三四〕，而私竊行之，是欺君也；懼稽延之戮，而忍割情於所生，是忘父也。欺君者不忠，忘父者不孝〔三五〕。故臣敢冒罪以請。〔三六〕

與陸澄論養生：「京中人回，聞以多病之故，將從事於養生。區區往年蓋嘗斃力於此矣，後乃知養德〔三七〕、養身只是一事。元静所云『真我』者，果能戒謹恐懼而專心於是〔三八〕，則神住、氣住、精住，而仙家所謂長生久視之説，亦在其中矣。〔三九〕老子、彭籛之徒，乃其禀賦有若此者，非可以學而至。後世如白玉蟾、丘長春之屬，皆是彼所稱述以爲祖師者，其得壽皆不過五六十。則所謂長生之説，當必有所指也。元静氣弱多病，但宜清心寡欲〔四〇〕，一意聖賢，如前所謂『真我』之説，不宜輕信異道，徒自惑亂聰明，斃精竭神，無益也〔四一〕。」

【又嘗曰：「仙家説到虛，聖人豈能虛上加得一毫實？佛氏説到無，聖人豈能無上加得一毫有？但仙家説虛，從養生上來；佛氏説無，從出離生死苦海上來，却於本體上加却這些子意在。良知之虛，便是天之太虛；良知之無，便是太虛之無形。日月風雷，山川民物，凡有貌象形色，皆在太虛無形中發用流行，未嘗作得天的障礙。聖人只順其良知之發用，天地萬物俱在我良知的發用流行中，何嘗又有一物超於良知之外，能作得障礙？」】

八月，至越。

九月，歸餘姚，省祖塋。

先生歸省祖塋，訪瑞雲樓，指藏胎衣地，抆淚久之，蓋痛母生不及養，祖母死不及殮也。日與宗族親友宴遊，隨地指示良知。〖父老子弟忘其崇貴，日親洽，如草木披拂春風，有忻忻向榮之意焉。〗

德洪昔聞先生講學江右，久思及門，鄉中故老猶執先生往迹爲疑〔四二〕。洪獨潛伺動支，深信之，乃排衆議，請親命，率二侄大經、應揚及鄭寅、俞大本，因王正心通贄請見〔四三〕。明日，夏淳、范引年、吴仁、柴鳳、孫應奎、諸陽、徐珊、管州、谷鍾秀、黄文焕、周于德、楊珂等，凡七十四人〔四四〕。

【《歸興》

百戰歸來白髮新，青山從此作閒人。峰攢尚憶銜鑾陣，雲起猶疑見虜塵。島嶼微茫滄海暮，桃花爛熳武陵春。而今始信還丹訣，却笑當年識未真。】

十有二月，封新建伯。

制曰：「江西反賊剿平，地方安定，各該官員，功績顯著。你部裏既會官集議，分別等第明白。王守仁封新建伯，奉天翊衛推誠宣力守正文臣，特進光禄大夫柱國，還兼南京兵部尚書，照舊參贊機務，歲支禄米壹千石，三代并妻一體追封，給與誥券，子孫世世承襲。正德十六年十二月十九日，准兵部吏部題。」差行人賫白金文綺慰勞，兼下温旨存問父華於家，賜以羊酒。

至日，適海日翁誕辰。

親朋咸集，先生捧觴爲壽。翁蹙然曰：「寧濠之變〔四五〕，皆以汝爲死矣而不死，皆以事難平矣而卒平〔四六〕。讒構朋興，禍機四發，前後二年，岌乎知不免矣〔四七〕。天開日月，顯忠遂良，穹官高爵，濫冒封賞，父子復相見於一堂，茲非其幸歟〔四八〕！然盛者衰之始，福者禍之基，雖以爲幸，又以爲懼也〔四九〕。」先生洗爵而跽曰：「大人之教，兒所日夜切心者也。」聞者皆嘆會遇之隆，感盈成之戒。〔五〇〕

【明旦，語門人曰：「昨日腰玉，人謂至榮，晚來解衣就寢，依舊一身窮骨頭，何曾添得分毫？乃知榮辱，原不在人，人自迷耳。」】

校勘記

〔一〕「在江西」，天真本無。
〔二〕此下，天真本有「消息比舊頗佳」一句。
〔三〕此下，天真本有「斡旋化機，整齊民物」二句。
〔四〕此段，贛州本無。

〔五〕此下，天真本、贛州本有「門人在侍」四字。

〔六〕此下，天真本、贛州本有「來，不得出露頭面，是何説也」十一字。

〔七〕此下，天真本有「隣佑少年，見其經管既久，俱不爲非，雖有知者，又先受賂，鳴之於官」數句。

〔八〕此下，天真本有「驗其誌石，然誌石又爲前人改過，又何以辯？幸有骸骨」數句。

〔九〕此下，贛州本有「不是容易見得到此。此本是學者究竟話頭，可惜淪落湮埋已久。學者苦於聞見障蔽，無入頭處」數句。

〔一〇〕此段，天真本無。

〔一一〕此段，天真本無，贛州本在「乃遺書守益」段上。

〔一二〕「得孔孟正傳」，贛州本無。

〔一三〕「文廟尚缺配享之典，子孫未沾褒崇之澤」，贛州本無。

〔一四〕此段，贛州本作：「先生嘗刻《象山集》，爲序，略曰：世儒之支離，外索於刑名器數之末，以求明其所謂物理者，而不知吾心即物理，初無假於外也。佛老之空虚，遺棄其人倫事物之常，以求明其所謂吾心者，而不知物理即吾心，不可得而遺也。至宋周、程二子，始復追尋孔、顔之宗，而有『無極而太極』『定之以仁義中正而主静』之説，『動亦定』『無内外，無將迎』之論，庶幾『精一』之旨矣。自是而後，有象山陸氏，雖其純粹和平若不逮於二子，而簡易直截，真有以接孟氏之傳。其議論開闢時有異者，乃其氣質意見之殊，而要其學之必求諸心，則一而已。故吾嘗斷以『陸氏之學，孟氏之學也』。席元山嘗聞先生論學於龍場，作《鳴冤録》以寄。」

〔一五〕「集門人」，贛州本作「修《南昌府志》」。

〔一六〕「爲會」，天真本作「不數爲會」。

〔一七〕「失此機會耶」，天真本作「容易失卻此大機會，是使後人而復惜後人也」。

〔一八〕此下，天真本、贛州本有「鄙説初亦如是。及」七字。

〔一九〕此下，天真本、贛州本有「然亦終當殊途同歸也」一句。

〔二〇〕此下，天真本、贛州本有「讀者愈難尋求，此中不無亦有心病」二句。

〔二一〕「參贊機務。遂疏乞便道省葬」，天真本無。

〔二二〕「輔臣阻之」，贛州本無。

〔二三〕此下，天真本、贛州本有「實皆出於人子迫切之至情」一句。

〔二四〕「復權奸讒嫉」，贛州本、天真本作「而其時復以權奸當事，讒嫉交興」。

〔二五〕「恐罹曖昧之禍」，天真本作：「非獨臣之愚悃無由自明，且慮變起不測，身罹曖昧之禍，冀得因事退歸，父子苟全首領於牖下。」

〔二六〕「既而」下，天真本有「宗社有靈」四字。

〔二七〕此下，天真本有「革故鼎新」四字。

〔二八〕此下，天真本有「固已欣然改易其退遁之心矣。當明良之會，聖人作而萬物睹，天下之士，孰不顒然有觀光之願？而況臣之方在憂危，驟獲申雪者」數句。

〔二九〕此下，天真本有「其爲喜幸感激，何啻百倍」二句。

〔三〇〕「恐罹曖昧之禍」至「踴躍之私乎」，贛州本無。「私」字下，天真本有「歸戴嚮往之誠」六字。

〔三一〕「讒構」下，天真本、贛州本有「之厄，危疑震恐，洶洶」八字。

〔三二〕此下，天真本、贛州本有「少盡菽水歡欣之樂」一句。

〔三三〕「父子」下，天真本、贛州本有「天性之愛，重以連年苦切之思」十二字。

〔三四〕「然」字上，天真本有「故臣之此行，其冒罪歸省，亦情理之所必不容已者」數句。

〔三五〕此下，天真本有「世固未有不孝於父而能忠於其君者也」一句。

〔三六〕「然不以之明請於朝」至末，贛州本無。此下，天真本有「伏望皇上以孝爲治，範圍曲成，特寬稽命之誅，使臣得以少伸烏鳥之私，臣死且圖銜結，不勝惶懼懇切之至」數句。

〔三七〕「乃知」下，天真本、贛州本有「其不必如是，復一意於聖賢之學，大抵」十五字。

〔三八〕「戒謹恐懼」，天真本、贛州本作「戒謹不睹，恐懼不聞」。

〔三九〕此下，天真本、贛州本有「神仙之學，與聖人異，然其造端托始，亦惟欲引人於道。《悟真篇後序》中，所謂『黃、老悲其貪着，乃以神仙之術漸次導之』者，元靜試取而觀之，其微旨亦自可識。自堯、舜、禹、湯、文、武，至於周公、孔子，其仁民愛物之心，蓋無所不至，苟有可以長生不死者，亦何惜以示人？如」七十二字。

〔四〇〕「宜」，天真本、贛州本作「遺棄聲名」。
〔四一〕「無益也」，天真本、贛州本作「廢糜歲月，久而不返，將遂爲病狂喪心之人不難矣！昔人謂三折肱爲良醫，區區非良醫，蓋嘗三折肱者。元静其慎聽毋忽」。
〔四二〕「往迹爲疑」，天真本作「少年豪曠，不拘繩束，私竊詆笑。但四方辯學同異，正競爲黨僞之慮，人情恐恐，疑阻者闃然而起。至是」。
〔四三〕「王正心」上，天真本有「先生侄」三字，「請見」下有「先生納焉」四字。
〔四四〕此下，天真本有「相繼請見，大講於龍泉寺之中天閣」十四字。
〔四五〕「寧濠」上，天真本有「吾父子不相見，幾年矣。始汝平寇南、贛，日夜勞瘁，吾雖憂汝之疾，然臣職宜爾，不敢爲汝憂也」數句。
〔四六〕此下，天真本有「吾雖幸汝之成，然此實天意，非人力可及，吾不敢爲汝幸也」數句。
〔四七〕此下，天真本有「人皆爲汝危，吾能無危乎？然於此時，惟有致命遂志而動心忍性，不爲無益。雖爲汝危，又復爲汝喜也」數句。
〔四八〕「兹非其幸歟」，天真本作「人皆以爲榮，吾謂非榮乎」。
〔四九〕此下，天真本有「夫知足不辱，知止不殆。吾老矣，得父子相保於牖下，孰與犯盈滿之戒，覆成功而毁令名者耶」數句。
〔五〇〕此段，贛州本無。天真本句末下有「一時相傳，以爲盛德獲福之徵云」二句。

年譜三

嘉靖元年壬午，先生五十一歲，在越〔一〕。

正月，疏辭封爵。

先是，先生平賊擒濠〔二〕，俱瓊先事爲謀，假以便宜行事，每疏捷，必先歸功本兵，宰輔憾焉。至是欲阻先生之進，乃抑同事諸人，將紀功册改造，務爲删削。先生曰：「册中所載，可見之功耳。若夫帳下之士，或詐爲兵檄，以撓其進止；或僞書反間，以離其腹心；或犯難走役，而填於溝壑；或以忠抱冤，而構死獄中，有將士所不與知，部領所未嘗歷，幽魂所未及泄者，非册中所能盡載。今於其可見之功，而又裁削之，何以勵效忠赴義之士耶！」

乃上疏乞辭封爵，且謂：「『臣之不敢受者有四。寧藩謀逆數十年，持滿應機而發，自謂可横行於天下矣。而旬月之間，遂至敗滅，豈人力所能及哉？蓋天將厭亂思治，啓神聖中興太平之業也。是天之功，臣叨之矣。廟堂諸臣，爲豫事之謀，先假臣提督便宜之權，且使居上游，以扼其勢，故臣得以隨宜從事。是帷幄謀議之臣，發縱指示之功也。今大學士楊廷和、兵部尚書王瓊等，俱未蒙顯褒，是諸臣之賢，臣掩之矣。用人之死力以爲己地，是襲下之能也。安受崇爵而不明其自，是忘己之耻也。夫〗殃莫大於叨天之功，罪莫大於掩人之善，惡莫深於襲下之能，辱莫重於忘己之耻：四者備而禍全。此臣之不敢受爵者，非以辭榮也，避禍焉爾已。」

疏上，不報。

二月，龍山公卒。

二月十二日己丑，海日翁年七十〔三〕，疾且革。時朝廷推論征藩之功，進封翁及竹軒、槐里公俱爲新建伯。是日，部咨適至，翁聞使者已在門，促先生及諸弟出迎，曰：「雖倉遽，烏可以廢禮？」問已成禮，然後瞑目而逝。先生戒家人勿哭，加新冕服拖紳，飭内外含襚諸具，始舉哀，一哭頓絶，病不能勝。

門人子弟紀喪，因才任使。以仙居金克厚謹恪，使監厨。克厚出納品物惟謹，有不慎者追還之〔四〕，内外井井。室中齋食〔五〕，百日後，令弟侄輩稍進乾肉，曰：「諸子豢養習久，强其不能，是恣其作僞也。稍寬之，使之各求自盡可也。」越俗宴弔客必列餅糖，設文綺，烹鮮割肥，以競豐侈，先生盡革之。惟遇高年遠客，素食中間肉一二器，曰：「齋素行於幕内，若使弔客同孝子食，非所以安高年而酬賓旅也。」

後甘泉先生來弔，見肉食不喜，遺書致責，先生引罪不辯。

是年克厚與洪同貢於鄉，連舉進士，謂洪曰：「吾學得司厨而大益，且私之以取科第。先生常謂學必操事而後實，誠至教也。〔六〕」

先生臥病，遠方同志日至，乃揭帖於壁曰：「某鄙劣無所知識，且在憂病奄奄中，故凡四方同志之辱臨者，皆不敢相見；或不得已而相見，亦不敢有所論說。各請歸而求諸孔、孟之訓可矣。夫孔、孟之訓，昭如日月，凡支離決裂，似是而非者，皆異說也。有志於聖人之學者，外孔、孟之訓而他求，是舍日月之明，而希光於螢爝之微也，不亦繆乎？〔七〕」

七月，再疏辭封爵。

七月十九日，准吏部咨：「欽奉聖旨：〔【論功行賞，古今令典，詩書所載，具可考見。】〕卿倡義督兵，剿除大患，盡忠報國，勞績可嘉，特加封爵，以昭公義。宜勉承恩命，所辭不允。」

先是，先生上疏辭爵，乞普恩典，蓋以當國者不明軍旅之賞，而陰行考察，或賞或否，或不行賞而并削其績，或賞未及播而罰已先行，或虛受陞職之名而因使退閑，或冒蒙不忠之號而隨以廢斥，乃嘆曰：「同事諸臣，延頸而待且三年矣！此而不言，誰復有爲之論列者？均秉忠義之氣以赴國難，而功成行賞，惟吾一人當之，人將不食其餘矣。」

乃再上疏曰：「日者宸濠之變〔八〕，其橫氣積威，雖在千里之外，無不震駭失措，而況江西諸郡縣近切剝床者乎？臣以逆旅孤身，舉事其間。然而未受巡撫之命，則各官非統屬也；未奉討賊之旨，其事乃義倡也。若使其時郡縣各官果畏死偷生，但以未有成命，各保土地爲辭，則臣亦可如何哉？然而聞臣之調，即感激奮勵，挺身而來，是非真有捐軀赴難之義，戮力報主之忠，孰肯甘粉齏之禍，從赤族之誅，以希萬一難冀之功乎？然則凡在與臣共事者，皆有忠義之誠者也。〔九〕

「〖披堅執鋭，身親行伍，以及期赴難，而猶不免於不忠之罰，則容有托故推奸，坐而觀望者，又將何以加之？今不彼之議，而獨此之察，則已過矣。昔人有蹊田而奪牛者，然奪牛固已甚矣，猶有蹊田之責也。今人驅牛以耕我之田，既種且獲矣，而追究其耕之未盡善也，復從而奪之牛，無乃太遠於人情乎？〗

「夫考課之典，軍旅之政，固並行而不相悖，然亦不可混而施之。〖今人方其有可録之功，吾且遂行其賞。縱有既往之愆，亦得以今而贖。而其人之過猶未改也，則從而行其黜謫。人將曰：昔以功而賞，今以罪而斥，功罪顯而勸懲彰矣。〗今也將明軍旅之賞，而陰以考課之意行於其間，人但見其賞未施而罰已及，功不録而罪有加，不能創奸警惡，而徒以阻忠義之氣，快讒嫉之心；譬之投杯醪於河水，〖而曰『是有醪焉，亦可飲而醉也』，非易牙之口將不能辯之矣，〗而求飲者之醉，可得乎？」

疏上，不報。

〖按，門人陸澄《辯忠讒以定國是疏》。〗

時御史程啟充、給事毛玉倡議論刻，以遏正學，承宰輔意也。〔一〇〕陸澄時爲刑部主事，上疏爲六辯以折之〔一一〕，先生聞而止之曰：「無辨止謗，嘗聞昔人之教矣。況今何止於是？四方英傑，以講學異同，議論紛紛，吾儕可勝辨乎？惟當反求諸己，苟其言而是歟？吾斯尚有未信歟？則當務求其非，不得輒是己而非人也。使其言而非歟？吾斯既以自信歟？則當益求於自慊〔一二〕，所謂『默而成之、不言而信』者也。然則今日之多口，孰非吾儕動心忍性、砥礪切磋之地乎？且彼議論之興，非必有所私怨於我〔一三〕，亦將以爲衛夫道也。況其説本自出於先儒之緒論〔一四〕，而吾儕之言驟異於昔，反若鑿空杜撰者〔一五〕，固宜其非笑而駭惑矣。未可專以罪彼爲也〔一六〕。」

是月，德洪赴省試，辭先生，請益。先生曰：「胸中須常有舜、禹有天下不與氣象。」德洪請問，先生曰：「舜、禹有天下而身不與，又何得喪介於其中？」〔一七〕

九月，葬龍山公於石泉山。

校勘記

〔一〕「在越」，天真本無。

〔二〕「平賊擒濠」，天真本作「征贛勤王」。

〔三〕「年七十」，天真本無。

〔四〕「克厚出納品物惟謹，有不慎者追還之」，贛州本作「克厚典廚」，天真本作「克厚時爲庠生，先生取其謹恪，使監廚。克厚出納品物惟謹，有不慎者追還之，晝夜不息者百餘日」。
〔五〕此句贛州本無。
〔六〕「且私之以取科第」至末，贛州本無。
〔七〕此下，天真本有「有負遠來之情，聊此以謝，荒迷不次」數句。
〔八〕此下，天真本、贛州本有「實起倉卒」四字。
〔九〕「臣以逆旅孤身」至末，贛州本作：「臣未受巡撫之命，各官未奉討賊之旨，使其果怀畏死偷生之心，臣亦可如何哉？然而聞臣之調，甘粉齏之禍，從赤族之誅，以希萬一難冀之功，皆有忠義之誠者也。」
〔一〇〕「以遏正學，承宰輔意也」，贛州本作「以公論皆不平」，天真本此下有「公議忿忿不平」一句。
〔一一〕此下，天真本有「理明而事核」一句。
〔一二〕「益」字下，天真本、贛州本有「致踐履之實，以務」七字。
〔一三〕此下，天真本、贛州本有「彼其爲説」四字。
〔一四〕此下，天真本、贛州本有「固各有所憑據」六字。
〔一五〕此下，天真本、贛州本有「乃不知聖人之學本來如是，而流傳失真耳。彼既先横不信之念，莫肯虚心講究，加以吾儕議論之間，或爲勝心浮氣所乘，未免過爲矯激，則」五十三字。
〔一六〕此句上，天真本、贛州本有「此吾儕之責」五字。句下，贛州本有「澄乃止」三字。
〔一七〕此下，天真本有「德洪聞之省然，領謝而別」二句。

二年癸未，先生五十二歲，在越〔一〕。

二月。

南宫策士以心學爲問，陰以闢先生〔二〕。門人徐珊讀策問，嘆曰：「吾惡能昧吾知以倖時好耶！」不答而出。聞者難之，曰：「尹彦明後一人也！」同門歐陽德、王臣、魏良弼等直發師旨不諱，亦在取列，識者以爲進退有命。

德洪下第歸，深恨時事之乖，見先生，先生喜而相接曰：「聖學從兹大明矣。」德洪曰：「時事如此，何見大明？」先生曰：「吾學惡得遍語天下士？今會試録，雖窮鄉深谷，無不到矣。吾學既非，天下必有起而求真是者。」

鄒守益、薛侃、黄宗明、馬明衡、王艮等侍，因言謗議日熾。先生曰：「諸君且言其故。」有言先生勢位隆盛，是以忌嫉謗；有言先生學日明，爲宋儒争異同，則以學術謗；有言天下從遊者衆，與其進不保其往，又以身謗。先生曰：「三言者，誠皆有之，特吾自知諸君論未及耳。」請問。曰：「吾自南京已前，尚有鄉愿意思在。今只信良知真是真非處〔三〕，更無掩藏回護，纔做得狂者。使天下盡説我行不掩言，吾亦只依良知行。」

請問鄉愿、狂者之辨。曰：「鄉愿以忠信廉潔見取於君子，以同流合污無忤於小人，故非之無舉，刺之無刺〔四〕。然究其心〔五〕，乃知忠信廉潔所以媚君子也，同流合污所以媚小人也，其心已破壞矣，故不可與入堯、舜之道。狂者志存古人，一切紛囂俗染，舉不足以累其心，真有鳳凰翔於千仞之意，一克念即聖人矣。惟不克念，故闊略事情，而行常不掩。惟其不掩，故心尚未壞，而庶可與裁。」

曰：「鄉愿何以斷其媚世？」曰：「自其譏狂狷而知之。狂狷不與俗諧，而謂生斯世也，爲斯世也，善斯可矣，此鄉愿志也。故其所爲，皆色取不疑，所以謂之『似』。三代以下，士之取盛名於時者，不過得鄉愿之似而已。然究其忠信廉潔，或未免致疑於妻子也。雖欲純乎鄉愿，亦未易得，而況聖人之道乎？」曰：「狂狷爲孔子所思，然至於傳道，終不及琴張輩，而傳曾子，豈曾子亦狷者之流乎？」先生曰：「不然！琴張輩，狂者之稟也，雖有所得，終止於狂。曾子中行之稟也，故能悟入聖人之道。」

先生與黄宗賢書曰：「近與尚謙、子華、宗明講《孟子》『鄉愿狂狷』一章，頗覺有所警發，相見時須更一論。四方朋友來去無定，中間不無切磋砥勵之益，但真有力量能擔荷得者，亦自少見。大抵近世學者，無有必爲聖人之志，胸中有物，未得清脱耳。聞引接同志，孜孜不怠，甚善！但論議須謙虛簡明爲佳。若自處過任，而詞意重復，却恐無益而有損。」

與尚謙書曰：「謂自咎罪疾，只緣『輕傲』二字，足知用力懇切。但知輕傲處，便是良知；致此良知，除却輕傲，便是格物。得『致知』二字〔六〕，千古人品高下、真僞，一齊覷破，毫髮不容掩藏。前所論鄉愿，可熟味也。二字在虔時終日論此〔七〕，同志中尚多未徹。近於《古本序》中改數語，頗發此意，然見者往往亦不能察。今寄一紙，幸更熟味，此乃千古聖學之秘。從前儒者多不曾悟到，故其説入於支離外道而不覺也。」

【別謙之

珍重江船冒暑行，一宵心話更分明。須從根本求生死，莫向支流辯濁清。久奈世儒橫臆説，競搜物理外人情。良知底用安排得？此物由來自渾成。】

九月，改葬龍山公於天柱峰〔八〕，**鄭太夫人於徐山。**

鄭太夫人嘗附葬餘姚穴湖，既改殯郡南石泉山。及合葬公，開壙有水患，先生夢寐不寧，遂改葬。

十有一月，至蕭山〔九〕。

見素林公自都御史致政歸，道錢塘，渡江來訪，先生趨迎於蕭山，宿浮峰寺。公相對感慨時事，慰從行諸友及時勉學，無負初志。

張元沖在舟中問：「二氏與聖人之學所差毫釐，謂其皆有得於性命也。但二氏於性命中着些私利，便謬千里矣。今觀二氏作用，亦有功於吾身者，不知亦須兼取否？」先生曰：「説兼取，便不是。聖人盡性至命，何物不具，何待兼取？二氏之用，皆我之用。即吾盡性至命中完養此身，謂之仙；即吾盡性至命中不染世累，謂之佛。但後世儒者不見聖學之全，故與二氏成二見耳。譬之廳堂三間，共爲一廳，儒者不知皆吾所用，見佛氏，則割左邊一間與之；見老氏，則割右邊一間與之；而己則自處中間，皆舉一而廢百也。聖人與天地民物同體，儒、佛、老、莊皆吾之用，是之謂大道。二氏自私其身，是之謂小道。」

校勘記

〔一〕「在越」，天真本無。

〔二〕「陰以闢先生」，贛州本、天真本作「陰寓去取之意」。

〔三〕此句，天真本、贛州本作「今信得良知、只從良知真是真非」。

〔四〕此下，天真本、贛州本有「其處身亦周矣」一句。

〔五〕此下，天真本、贛州本有「則闇然以媚世也」一句。

〔六〕此下，天真本、贛州本有「是孔門正法眼藏」一句

〔七〕「二字」上，贛州本有「致知」。

〔八〕「天柱」，原作「天住」，據贛州本改。

〔九〕「至蕭山」，天真本作「都御史林俊會先生于蕭山」。

三年甲申，先生五十三歲，在越〔一〕。

正月〔二〕。

門人日進〔三〕。

郡守南大吉以座主稱門生，然性豪曠，不拘小節，先生與論學有悟，乃告先生曰〔四〕：「大吉臨政多過，先生何無一言？」曰：「何過？」大吉歷數其事。先生曰：「吾言之矣。」大吉曰：「何？」曰：「吾不言，何以知之？」曰：「良知。」先生曰：「良知非我常言而何？」〔五〕大吉笑謝而去。

居數日，復自數過加密，且曰：「與其過後悔改，曷若預言不犯爲佳也？」先生曰：「人言不如自悔之真。」大吉笑謝而去。居數日，復自數過益密，且曰：「身過可勉，心過奈何？」先生曰：「昔鏡未開，可得藏垢；今鏡明矣，一塵之落，自難住脚。此正入聖之機也，勉之！」〔六〕於是辟稽山書院，聚八邑彥士，身率講習以督之〔七〕。於是蕭璆、楊汝榮、楊紹芳等來自湖廣，楊仕鳴、薛宗鎧、黃夢星等來自廣東，王艮、孟源、周衝等來自直隸〔八〕，何秦、黃弘綱等來自南、贛，劉邦采、劉文敏等來自安福，魏良政、魏良器等來自新建，曾忭來自泰和〔九〕。宮刹卑隘，至不能容。蓋環坐而聽者三百餘人〔一〇〕。先生臨之，只發《大學》「萬物同體」之旨，使人各求本性，致極良知，以止於至善。功夫有得，則因方設教，故人人悅其易從。

【二月。】

海寧董澐，號蘿石，以能詩聞於江湖，年六十八，來遊會稽。聞先生講學，以杖肩其瓢笠、詩卷來訪。入門，長揖，上坐。先生異其氣貌，禮敬之，與之語，連日夜。澐有悟，因何秦强納拜〔一一〕。先生與之徜徉山水間〔一二〕。澐日有聞，忻然樂而忘歸也。其鄉子弟、社友皆招之反，且曰：「翁老矣，何乃自苦若是？」澐曰：「吾方幸逃於苦海，憫若之自苦也，顧以吾爲苦耶？吾方揚鬐於渤澥，而振羽於雲霄之上，安能復投網罟而入樊籠乎？去矣，吾將從吾之所好。」遂自號曰「從吾道人」，先生爲之記。

【四月。】

紹興名其莅政之堂曰「親民」，先生記之，略曰：「至善也者，明德、親民之極；天命之性，粹然至善，其靈昭不昧，皆其至善之發見。是乃明德之本體，而所謂良知者也。至善之發見，是而是焉，非而非焉，固吾心天然自有之則，而不容有所擬議加損於其間也。有所擬議加損於其間，則是私意小智，而非至善之謂矣。人惟不知至善之在吾心，而用其私智以求之於外，是以昧其是非之則。至於橫騖決裂，人欲肆而天理亡，明德親民之學大亂於天下。故至善之於明德、親民也，猶之規矩之於方圓也，尺度之於長短也，權衡之於輕重也。方圓而不止於規矩，爽其度矣；長短而不止於尺度，乖其制矣；輕重而不止於權衡，失其準矣；明德、親民而不止於至善，亡其則矣。夫是之謂大人之學。大人者，以天地萬物爲一體也。夫然後能以天地萬物爲一體。」

先生《答陸澄書》有曰：「妄心，則動也。照心，非動也。恒照，則恒動恒静，天地之所以恒久而不已也。照心固照也，妄心亦照也。其爲物不貳，則其生物不息。有刻暫停，則息矣，非至誠無息之學矣。」

又曰：「良知者，心之本體，即前所謂恒照者也。心之本體，無起無不起，雖妄念之發，而良知未嘗不在，但人不知存，則有時而或放耳。雖昏塞之極，而良知未嘗不明，但明不知察，則有時而或蔽耳。雖有時而或放，其體實未嘗不在也，存之而已耳。雖有時而或蔽，其體實未嘗不明也，察之而已耳。若謂良知亦有起處，則是有時而不在，非其本體之謂也。」

又曰：「『精一』之『精』，以理言。『精神』之『精』，以氣言。理者，氣之條理；氣者，理之運用。無條理，則不能運用；無運用，則亦無以見其所謂條理者矣。精則精，精則明，精則一，精則神，精則誠；一則精，一則明，一則神，一則誠：原非有二事也。但後儒與養生之説，各滯於一偏，不相爲用，然作聖之功，寔亦不外此。」

又曰：「良知，一也。以其妙用而言謂之神，以其流行而言謂之氣，以其凝聚而言謂之精，安可以形象方所求哉？真陰之精，即真陽之氣之母。真陽之氣，即真陰之精之父。陰根陽，陽根陰，亦非有二也。」

又曰：「未發之中，即良知也，無前後內外而渾然者也。有事無事，可以言動靜，而良知無分於有事、無事也。寂然感通，可以言動靜，而良知無分於寂然、感通也。動靜者，所遇之時。心之本體，固無分於動靜也。理，無動者也，動即爲欲。循理，則雖酬酢萬變，而未嘗動也。從欲，則雖槁心一念，而未嘗静也。動中有静，静中有動，又何疑乎？有事而感通，固可以言動，然而寂然者，未嘗有增也。無事而寂然，固可以言静。然感通者，未嘗有減也。動而無動，静而無静，又何疑乎？無前後內外，而渾然一體，則至誠有息之疑，不待解矣。未發在已發之中，而已發之中未嘗別有未發者在；已發在未發之中，而未發之中未嘗別有已發者存：是未嘗無動静，而不可以動静分者也。

「凡觀古人言語，在以意逆志，而得其大旨。周子『静極而動』之説，苟不善觀，亦未免有病。蓋其從『太極動而生陽，静而生陰』説來。太極，生生之理，妙用無息，而常體不易。太極之生生，即陰陽之生生。就其生生之中，指其妙用無息者，而謂之動，謂之陽之生，非謂動而後陽也。就其生生之中，指其常體不易者，而謂之静，謂之陰之生，非謂静而後陰也。若果静而後生陰，動而後生陽，則是陰陽動静，截然各自爲一物矣。陰陽，一氣也，一氣屈伸而爲陰陽。動静，一理也，一理隱顯而爲動静。春夏可以爲陽爲動，而未嘗無陰與静也；秋冬可以爲陰與静，而未嘗無陽與動也。春夏此不息，秋冬此不息，皆可謂之陽，謂之動也；春夏此常體，秋冬此常體，皆可謂之陰，謂之静也。自元會運世，歲日月時，以至刻杪忽微，莫不皆然。所謂動静無端，陰陽無始，在知道者默而識之，非可以言語窮也。」

又曰：「照心非動者，以其發於本體明覺之自然，而未嘗有所動也。有所動，即妄矣。妄心亦照者，以其本體明覺之自然者，未嘗不在於其中，但有所動耳。無所動，即照矣。無妄無照，非以妄爲照，以照爲妄也。照心爲照，妄心爲妄，是猶有妄有照也。有妄有照，則猶二也，貳則息矣。無妄無照，則不貳，不貳則不息矣。」

又曰：「樂是心之本體，雖不同於七情之樂，而亦不外於七情之樂。雖則聖賢别有真樂，而亦常人之所同固有，但常人有之而不自知，反自求許多憂苦，自加迷棄。雖憂苦迷棄之中，而此樂又未嘗不存，但一念開明，反身而誠，則即此而在矣。每與原静論，無非此意。而原静尚有『何道可得』之問，猶是未免騎驢覓驢之蔽也。」

又曰：「聖人致知之功，至誠無息，其良知之體，皎如明鏡，略無纖翳，妍媸之來，隨物見形，而明鏡曾無留染，所謂『情順萬事而無情』也。『無所住而生其心』，佛氏曾有是言，未爲非也。明鏡之應物，妍者妍，媸者媸，一照而皆真，即是『生其心』處。妍者妍，媸者媸，一過而不留，即是『無所住』處。病瘧之喻，誠已見其精切，則此節所問可以釋然。病瘧之人，瘧雖未發而病根自在，則亦安可以其瘧之未發，而遂忘其服藥調理之功乎？若必待瘧發而後服藥調理，則既晚矣。致知之功，無間於有事無事，而豈論於病之已發、未發？大抵原静所疑，前後雖若不一，然皆起於自私自利、將迎意必之爲祟。此根一去，則前後所疑，自將冰消霧釋，有不待於問辨者矣。」

《答周道通書》有曰：「『生之謂性』，『性』字即是『氣』字，猶言『氣即是性』也。氣即是性，人生而静以上，不容説。纔説氣即是性，即已落在一邊，不是性之本原矣。孟子性善是從本原上説，然性善之端，須在氣上始見得。若無氣，亦無可見矣。惻隱、羞惡、辭讓、是非，即是氣。程子謂『論性不論氣，不備；論氣不論性，不明』，亦是爲學者各認一邊，只得如此説。若見得自性明白時，氣即是性，性即是氣，原無性氣之可分也。」】

八月，宴門人於天泉橋。

中秋月白如晝，先生命侍者設席於碧霞池上，門人在侍者百餘人。酒半酣〔一三〕，歌聲漸動。久之，或投壺聚算，或擊鼓〔一四〕，或泛舟〔一五〕。先生見諸生興劇，退而作詩，有「鏗然舍瑟春風裏，點也雖狂得我情」之句。

明日，諸生入謝。先生曰：「昔者孔子在陳，思魯之狂士。世之學者，没溺於富貴聲利之場，如拘如囚〔一六〕，而莫之省脱。及聞孔子之教，始知一切俗緣，皆非性體，乃豁然脱落。但見得此意，不加實踐〔一七〕，以入於精微，則漸有輕滅世故、闊略倫物之病。雖比世之庸庸瑣瑣者不同，其爲未得於道」也〔一八〕。故孔子在陳，思歸以裁之，使入於道耳〔一九〕。諸君講學，但患未得此意。今有見此，正好精詣力造，以求至於道。無以一見自足而終止於狂也。」

是月，舒柏有「敬畏累灑落」之問，劉侯有「入山養静」之問。

先生曰：「君子之所謂敬畏者，非恐懼憂患之謂也，戒謹不睹、恐懼不聞之謂耳。君子之所謂灑落者，非曠蕩放逸之謂也〔二〇〕，乃其心體不累於欲、無入而不自得之謂耳。夫心之本體，即天理也；天理之昭明靈覺，所謂良知也。君子戒懼之功〔二一〕，無時或間，則天理常存，而其昭明靈覺之本體，自無所昏蔽，自無所牽擾〔二二〕，自無所歉餒愧怍〔二三〕。動容周旋而中禮，從心所欲而不逾，斯乃所謂真灑落矣。是灑落生於天理之常存，天理常存生於戒慎恐懼之無間，孰謂敬畏之心反爲灑落累耶？」

謂劉侯曰：「君子養心之學如良醫治病，隨其虛實、寒熱而斟酌補泄之，要在去病而已。初無一定之方，必使人人服之也。若專欲入坐窮山，絶世故，屏思慮，則恐既已養成空寂之性，雖欲勿流於空寂，不可得矣。」〔二四〕

【又嘗見學者持守太堅，了無生意。問曰：「吾見諸生數日，得無差却宗指乎？」諸生曰：「先生嘗言『不睹不聞是本體，戒慎恐懼是工夫』，以此工夫守此本體，未嘗敢錯。」先生曰：「今見得正不然。不睹不聞是工夫，戒慎恐懼是本體。」於是争論數日，不決。久之，先生乃解曰：

「不睹不聞，若非工夫，安得逼真？戒慎恐懼，若非本體，安得無意？故吾嘗言：『合得本體便是工夫，做得工夫纔是本體。』」一時聞者無不灑然。】

【一日，先生入寺，訪黄弘綱、魏良器、良政。一道者在旁打坐，聞語起立。先生與二人問答移時，迨暮乃去，未嘗一目道者。王畿素善良器，嘗以妨誤舉業病之。良器多方誘勸，務俾轉移，竟與同門。後良器卒，畿語及必下涕。】

論聖學無妨於舉業。〔二五〕

德洪攜二弟德周、仲實讀書城南，洪父心漁翁往視之。魏良政、魏良器輩與遊禹穴諸勝，十日忘返。〔二六〕

問曰〔二七〕：「承諸君相攜日久，得無妨課業乎？」答曰：「吾舉子業無時不習。」家君曰：「固知心學可以觸類而通，然朱説亦須理會否？」二子曰：「以吾良知〔二八〕，求晦翁之説，譬之打蛇得七寸矣，又何憂不得耶？」家君疑未釋，進問先生〔二九〕。先生曰：「豈特無妨，乃大益耳！學聖賢者，譬之治家，其産業、第宅、服食、器物皆所自置〔三〇〕，欲請客，出其所有以享之；客去，其物具在，還以自享，終身用之無窮也。今之爲舉業者，譬之治家，不務居積，專以假貸爲功，欲請客，自廳事以至供具，百物莫不遍借，客幸而來，則諸貸之物一時豐裕可觀；客去，則盡以還人，一物非所有也；若請客不至，則時過氣衰，借貸亦不備，終身奔勞，作一窶人而已。是求無益於

得，求在外也。」〔三一〕

明年乙酉大比，稽山書院錢楩與魏良政並發解江浙〔三二〕。家君聞之，笑曰：「打蛇得七寸矣。」〔三三〕

是時大禮議起。先生夜坐碧霞池，有詩曰〔三四〕：「一雨秋涼入夜新，池邊孤月倍精神。潛魚水底傳心訣，棲鳥枝頭説道真。莫謂天機非嗜慾，須知萬物是吾身。無端禮樂紛紛議，誰與青天掃舊塵〔三五〕？」又曰：「獨坐秋庭月色新，乾坤何處更閑人？高歌度與清風去，幽意自隨流水春。千聖本無心外訣，六經須拂鏡中塵。却憐擾擾周公夢，未及惺惺陋巷貧。」

〔時朝臣議大禮，紛紛不決。先生曰：「皇上大孝尊親，正宜將順擴充以孝治天下，此一大機會也。顧乃多議紛紛，以阻遏之，何也？議禮不本於至情，徒泥已往之陳迹，是亦青天之宿塵耳。」又曰：「後世學術不明，非特邪説誣民，雖六經聖言不得於心，徒以其詞，亦境中之塵耳。」〕蓋有感時事，二詩已示其微矣。

四月，服闋，朝中屢疏引薦。霍兀厓、席元山、黄宗賢、黄宗明先後皆以大禮問，竟不答。

【九月】

秋聲

秋來萬木發天聲，點瑟回琴日夜清。絶調迴隨流水遠，餘音細入晚雲輕。洗心空已真千

古，傾耳誰能辨九成？徒使清風傳律吕，人間瓦缶正雷鳴。】

十月，門人南大吉續刻《傳習録》。

《傳習録》薛侃首刻於虔，凡三卷。至是年，大吉取先生論學書，復增五卷，續刻於越。

【逢吉有疑於博約先後之訓。先生曰：「理一而已矣，心一而已矣，故聖人無二教，而學者無二學。博文以約禮，格物以致其良知，一也。故先後之説，後儒支謬之見也。夫禮也者，天理也。天命之性具於吾心，其渾然全體之中，而條理節目森然畢具，是故謂之天理。天理之條理，謂之禮。是禮也，其發見於外，則有五常百行，酬酢變化，語默動静，升降周旋，隆殺厚薄之屬；宣之於言而成章，措之於爲而成行，書之於册而成訓，炳然蔚然。其條理節目之繁，至於不可窮詰，是皆所謂文也。是文也者，禮之見於外者也。禮也者，文之存於中者也。文顯而可見之禮也，禮微而難見之文也，是所謂『體用一源而顯微無間』者也。是故君子之學也，於酬酢變化、語默動静之間，而求盡其條理節目焉，非他也，求盡吾心之天理焉耳矣；於升降周旋、隆殺厚薄之間，而求盡其條理節目焉，非他也，求盡吾心之天理焉耳矣。求其條理節目焉者，博文也；求盡吾心之天理焉者，約理也。文，散於事而萬殊者也，故曰博；理，根於心而一本者也，故曰約。博文而非約之以禮，則其文爲虚文，而後世功利、辭章之學矣。約理而非博學於文，則其禮爲虚禮，而佛、老空寂之學矣。是故約禮必在於博文，而博文乃所以約禮。二之而分先後焉者，是聖學之不明，而功利、異端之説亂之也。

「昔者顔子之始學於夫子也，蓋亦未知道之無方體、形像也，而以爲有方體、形像也；未知道之無窮盡、止極也，而以爲有窮盡、止極也。是猶後儒之見事事物物皆有定理者也，是以求之仰、鑽、瞻、忽之間，而莫得其所謂。及聞夫子博約之訓，既竭吾才以求之，然後知天下之事，雖千變萬化而皆不出於此心之一理；然後知殊途而同歸，百慮而一致；然後知斯道之本無方體、形像，而不可以方體、形像求之也，本無窮盡、止極，而不可以窮盡、止極求之也。故曰：『雖欲從之，末由也已。』蓋顔子至是而始有真實之見矣。博文以約禮，格物以致其良知也，亦寧有二學乎哉？」

在越數年，門人日進，上自縉紳，下至藝術，莫不畢聚。每入見，各以類從，不相混雜。有疑問者，謂之曰：「如此彼此心安，不至動氣耳。」

示諸生

爾身各各自天真，不用求人更問人。但致良知成德業，謾從故紙費精神。乾坤是易原非畫，心性何形得有塵？莫道先生學禪語，此言端的爲君陳。】

校勘記

〔一〕自此條始，天真本分爲卷之五。「在越」，天真本無。

〔二〕「正月」，天真本無。

〔三〕此句，贛州本無。

〔四〕「先生與論學有悟，乃告先生曰」，贛州本作「不甚相信，見門人日益，心疑焉。故遣弟逢吉覘之，聞言歸，備以告。如是數日，語曰所學是也，始數來見。且曰」。

〔五〕「良知非我常言而何」，天真本作「良知却是我言」。

〔六〕此下，天真本有「大吉謝別而去」一句。

〔七〕此句，贛州本無。

〔八〕「周衡」，天真本作「周衡」。

〔九〕「曾忭來自泰和」，天真本無。

〔一〇〕「蓋」字上，天真本有「先生臨講」四字。

〔一一〕此下，贛州本有「先生不許。歸與其妻織一縑爲贄，復因秦來强」三句。

〔一二〕此句，天真本作「先生與之探禹穴，登秦望，尋蘭亭之遺跡，徜徉於雲門、若耶、鑑湖之間」。

〔一三〕此下，贛州本有「先生退，令侍者勸飲，於是」十字。

〔一四〕此下，天真本有「或催花」三字。

〔一五〕此下，天真本有「碧霞池中」四字，贛州本有「盡興而罷」四字。

〔一六〕此下，天真本、贛州本有「自投枷鎖」四字。

〔一七〕「實踐」上，天真本、贛州本有「躬修」二字。

〔一八〕「其爲」，贛州本、天真本作「然其過中失正」。

〔一九〕「思歸以裁之，使入於道耳」，贛州本作「思歸裁以進之」。

〔二〇〕「放逸」下，天真本、贛州本有「縱情肆意」四字。

〔二一〕「君子戒懼之功」，天真本、贛州本作「君子之戒慎恐懼，惟恐昭明靈覺者，或有所昏昧放逸，流於非僻邪妄，失本體之正耳。戒慎恐懼之功」。

〔二二〕此下，天真本、贛州本有「無所意必固我」一句。

〔二三〕此下，天真本、贛州本有「和融瑩徹，充塞流行」八字。

〔二四〕此段，天真本、贛州本作：「劉侯入坐窮山，絶世故，屏思慮，養吾靈明，通晝夜而不息，然後以無情應世故。且云：『於静中求之似爲徑直，切勿流於空寂而已。』觀前後所論，皆不爲無見。但爲學如良醫治病，隨其疾之虚實、寒熱而斟酌補泄之，要在去病而已。初無一定之方，必使人人服之也。君子養心之學，亦自量其受病深淺，而斟酌爲之耳。但專欲絶世故，屏思慮，偏於虚静，則恐既已養成空寂之性，雖欲勿流於空寂，不可得矣。大抵治病，雖無一定之方，而以去病爲主，則是一定之法。若但知隨病用藥，而不知因藥發病，其失一而已矣。」

〔二五〕此句，贛州本無。

〔二六〕此段，天真本作「德洪與先生仲弟守文讀書於城南之謝墅，携二弟德周、仲實來越。是秋，家君洪心漁公往視之。魏良政、魏良器輩相携遊南鎮禹穴、陽明諸洞天，十日忘返」。

〔二七〕「問」字上，天真本有「家君三歲雙瞽，性雅好山水，隨地賦詩，登高擇勝，頓忘其歸也。家君」二十五字。

〔二八〕「以吾良知」，天真本作「吾學明良知」。

〔二九〕此下，天真本有「曰：聖賢之學，果無妨舉業乎？」十一字。

〔三〇〕此下，天真本有「而自享用」四字。

〔三一〕此下，天真本有「家君深以爲然。初至越，尚疑二弟棄舉業。及歸，□鄉中父老教子弟，須使聞道以務求□得，若徒慕富貴，志亦末矣」數句。

〔三二〕此下，天真本有「省元」二字。

〔三三〕此下，天真本有「後，季弟與諸侄亦相繼科第」。以上三段，贛州本在上文「三年甲申二月」條。

〔三四〕「是時」至「有詩」，天真本作「碧霞池夜坐詩」。

〔三五〕「舊塵」，天真本、贛州本作「宿塵」。

四年乙酉，先生五十四歲，在越。〔一〕

正月，夫人諸氏卒。

四月，祔葬於徐山。

是月，作稽山書院《尊經閣記》，略曰：「《經》，常道也。其在於天謂之命，其賦於人謂之性，其主於身謂之心。心也，性也，命也，一也。通人物，達四海，塞天地，亘古今，無有乎弗具，無有乎弗同，無有乎或變者也。是常道也，其應乎感也，則爲惻隱，爲羞惡，爲辭讓，爲是非；其見於事也，則爲父子之親，爲君臣之義，爲夫婦之別，爲長幼之序，爲朋友之信。是惻隱也，羞惡也，辭讓也，是非也；是親也，義也，序也，别也，信也，一也。皆所謂心也，性也，命也。通人物，達四海，塞天地，亘古今，無有乎弗具，無有乎弗同，無有乎或變者也，是常道也。是常道也，以言其陰陽消息之行焉，則謂之《易》；以言其紀綱政事之施焉，則謂之《書》；以言其歌詠性情之發焉，則謂之《詩》；以言其條理節文之著焉，則謂之《禮》；以言其欣喜和平之生焉，則謂之《樂》；以言其誠僞邪正之辨焉，則謂之《春秋》。是陰陽消息之行也，以至於誠僞邪正之辨也，一也，皆所謂心也，性也，命也。通人物，達四海，塞天地，亘古今，無有乎弗具，無有乎弗同，無有乎或變者也，夫是之謂六經。六經者非他，吾心之常道也。故《易》也者，志吾心之陰陽消息者也；《書》也者，志吾心之紀綱政事者也；《詩》也者，志吾心之歌詠性情者也；《禮》也者，志吾心之條理節文者也；《樂》也者，志吾心之欣喜和平者也；《春秋》也者，志吾心之誠僞邪正者也。君子之於六經也，求之吾心之陰陽消息而時行焉，所以尊《易》也；求之吾心之紀綱政事而時施焉，所以尊《書》也；求之吾心之歌詠性情而時發焉，所以尊《詩》也；求之吾心之條理節文而時著焉，所以尊《禮》也；求之吾心之欣喜和平而時生焉，所以尊《樂》也；求之吾心之誠僞邪正而時辨焉，所以尊《春秋》也。〕

「聖人之扶人極，憂後世而述六經也，猶之富家者之父祖，慮其産業庫藏之積，其子孫者或至於遺亡失散，卒困窮而無以自全也，而記籍其家之所有以貽之，使之世守其産業庫藏之積而享用焉，以免於困窮之患。故六經者，吾心之記籍也，而六經之實則具於吾心，猶之産業庫藏之實，種種色色，具存於其家，其記籍者，特名狀數目而已。而世之學者不知求六經之實於吾心，而徒考索於影響之間，牽制於文義之末，硜硜然以爲是六經矣。是猶富家之子孫，不務守成規享用其産業庫藏之實積，日遺忘散失，至於窶人、丐夫，而猶囂囂然指其記籍曰：『斯吾産業庫藏之積也。』何以異於是？

「『嗚呼！六經之學，其不明於世，非一朝一夕之故矣。尚功利，崇邪説，是謂亂經；習訓詁，傳記誦，没溺於淺聞小見以塗天下之耳目，是謂侮經；侈淫辭，競詭辯，飾奸盜行，逐世壟斷，而自以爲通經，是謂賊經。若是者，是并其所謂記籍者而割裂棄毀之矣，寧復知所以爲尊經也乎！』」

按，是年南大吉匾莅政之堂曰親民堂，山陰知縣吴嬴重修縣學。提學僉事萬潮與監察御史潘倣拓新萬松書院於省城南，取試士之未盡録者廩餼之，咸以記請，先生皆爲作記。〔二〕

六月，禮部尚書席書薦。

先生服闋，例應起復〔三〕，御史石金等交章論薦，皆不報。尚書席書爲疏特薦曰：「生在臣前者見一人，曰楊一清；生在臣後者見一人，曰王守仁。且使親領誥卷，趨闕謝恩。」於是楊一清入閣辦事。明年，有領券謝恩之召，尋不果。

九月，歸姚省墓〔四〕。

先生歸，定會於龍泉寺之中天閣，每月以朔、望、初八、廿三爲期〔五〕。書壁以勉諸生，曰：「雖有天下易生之物，一日暴之，十日寒之，未有能生者也。承諸君之不鄙，每予來歸，咸集於此，以問學爲事，甚盛意也。然不能旬日之留，而旬日之間又不過三四會。一别之後，輒復離群索居，不相見者動經年歲。然則豈惟十日之寒而已乎？若是而求萌蘖之暢茂條達，不可得矣。故予切望諸君勿以予之去留爲聚散，或五六日、八九日，雖有俗事相妨，亦須破冗一會於此。務在誘掖奬勸，砥礪切磋，使道德仁義之習日親日近，則勢利紛華之染亦日遠日疏，所謂『相觀而善，百工居肆以成其事』者也。相會之時，尤須虚心遜志，相親相敬。大抵朋友之交，以相下爲益，或議論未合，要在從容涵育，相感以成；不得動氣求勝，長傲遂非，務在默而成之，不言而信。其或矜己之長，攻人之短，粗心浮氣，矯以沽名，訐以爲直，挾勝心而行憤嫉，以圮族敗群爲志，則雖日講時習於此，亦無益矣。」

《答顧東橋璘書》有曰：「〔吾子洞見時弊如此，亦將何以救之？『誠意』之説，自是聖門教人用功第一義。近世學者乃作第二義看，故稍與提掇緊要，非鄙人所能特倡也。格、致、誠、正，就學者本心日用事爲間體究踐履，實地用功，本與空虛頓悟之説相反。學者有必爲聖人之志，不泥成説，則一語之下自當瞭然矣。」

「朱子所謂格物云者，『【在即物而窮其理。即物窮理是就事事物物上求其所謂定理者也，】』是以吾心而求理於事事物物之中，『【析心與理而爲二矣。夫求理於與事事物物者，】』如求孝子之理於其親之謂也。求孝之理果在於吾之心耶？抑果在於親之身耶？假而果在於親之身，而親没之後，吾心遂無孝之理與？見孺子之入井，必有惻隱之理，是惻隱之理果在孺子之身與？抑在於吾身之良知與？『【其或不可以從之於井歟？其或可以手援之歟？是皆所謂理也，是果在於孺子之身歟？抑果出於吾心之良知歟？】』

「以是例之，萬事萬物之理，莫不皆然，是可以見析心與理爲二之非矣。『【夫析心與理爲二，此告子義外之説，孟子之所深闢也。務外遺内，博而寡要，吾子既已知之矣，是果何謂而然哉？謂之玩物喪志，尚猶以爲不可歟？】』

「若鄙人所謂致知格物者，致吾心之良知於事事物物也。吾心之良知，即所謂天理也。致吾心之天理於事事物物，則事事物物皆得其理矣。故曰：『致吾心之良知者，致知也。事事物物皆得其理者，格物也。』是合心與理而爲一者也。合心與理而爲一，則凡區區前之所云，與朱子晚年之論，皆可不言而喻矣。」

又曰：「〖【區區論致知格物，正所以窮理，未嘗戒人窮理，使之深居端坐而一無所事也。若謂即物窮理，如前所云務外而遺内者，則有所不可耳。昏闇之士，果能隨事隨物精察此心之天理，以致其本然之良知，則雖愚必明，雖柔必强，大本立而達道行，九經之屬可一以貫之而無遺矣，尚何患其無致用之實乎？彼頑空虚静之徒，惟隨事隨物精察此心之天理，以致其本然之良知，而遺棄倫理，寂滅虚無以爲常，是以要之不可以治家國天下。孰謂聖人窮理盡性之學而亦有是弊哉？】〗

「心者，身之主也。而心之虚靈明覺，即所謂本然良知也。其虚靈明覺之良知，應感而動者，謂之意。有知而後有意，無知則無意矣。知非意之體乎？意之所用，必有其物，物即事也。如意用於事親，即事親爲一物；意用於治民，則治民爲一物；意用於讀書，即讀書爲一物；意用於聽訟，即聽訟爲一物。凡意之所在，無有無物者。有是意，即有是物；無是意，即無是物。物非意之用乎？

「『格』字之義，有以『至』字訓者。如『格於文祖』，必純孝誠敬，幽明之間，無一不得其理，而後謂之格；有苗之頑，實文德誕敷而後格，則亦兼有『正』字之義在其間，未可專以『至』字盡之也。如『格其非心』『大臣格君心之非』之類，是則一皆『正其不正以歸於正』之義，而不可以『至』字爲訓矣。且《大學》格物之訓，又安知不以『正』字爲義乎？如以『至』字爲義者，必曰窮至事物之理，而後其説始通。是其用功之要全在一『窮』字，用力之地全在一『理』字也。若上去一『窮』字，下去一『理』字，而直曰『致知在至物』，其可通乎？夫窮理盡性，聖人之成訓，見於《繫辭》者也。苟格物之説而果即窮理之義，則聖人何不直曰『致知在窮理』，而必爲此轉折不完之語，以啟後世之弊耶？

「蓋《大學》『格物』之説，自與《繫辭》『窮理』大旨雖同，而微有分辨。『窮理』者，兼格、致、誠、正而爲功也。故言『窮理』，則格、致、誠、正之功，皆在其中；言『格物』，則必兼舉致知、誠意、正心，而後其功始備而密。今偏舉『格物』而遂謂之『窮理』，此非惟不得『格物』之旨[六]，并『窮理』之義而失之矣[七]」。

其末繼以「拔本塞源」之論，其略曰：「聖人之心[八]，視天下之人無內外遠近，凡有血氣，皆其昆弟赤子之親，莫不安全而教養之，以遂其萬物一體之念。天下之人心，其始亦非有異於聖人也，特其間於有我之私，隔於物欲之蔽，大者以小，通者以塞[九]，甚有視其父子、兄弟如仇讎者。聖人有憂之，是以推其天地萬物一體之仁以教天下，使之皆有以克其私、去其蔽，以復其心體之同然。其教之大端，則堯、舜、禹之相授，所謂『道心惟微[一〇]，惟精惟一，允執厥中』。而其節目，則舜之命契，所謂『父子有親，君臣有義，夫婦有别，長幼有序，朋友有信』五者而已[一一]。當是之時，人無異見，家無異習，安此者謂之聖；勉此者謂之賢；而背此者，雖啟明如朱，亦謂之不肖。下至閭井田野、農工商賈之賤，莫不皆有是學，而惟以成其德行爲務。何者？無有聞見之雜、記誦之煩、辭章之靡濫、功利之馳逐，而但使之孝其親、弟其長、信其朋友，以復其心體之同然〔一二〕，則人亦孰不能之乎？學校之中，惟以成德爲事〔一三〕，有長於禮樂，長於政教，長於水土播植者，則就其成德，而因使益精其能〔一四〕。迨夫舉德而任，則用之者惟知同心一德〔一五〕，以共安天下之民，視才之稱否，而不以崇卑爲輕重〔一六〕；效用者，亦惟知同心一德，以共安天下之民，苟當其能，則終身安於卑瑣而不以爲賤〔一七〕。當是時〔一八〕，才質之下者，則安其農工商賈之分，各勤其業以相生相養，而無有乎希高慕外之心；才能之異若臯、夔、稷、契者，則出而各效其能〔一九〕，或營衣食，或通有無，或備器用，集謀并力，以求遂其仰事俯育之願。〔二〇〕譬之一身〔二一〕，目不耻其無聰，而耳之所涉，目必營焉；足不耻其無執，而手之所探，足必前焉。蓋其元氣充周，血脈條暢，是以癢痾呼吸，感觸神應，有不言而喻之妙。此聖人之學所以惟在復心體之同然〔二二〕，而知識技能，非所以與論也。

「三代以降〔二三〕，教者不復以此爲教，而學者不復以此爲學。霸者之徒，竊取先王之近似者〔二四〕，假之於外，以內濟其私己之欲，天下靡然宗之，聖人之道遂以蕪塞。〔二五〕世之儒者慨然悲傷，蒐獵先聖王之典章法制，而掇拾修補於煨燼之餘〔二六〕，聖學之門牆遂不可復觀。於是乎有訓詁之學，而傳之以爲名；有記誦之學，而言之以爲博；有詞章之學，而侈之以爲麗。〔二七〕相矜以知，相軋以勢，相争以利，相高以技能，相取以聲譽。其出而仕也，理錢穀者則欲并夫兵刑，典禮樂者又欲與於銓軸，處郡縣則思藩臬之高，居臺諫則望宰執之要。故不能其事，則不得以兼其官；不通其説，則不可以要其譽。記誦之廣，適以長其敖也；知識之多，適以行其惡也；聞見之博，適以肆其辯也；辭章之富，適以飾其僞也。〔二八〕

「嗚呼！以若是之積染，以若是之心志，而又講之以若是之學術，宜其聞吾聖人之教，而視之以爲贅疣枘鑿矣。〔二九〕非豪傑之士，無所待而興者，吾誰與望乎？」

十月，立陽明書院於越城。

門人爲之也。書院在越城西郭門内，光相橋之東〔三〇〕。後十二年丁酉〔三一〕，巡按御史門人周汝員，建祠於樓前，匾曰「陽明先生祠」。

校勘記

〔一〕自此條始，贛州本分爲下卷。「在越」，天真本無。

〔二〕此段，天真本作：「按，是年作四大記。南大吉築尊經閣於稽山書院，匾涖政之堂曰『親民堂』，又使山陰知縣吴嬴重修縣學，皆以記請。提學僉事萬潮淬礪兩浙之士，使來越問學。秋試後，與監察御史潘倣拓新萬松書院於省城之南，取試士之録而未盡者廪餼于書院。師聯之，亦以記請，先生皆爲作記，記見《文録》。」贛州本作：「『山陰重修縣學，先生記略曰：『夫聖人之學，心學也，學以求盡其心而已。堯、舜、禹之相授受曰：「人心惟危，道心惟微，惟精惟一，允執厥中。」道心者，率性之謂，而未雜於人，無聲無臭，至微而顯，誠之源也。人心則雜於人而危矣，僞之端矣。見孺子之入井而惻隱，率性之道也；從而内交於其父母焉，要譽於鄉黨焉，則人心矣。饑而食，渴而飲，率性之道也；從而極滋味之美焉，恣口腹之饕焉，則人心矣。惟一者，一於道心也。惟精者，慮道心之不一，而或二之以人心也。道無不中，一於道心而不息，是謂允執厥中矣。聖人既没，心學晦而人僞行，功利、訓詁、記誦、辭章之徒，紛沓而起，支離決裂，歲盛月新，相沿相襲，各是其非，人心日熾，而不復知有道心之微。間有覺其紕繆而略知反本求源者，則又鬨然指爲禪學而群訾之。

『嗚呼！心學何由而復明乎！夫禪之學與聖人之學，皆求盡其心也，亦相去毫釐耳。聖人之求盡其心也，以天地萬物爲一體也，裁成輔相，成己成物，而求盡吾心焉耳。心盡而家以齊，國以治，天下以平。故聖人之學不出乎盡心。禪之學非不以心爲説，然其意以爲是達道也者，固吾之心也，吾惟不昧吾心於其中則亦已矣，而亦豈必屑屑於其外？其外有未當也，則亦豈必屑屑於其中？斯亦其所謂盡心者矣，而不知陷於自私自利之偏。是以外人倫，遺事物，以之獨善或能之，而要之不可以治家國天下。蓋聖人之學，無人己，無内外，一天地萬物以爲心；而禪之學起於自私自利，而未免於内外之分，斯其所以爲異也。今之爲心性之學者，而果外人倫，遺事物，則誠所謂禪矣；使其未嘗外人倫，遺事物，而專以存心養性爲事，則固聖門精一之學也，而可以謂之禪乎哉！』」

〔三〕「先生服闋，例應起復」，贛州本無。

〔四〕此下，天真本有「集門人於中天閣」一句。
〔五〕「每月以朔、望、初八、廿三爲期」，天真本、贛州本皆在此段末尾，作「諸君念之念之！會日，每月以朔、望、初八、二十三爲期」。
〔六〕「此」字下，天真本、贛州本有「所以專以窮理屬知，而謂格物未嘗有行」十六字。
〔七〕此下，天真本、贛州本有「此後世之學所以析知行爲先後兩截，日以支離決裂，而聖學益以殘晦者，其端實始於此。吾子蓋亦未免承沿積習舊見，以爲道未相脗合，不爲過矣」數句。
〔八〕此下，天真本、贛州本有「以天地萬物爲一體，其」九字。
〔九〕此下，天真本、贛州本有「人各有心」四字。
〔一〇〕「道心」上，贛州本有「人心惟危」四字。
〔一一〕此下，天真本、贛州本有「唐、虞三代之世，教者惟以此爲教，而學者惟以此爲學」三句。
〔一二〕此下，天真本、贛州本有「是蓋性分之所固有，而非有假於外者」二句。
〔一三〕此下，天真本、贛州本有「而才能之異，或」六字。
〔一四〕此下，天真本、贛州本有「於學校之中」五字。
〔一五〕「則」字下，天真本、贛州本有「使之終身居其職而不易」十字。
〔一六〕此下，天真本、贛州本有「勞逸爲美惡」一句。
〔一七〕「終身」下，天真本、贛州本有「處於煩劇而不以爲勞」九字。

〔一八〕此下，天真本、贛州本有「熙熙皞皞，皆相視如一家之親。其」十三字。

〔一九〕此下，天真本、贛州本有「若一家之務」五字。

〔二〇〕此下，天真本、贛州本有「惟恐當其事者之或怠，而重己之累也。故稷勤其稼，而不耻其不知教，視契之善教，即己之善教也；夔司其樂，而不耻於不明禮，視夷之通禮，即己之通禮也。蓋其心學純明，而有以全其萬物一體之仁，故其精神流貫，志氣通達，而無有乎人己之分，物我之間」數句。

〔二一〕「譬之一身」，天真本、贛州本作「譬之一人之身，目視耳聽，手持足行，以濟一身之用」。

〔二二〕「此聖人之學所以惟在復心體之同然」，天真本、贛州本皆作「此聖人之學，所以至易至簡，易知易從，學易能而才易成者，正以大端惟在復心體之同然」。

〔二三〕「三代以降」，天真本、贛州本作「三代之衰，王道熄而伯術倡；孔、孟既没，聖學晦而邪説横」。

〔二四〕「先王」，原作「先生」，據天真本、贛州本改。

〔二五〕此下，天真本、贛州本有「相倣相效，日求所以富强之説，傾詐之謀、攻伐之計，一切欺天罔人，苟一時之得，獵取聲利之術，若管、商、蘇、張之屬者，至不可以名數。既其久也，鬭争劫奪，不勝其禍，斯人淪於禽獸夷狄，而霸術亦有所不能行矣」數句。

〔二六〕此下，天真本、贛州本有「蓋其爲心，良亦欲挽回先王之道。聖學既遠，霸術之傳積漬已深，雖在賢知，皆不免於習染，其所以講明修飾，以求宣暢光復於世者，僅足以增霸者之藩籬，而」六十一字。

〔二七〕此下，天真本、贛州本有：「若是者紛紛籍籍，群起角立於天下，又不知其幾家。萬徑千蹊，莫知所適。

世之學者，如入百戲之場，讙謔跳浪，騁奇鬭巧，獻笑争妍者，四面而競出，前瞻後盼，應接不遑，而耳目眩瞀，精神恍惑，日夜遨遊淹息其間，如病狂喪心之人，莫自知其家業之所歸。時君、世主亦皆昏迷顛倒於其說，而終身從事於無用之虚文，莫自知其所謂。間有覺其空疏謬妄、支離牽滯，而卓然自奮欲以見諸行事之實者，極其所抵，亦不過爲富强功利、五霸之事業而止。聖人之學日遠日晦，而功利之習愈趨愈下。其間雖嘗瞽惑於佛、老，而佛、老之說卒亦未能有以勝其功利之見；雖又嘗折衷於群儒，而群儒之論，終亦未能有以破其功利之見。蓋至於今，功利之毒淪浹於人之心髓，而習以成性也，幾千年矣。」

〔二八〕此下，天真本、贛州本有：「是以皐、夔、稷、契所不能兼之事，而今之初學小生皆欲通其說、究其術。其稱名借號未嘗不曰『吾欲以共成天下之務』，而其誠心實意之所在，以爲不如是則無以濟其私而滿其欲也。」

〔二九〕此下，天真本、贛州本有：「則以其良知爲未足，而謂聖人之學爲無所用，亦其勢有所必至矣！嗚呼！士生斯世，而尚何以求聖人之學乎！尚何以論聖人之學乎！士生斯世而欲以爲學者，不亦勞苦而煩難乎！不亦拘滯而險艱乎！嗚呼！可悲也已！所幸天理之在人心，終有所不可泯，而良知之明，萬古一日，則其聞吾拔本塞源之論，必有惻然而悲，戚然而痛，憤然而起，沛然若決江河而有所不可禦者矣！」

〔三〇〕「東」，贛州本作「西」。

〔三一〕「後十二年丁酉」，天真本作「後六年丁卯」。

五年丙戌，先生五十五歲，在越〔一〕。

三月，與鄒守益書。〔二〕

守益謫判廣德州，築復古書院以集生徒，刻《諭俗禮要》以風民俗。書至，先生復書贊之曰：「古之禮存於世者〔三〕，老師宿儒當年不能窮其説，世之人苦其煩且難，遂皆廢置而不行。故今之爲人上而欲導民於禮者，非詳且備之爲難，惟簡切明白而使人易行之爲貴耳。中間如四代位次及祔祭之類，向時欲稍改以從俗者，今皆斟酌爲之，於人情甚協。蓋天下古今之人，其情一而已矣。先王制禮，皆因人情而爲之節文，是以行之萬世而皆準。其或反之吾心而有所未安者，非其傳記之訛闕，則必古今風氣習俗之異宜者矣。此雖先王未之有，亦可以義起，三王之所以不相襲禮也。〔四〕後世心學不講，人失其情，難乎與之言禮。然良知之在人心，則萬古如一日，苟順吾心之良知以致之，則所謂不知足而爲屨，我知其不爲蕢矣。非天子不議禮制度，今之爲此，非以義禮爲也，徒以末世廢禮之極，聊爲之兆以興起之，〔五〕故特爲此簡易之説，欲使之易知易從焉耳。冠、婚、喪、祭之外，附以鄉約，其於民俗亦甚有補。至於射禮，似宜別爲一書以教學者，而非所以求諭於俗。今以附於其間，却恐民間以非所常行，視爲不切；又見其説之難曉，遂并其冠、婚、喪、祭之易曉者而棄之也。文公《家禮》所以不及於射，或亦此意也與？」

按，祠堂位祔之制〔六〕。

或問：「文公《家禮》高曾祖禰之位皆西上，以次而東，於心切有未安。」先生曰：「古者廟門皆南向，主皆東向。合祭之時，昭之遷主列於北牖，穆之遷主列於南牖，皆統於太祖東向之尊，是故西上，以次而東。今祠堂之制既異於古，而又無太祖東向之統，則西上之説誠有所未安。」曰：「然則今當何如？」曰：「禮以時爲大，若事死如事生，則宜以高祖南向，而曾祖禰東西分列，席皆稍降而弗正對，似於人心爲安。曾見浦江之祭，四代考妣皆異席，高考妣南向，曾祖禰考皆西向，妣皆東向，各依世次，稍退半席。其於男女之別，尊卑之等，兩得其宜〔七〕。但恐民間廳事多淺隘，而器物亦有所不備，則不能以通行耳。」

又問：「無後者之祔，於己之子侄，固可下列矣，若在高曾之行，宜何如祔？」先生曰：「古者大夫三廟，不及其高矣。適士二廟，不及其曾矣。今民間得祀高曾，蓋亦體順人情之至。例以古制，則既爲僭，況在行之無後者乎？古者士大夫無子，則爲之置後，無後者鮮矣。後世人情偷薄，始有棄貧賤而不嗣者。古所謂『無後』，皆殤子之類耳。祭法：王下祭殤五，適子、適孫、適曾孫、適玄孫、適來孫；諸侯下祭三，大夫二，適士及庶人祭子而止。則無後之祔，皆子孫屬也。今民間既得假四代之祀，以義起之，雖及弟侄可矣。往年湖湘一士人家，有曾伯祖與堂叔祖皆賢而無後者，欲爲立嗣，則族衆不可，欲弗祀，則思其賢有所不忍。以問於某，某曰：『不祀二三十年矣，而追爲之祀，勢有所不行矣。若在士大夫家，自可依古族厲之義，於春秋二社之次，特設一祭。凡族之無後而親者，各以昭、穆之次配祔之，於義亦可也。』」

【《答友人問學》有曰：「知之真切篤實處，便是行；行之明覺精察處，便是知。若知時，其心不能真切篤實，則其知便不能明覺精察；不是知之時，只要明覺精察，更不要真切篤實也。行之時，其心不能明覺精察，則其行便不能真切篤實；不是行之時，只要真切篤實，更不要明覺精察也。知天地之化育，心體原是如此；乾知大始，心體亦原是如此。」

別諸生

綿綿聖學已千年，兩字良知是口傳。欲識渾淪無斧鑿，須從規矩出方圓。不離日用常行內，直造先天未畫前。握手臨岐更何語？殷勤莫愧別離筵！】

四月，復南大吉書。

大吉入覲，見黜於時，致書先生，千數百言，勤勤懇懇，惟以得聞道爲喜，急問學爲事，恐卒不得爲聖人爲憂，略無一字及於得喪榮辱之間。先生讀之，嘆曰：「此非真有朝聞夕死之志者，未易以涉斯境也！」〔八〕

於是復書曰：「世之高抗通脱之士，捐富貴利害，棄爵禄，決然長往而不顧者，亦皆有之。彼其或從好於外道詭異之説，投情於詩酒、山水、技藝之樂，又或奮發於意氣〔九〕，牽溺於嗜好，有待於物以相勝，是以去彼取此而後能。及其所之既倦，意衡心鬱，情隨事移，則憂愁悲苦隨之而作，果能捐富貴，輕利害，棄爵禄，快然終身，無入而不自得已乎？夫惟有道之士，真有以見其良知之昭明靈覺〔一〇〕，廓然與太虛而同體。太虛之中，何物不有？而無一物能爲太虛之障礙。

「〖蓋吾良知之體，本自聰明睿智，本自寬裕温柔，本自發强剛毅，本自齋莊中正、文理密察，本自溥博淵泉而時出之，本無富貴之可慕，本無貧賤之可憂，本無得喪之可欣戚、愛憎之可取舍。蓋吾耳而非良知，則不能以聽矣，又何有於聰？目而非良知，則不能以視矣，又何有於明？心而非良知，則不能以思與覺矣，又何有於睿知？然則又何有於寬裕温柔乎？又何有於發强剛毅乎？又何有於齋莊中正、文理密察乎？又何有於溥博淵泉而時出之乎？〗

「故凡慕富貴，憂貧賤，欣戚得喪，愛憎取捨之類，皆足以蔽吾聰明睿知之體，窒吾淵泉時出之用。如明目之中而翳之以塵沙，聰耳之中而塞之以木楔也。其疾痛鬱逆，將必速去之爲快，而何能忍於時刻乎？〔一一〕

「〖故凡有道之士，【其於慕富貴，憂貧賤，欣戚得喪，愛憎之相值，若飄風浮靄之往來，變化於太虛，而太虛之體，固常廓然其無礙也。元善今日之所造，其殆庶幾於是矣乎！是豈有待於物以相勝而去彼取此，激昂於一時之意氣者所能强，而聲音笑貌以爲之乎？元善自愛！元善自愛！】〗

「關中自古多豪傑〔一二〕，橫渠之後，此學不講，或亦與四方無異矣。自此有所振發興起〔一三〕，變氣節爲聖賢之學〔一四〕，將必自吾元善昆季始也。今日之歸，謂天爲無意乎〔一五〕？」

答歐陽德書。

德初見先生於虔〔一六〕，最年少，時已領鄉薦，先生恒以「小秀才」呼之。故遣服役，德欣欣恭命，〔一七〕雖勞不怠，先生深器之。嘉靖癸未第進士，出守六安州。數月，奉書以爲初政倥傯，後稍次第，始得與諸生講學。先生曰：「吾所講學，正在政務倥傯中，豈必聚徒而後爲講學耶？」又嘗與書曰：「良知不因見聞而有，而見聞莫非良知之用，故良知不滯於見聞，而亦不離於見聞。孔子云：『吾有知乎哉？無知也。』良知之外，則無知矣。故致良知是聖門教人第一義〔一八〕。今云專求之見聞之末，則落在第二義矣〔一九〕。

「若曰致其良知而求之見聞，則語意之間未免爲二。此與專求之見聞之末者，雖稍不同，其爲未得『精一』之旨，則一也。〔二〇〕」

德洪與王畿並舉南宮，俱不廷對，偕黃弘綱、張元沖同舟歸越。先生喜，凡初及門者，必令引導，俟志定有入，方請見。每臨坐，默對焚香，無語。

【一日，王汝止出遊歸，先生問曰：「遊何見？」對曰：「見滿街人都是聖人。」先生曰：「不然。滿街人到看你却是聖人在。」又一日，董蘿石出遊而歸，見先生曰：「今日見一異事！」先生

曰：「何異？」對曰：「見滿街都是聖人。」先生曰：「此亦常事耳，何足爲異？」先生鍛煉人每如此。】

八月，答聶豹書〔二一〕。

是年夏，豹以御史巡按福建，渡錢塘來見先生。别後致書謂：「思、孟、周、程，無意相遭於千載之下，與其盡信於天下，不若真信於一人。道固自在，學亦自在。〔二二〕」

先生答書略曰：「讀來諭，誠見『君子不見是而無悶』之心〔二三〕，乃區區則有大不得已者存乎其間，非以計人之信與不信也。夫人者，天地之心；天地萬物，本吾一體者也。生民之困苦荼毒，孰非疾痛之切於吾身者乎？不知吾身之疾痛，無是非之心者也。是非之心，不慮而知，不學而能，所謂良知也。良知之在人心，無間於聖愚，天下古今之所同也。世之君子惟務致其良知，則自能公是非、同好惡，視人猶己，視國猶家，而以天地萬物爲一體，求天下無治，不可得矣。古之人所以能見善不啻若己出，見惡不啻若己入，視民之饑溺猶己之饑溺，而一夫不獲若己推而納諸溝中者，非故爲是而蕲天下之信己也。務致其良知，求其自慊而已矣。

「〖【堯、舜三王之聖言，而民莫不信者，致其良知而言之也。行而民莫不悅者，致其良知而行之也。是以其民熙熙皞皞，殺之不怨，利之不庸，施及蠻貊，而凡有血氣者莫不尊親，爲其良知之同也。嗚呼！聖人之治天下，何其簡且易哉？】〗

「後世良知之學不明，天下之人外假仁義之名〔二四〕，而內以行私利之實，詭詞以阿俗，矯行以干譽，掩人之善而襲以爲己長，訐人之私而竊以爲己直，忿以相勝而猶謂之徇義，險以相傾而猶謂之疾惡，妒賢嫉能而猶自以爲公是非，恣情縱欲而猶自以爲同好惡，相淩相賊，自其一家骨肉之親，已不能無彼此藩籬之隔〔二五〕，而況於天下之大、民物之衆，又何能一體而視之乎〔二六〕！

「僕誠賴天之靈，偶有見於良知之學，以爲必由此而後天下可得而治，是以每念斯民之陷溺，則爲之戚然痛心，忘其身之不肖，而思以此救之，亦不自知其量者。天下之人，見其若是，遂相於非笑而詆斥，以爲是病狂喪心之人耳。嗚呼！〔二七〕吾方疾痛之切體，而暇計人之非笑乎？

「〖【人固有見其父子兄弟之墜深淵者，呼號匍匐，踝跣顛頓，扳懸崖壁而下拯之。士之見者，方相與揖讓談笑於其傍，以爲是棄其禮貌衣冠而呼號顛頓，若此是病狂喪心者也。故夫揖讓談笑於溺人之傍而不知救，此惟行路之人無親戚骨肉之情者能之，然已謂之『無惻隱之心，非人矣』。若夫在父子兄弟之愛者，則固未有不痛心疾首，狂奔盡氣，匍匐而拯之。彼將陷溺之禍有不顧，而況於病狂喪心之譏乎？而又況於蘄人之信與不信乎？嗚呼！今之人雖謂僕爲病狂喪心之人，亦無不可矣。天下之人心，皆吾之心也。天下之人猶有病狂者矣，吾安得而非病狂乎？猶有喪心者矣，吾安得而非喪心乎？】〗

「昔者孔子之在當時，有議其爲諂者，有譏其爲佞者，有毀其未賢，詆其爲不知禮，而侮之以爲『東家丘』者，有嫉而阻之者，有惡而欲殺之者。晨門、荷蕢之徒，皆當時之賢士，且曰：『是知其不可而爲之者與？鄙哉！硜硜乎，莫己知也，斯已而已矣。』雖子路在升堂之列，尚不能無疑於其所見，不悦於其所欲往，而且以之爲迂。則當時之不信夫子者，豈特十之一二而已乎？然而夫子汲汲遑遑，若求亡子於道路，而不暇於暖席者，寧以蘄人之信我、知我而已哉？〖【蓋其天地萬物一體之仁疾痛迫切，雖欲已之而自有所不容已，故其言曰：『吾非斯人之徒與而誰與？』『欲潔其身而亂大倫』，『果哉？末之難矣！』嗚呼！此非誠以天地萬物爲一體者，孰能以知夫子之心乎？若其『遁世無悶』『樂天知命』者，則固『無入而不自得』『道並行而不相悖』也。】〗

「僕之不肖，何敢以夫子之道爲己任。顧其心，亦已稍知疾痛之在身，是以徬徨四顧，相求其有助於我者，相與講去其病耳。今誠得豪傑同志之士〔二八〕，共明良知之學於天下，使天下之人皆知自致其良知〔二九〕，一洗讒妒勝忿之習，以躋於大同，則僕之狂病，固將脱然以愈，而終免於喪心之患矣，豈不快哉！

「〖【嗟乎！今誠欲求豪傑同志之士於天下，非如吾文蔚者而誰望之乎？如吾文蔚之才與志，誠足以援天下之溺者；今又既知其具之在我而無假於求矣，循是以往，若決江注海，孰得而禦哉！文蔚所謂『一人信之不爲少』，其又能遜以委之何人乎？】〗

「會稽素號山水之區，深林長谷，信步皆是，寒暑晦明，無時不宜〔三〇〕。良朋四集，道義日新[三一]。天地之間，寧復有樂於是者？孔子云：『不怨天，不尤人，下學而上達。』僕與二三同志，方將請事斯語，奚暇外慕？獨其切膚之痛，乃有未能恝然者，輒復云爾。」

按，豹初見稱晚生，後六年出守蘇州，先生已違世四年矣。[三二]見德洪、王畿曰：「吾學誠得諸先生，尚冀再見稱贄，今不及矣。茲以二君爲證，具香案拜先生。」遂稱門人。[三三]

十一月庚申[三四]，子正億生。

繼室張氏出。先生初得子，鄉先達有靜齋、六有者，皆逾九十，聞而喜，以二詩爲賀。先生次韻謝答之，有云「何物敢云繩祖武？他年只好共爺長」之句，蓋是月十有七日也。[三五]

先生初命名正聰。後七年壬辰，外舅黄綰因時相避諱[三六]，更今名。[三七]

【繼母張氏，貞靜任惠，克敦師教，内外順德，不言而肅。時當旌年，未及表聞而卒。歲癸亥，以正億錦衣貴，贈宜人。】

十二月，作《惜陰説》。[三八]

劉邦采合安福同志爲會，名曰「惜陰」，請先生書會籍。

先生爲之説曰：「同志之在安成者，間月爲會五日，謂之『惜陰』，其志篤矣。然五日之外，孰非惜陰時乎？離群而索居，志不能無少懈，故五日之會，所以相稽切焉耳。嗚呼！天道之運，無一息之或停，吾心良知之運，亦無一息之或停。良知即天道，謂之『亦』，則猶二之矣。知良知之運無一息之或停者，則知惜陰矣。知惜陰者，則知致其良知矣。子在川上曰：『逝者如斯夫！不舍晝夜。』此其所以『學如不及』，至於『發憤忘食』也。堯、舜『兢兢業業』，成湯『日新又新』，文王『純亦不已』，周公『坐以待旦』，惜陰之功，寧獨大禹爲然？子思曰：『戒慎乎其所不睹，恐懼乎其所不聞，知微之顯，可以入德矣。』或曰：雞鳴而起，孳孳爲利，凶人爲不善，亦惟日不足，然則小人亦可謂之惜陰乎？」

按，先生明年丁亥過吉安，寄安福諸同志書曰：「諸友始爲惜陰之會，當時惟恐只成虛語。邇來乃聞遠近豪傑聞風而至者以百數，此可以見良知之同然，而斯道大明之幾，於此亦可以卜之矣〔三九〕。明道有云：『寧學聖人而不至，不以一善而成名。』此爲有志聖人而未能真得聖人之學者，則可如此說。若今日所講良知之説，乃真是聖學之的傳，但從此學聖人，却無不至者。惟恐吾儕尚有一善成名之意，未肯專心致志於此耳。〔四〇〕」

〖【先生既没，鄒守益以祭酒致政歸，復與邦采、劉文敏、劉子和、劉陽、歐陽瑜、劉肇衮、尹一仁等建復古、蓮山、復真諸書院，爲一邑四鄉分會，合五郡爲春秋二會於青原山。三十年來，四方同志之會日起，「惜陰」倡之也。】〗

校勘記

〔一〕「在越」，天真本無。

〔二〕「三月，與鄒守益書」，贛州本作「正月」。

〔三〕「古」字上，贛州本有「《禮要》宗文公《家禮》而簡約之，切近人情，甚善甚善！非吾謙之誠有益於化民成俗，未肯汲汲爲此也」數句。

〔四〕此下，天真本有「若徒拘泥於古，不得於心，而冥行焉，是乃非禮之禮，行不著而習不察者矣」數句。

〔五〕「蓋天下」至「興起之」，贛州本無。

〔六〕「祠堂」上，天真本、贛州本有「徐愛録」三字。

〔七〕此下，天真本、贛州本有「今吾家亦如此行」一句。

〔八〕此下，天真本有「同門遞觀傳誦，相與嘆仰歆服，因而興起者多矣」數句。

〔九〕此下，天真本、贛州本有「感激於憤悱」一句。

〔一〇〕此下，天真本、贛州本有「圓融洞徹」四字。

〔一一〕此段，贛州本無。

〔一二〕此下，天真本、贛州本有「其忠信沈毅之質，明達英偉之器，四方之士，吾見亦多矣，未有如關中之盛者也。然自」三十三字。

〔一三〕「自此」下，天真本、贛州本有「關中之士」四字。

〔一四〕「變」字上，天真本、贛州本有「進其文藝於道德之歸」九字。

〔一五〕此下，天真本、贛州本有「謂天爲無意乎」一句。

〔一六〕此句，贛州本作「歐陽德初見于丁丑年」。

〔一七〕「故遣服役，德欣欣恭命」，贛州本作「而欣欣恭命」。

〔一八〕「良知」下，天真本、贛州本有「是學問大頭腦」六字。

〔一九〕「則」字下，天真本、贛州本有「是失却頭腦，而已」七字。「矣」字下，天真本、贛州本有：「近時同志中，蓋已莫不知有致良知之説，然其間工夫尚多鶻突者，正是欠此一問。大抵學問工夫，只要主意頭腦是當，若主意頭腦專以致良知爲事，則凡多聞多見莫非致良知之功。蓋日用之間，見聞酬酢，雖千頭萬緒，莫非良知之發用流行。除却見聞酬酢，亦無良知可致矣，故只是一事。」

〔二〇〕此下，天真本、贛州本有：「『多聞，擇其善者而從之，多見而識之。』既云『擇』，又云『識』，其良知亦未嘗不行於其間，但其立意，乃專在多聞多見上去擇、識，則已失却頭腦矣。崇一於此等處見得當已分曉，今日之問，正爲發明此學，於同志中極有益。但語意未瑩，則毫釐千里，亦不容不精察之也。」

〔二一〕「答聶豹書」四字，贛州本無。

〔二二〕此下，天真本、贛州本有「天下信之不爲多，一人信之不爲少。云云」。

〔二三〕此下，天真本、贛州本有「世之譾譾屑屑者，知未足以及此」二句。

〔二四〕「天下之人」下，天真本、贛州本有「用其私智以相比軋，是以人各有心，而偏瑣僻陋之見，狡僞陰邪之術，至於不可勝説」數句。

〔二五〕「已不能無彼此藩籬之隔」，天真本、贛州本作「已不能缺爾我勝負之意、彼此藩籬之形」。

〔二六〕此下，天真本、贛州本有「則亦無怪於紛紛藉藉，而禍亂相尋於無窮矣」二句。

〔二七〕此下，天真本、贛州本有「是奚足恤哉」五字。

〔二八〕此下，天真本、贛州本有「扶植贊翼」四字。

〔二九〕此下，天真本、贛州本有「以相安相養，去其自私自利之蔽」二句。

〔三〇〕此下，天真本、贛州本有「安居飽食，塵囂無擾」八字。

〔三一〕此下，天真本、贛州本有「優哉優哉」四字。

〔三二〕此下，天真本、贛州本有「欲刻所答二書於石」一句。

〔三三〕此段按語，贛州本作「豹初見先生未納拜，後在閩，聞訃，始爲位哭，稱門生云」。天真本「門人」下有「於石刻」三字。

〔三四〕「十二」，贛州本作「十二」。

〔三五〕天真本無「繼室張氏出」一句，「初得子」后有「年已五十有五矣」，「有云」至「十有七日也」作「其一曰：海鶴精神老益强，晚途詩價重圭璋。洗兒惠比金錢貴，爛目光呈奎井祥。何物敢云繩祖武？他年只好共爺長。偶聞燈事開湯餅，庭樹春風轉歲陽。其二曰：自分秋禾後吐芒，敢云琢玉晚成璋。漫憑先德餘家慶，豈是生申降嶽祥。攜抱且堪娱老况，長成或可望書香。不辭歲歲臨湯餅，還見吾家第幾郎」。

〔三六〕「黄綰」下，天真本有「時爲南京禮部侍郎，携至官邸」二句。「避諱」下，天真本有「改名，責德洪爲文奠告先生」十一字。

〔三七〕以上二段，贛州本作：「正億初生，先生年五十五矣。初名正聰，後避諱改。鄉先達静齋、六有以詩賀。先生次韻有云『何物敢云繩祖武？他年只好共爺長』，蓋是月十有七日。」

〔三八〕「十二月，作《惜陰説》」，贛州本無。

〔三九〕此下，天真本、贛州本有「喜慰可勝言耶？得虞卿及諸同志寄來書，所見比舊又加親切，足驗工夫之進。可喜可喜！只如此用工去，當不能有他岐之惑矣」數句。

〔四〇〕此下，天真本、贛州本有「在會諸同志，雖未及一一面見，固已神交於千里之外。相見時，幸出此共勉之」數句。

六年丁亥，先生五十六歲，在越。〔一〕

正月。〔二〕

先生與宗賢書曰：「人在仕途，比之退處山林時，工夫難十倍，非得良友時時警發砥礪，平日志向鮮有不潛移默奪，弛然日就頽靡者。近與誠甫言，京師相與者少，二君必須彼此約定，但見微有動氣處，即須提起『致良知』話頭，互相規切。

「凡人言語正到快意時，便截然能忍默得；意氣正到發揚時，便翕然能收斂得；憤怒嗜欲正到騰沸時，便廓然能消化得，此非天下之大勇不能也。然見得良知親切時，其功夫又自不難，緣此數病良知之所本無，只因良知昏昧蔽塞而後有。若良知一提醒時，即如白日一出，魍魎自消矣。

「《中庸》謂『知耻近乎勇』，只是耻其不能致得自己良知耳。今人多以言語不能屈服得人，意氣不能陵軋得人，憤怒嗜欲不能直意任情爲耻：殊不知此數病者，皆是蔽塞自己良知之事，正君子之所宜深耻者。〔三〕古之大臣，更不稱他知謀才略，只是一個『斷斷無他技』『休休如有容』而已。諸君知謀才略，自是超然出於衆人之上，所未能自信者，只是未能致得自己良知，未全得『斷斷』『休休』體段耳。〔四〕須是克去己私，真能以天地萬物爲一體，實康濟得天下，挽回三代之治，方是不負如此聖明之君，方能不枉此出世一遭也〔五〕。

「【病卧山林，只好修藥餌苟延喘息，但於諸君出處，亦有痛癢相關者，不覺縷縷至此也。】」

四月，鄒守益刻《文録》於廣德州。

守益録先生文字，請刻。先生自標年月，命德洪類次，且遺書曰：「所録以年月爲次，不復分別體類。蓋專以講學明道爲事，不在文辭體製間也。」

明日，德洪掇拾所遺請刻。先生曰：「此便非孔子删述六經手段。三代之教不明，蓋因後世學者繁文盛而實意衰，故所學忘其本耳。比如孔子删《詩》〔六〕，若以其辭，豈止三百篇？惟其一以明道爲志，故所取止此，例六經皆然。若以愛惜文辭，便非孔子垂範後世之心矣。」德洪曰：「先生文字，雖一時應酬不同，亦莫不本於性情。況學者傳誦日久，恐後爲好事者攙拾，反失今日裁定之意矣。」先生許刻附録一卷，以遺守益，凡四册。

五月，命兼都察院左都御史，征思、田。

六月，疏辭，不允。〔七〕

先是，廣西田州岑猛爲亂，提督都御史姚鏌征之。奏稱猛父子悉擒，已降敕論功行賞訖。遺目盧蘇、王受構衆煽亂，攻陷思恩。鏌復合四省兵征之，久弗克，爲巡按御史石金所論〔八〕。朝議用侍郎張璁、桂萼薦，特起先生總督兩廣及江西、湖廣軍務，度量事勢，隨宜撫剿，設土官、流官孰便，並覈當事諸臣功過以聞，且責以體國爲心，毋或循例辭避。

先生聞命，上疏言：「〖【臣自江西事平之後，身罹讒構危疑，幸得天日開明，進官封爵，召還京師，因乞便道歸省，尋遭父喪，未獲赴闕陳謝。服闋，卧病，迄今六年於兹矣，尚未能一睹天顔，稽首闕下，耿耿熱中。今奉有成命，總制四省軍務，督同都御史姚鏌等勘處夷情機宜。】〗

「臣伏念君命之召，當不俟駕而行，矧兹軍旅，何敢言辭？顧臣患痰疾增劇，若冒疾輕出，至於僨事，死無及矣。臣又復思，思、田之役起於土官仇殺，比之寇賊之攻劫郡縣荼毒生靈者，勢尚差緩。若處置得宜，事亦可集。鏌素老成，一時利鈍，亦兵家之常〔九〕。御史石金據事論

奏〔一〇〕，所以激勵鏌等，使之善後，收之桑榆也。〔一一〕

「臣以爲今日之事，宜專責鏌等，隆其委任，重其威權，略其小過，假以歲月，而要其成功。至於終無底績，然後別選才能，兼諳民情土俗，如尚書胡世寧、李承勛者，往代其任，事必有濟。〔一二〕」疏入，詔鏌致仕，遣使敦促上道。

八月。〔一三〕

先生將入廣，嘗爲客坐私囑曰：「但願温恭直諒之友，來此講學論道，示以孝友謙和之行，德業相勸，過失相規，以教訓我子弟，使無陷於非僻。不願狂躁惰慢之徒，來此博奕飲酒，長傲飾非，導以驕奢淫蕩之事，誘以貪財黷貨之謀，冥頑無耻，扇惑鼓動，以益我子弟之不肖。嗚呼！由前之説，是謂良士；由後之説，是爲凶人。我子弟苟遠良士而近凶人，是謂逆子。戒之戒之！嘉靖丁亥八月，將有兩廣之行，書此以戒我子弟，并以告夫士友之辱臨於斯者，請一覽教之。」

九月壬午，發越中〔一四〕。

【德洪、王畿問學於天泉橋。】

是月初八日，德洪與畿訪張元沖舟中，因論爲學宗旨。畿曰：「先生説『知善知惡是良知，爲善去惡是格物』，此恐未是究竟話頭。」德洪曰：「何如？」畿曰：「心體既是無善無惡，意亦是無善無惡，知亦是無善無惡，物亦是無善無惡。若説意有善有惡，畢竟心亦未是無善無惡〔一五〕。」德洪曰：「心體原來無善無惡，今習染既久，覺心體上見有善惡在〔一六〕。爲善去惡，正是復那本體功夫。若見得本體如此，只説無功夫可用，恐只是見耳〔一七〕。」畿曰：「明日先生啟行，晚可同進請問。」

是日夜分，客始散，先生將入内，聞德洪與畿候立庭下，先生復出，使移席天泉橋上。德洪舉與畿論辯請問。先生喜曰：「正要二君有此一問！我今將行，朋友中更無有論證及此者。二君之見，正好相取，不可相病。汝中須用德洪功夫，德洪須透汝中本體。二君相取爲益，吾學更無遺念矣。」

德洪請問。先生曰：「有只是你自有，良知本體原來無有，本體只是太虛。太虛之中，日月星辰，風雨露雷，陰霾曀氣，何物不有？而又何一物得爲太虛之障？人心本體亦復如是。〔一八〕太虛無形，一過而化，亦何費纖毫氣力？德洪功夫須要如此，便是合得本體功夫。」

畿請問。先生曰：「汝中見得此意，只好默默自修，不可執以接人。上根之人，世亦難遇。一悟本體，即見功夫，物我内外，一齊盡透，此顏子、明道不敢承當，豈可輕易望人？二君已後，與學者言，務要依我四句宗旨：『無善無惡是心之體，有善有惡是意之動，知善知惡是良知，爲善去惡是格物。』以此自修，直躋聖位；以此接人，更無差失。」

畿曰：「本體透後，於此四句宗旨何如？」先生曰：「此是徹上徹下語。自初學以至聖人，只此功夫。初學用此，循循有入，雖至聖人，窮究無盡。堯、舜精一功夫，亦只如此。」先生又重囑付曰：「二君以後，再不可更此四句宗旨。此四句，中人上下，無不接著。我年來立教，亦更幾番，今始立此四句〔一九〕。人心自有知識以來，已爲習俗所染，今不教他在良知上實用爲善去惡功夫，只去懸空想個本體，一切事爲，俱不着實〔二〇〕，此病痛不是小小，不可不早説破。」是日，德洪、畿俱有省。

甲申〔二一〕，**渡錢塘**。

先生遊吴山、月巖、嚴灘，俱有詩。過釣臺曰：「憶昔過釣臺，驅馳正軍旅。十年今始來，復以兵戈起。空山煙霧深，往迹如夢裏。微雨林徑滑，肺病雙足胝。仰瞻臺上雲，俯濯臺下水。人生何碌碌？高尚乃如此。瘡痍念同胞，至人匪爲己。過門不遑入，憂勞豈得已？滔滔良自傷，果哉末難已。」跋曰：「右正德己卯，獻俘行在，過釣臺而弗及登。今兹復來，又以兵革之役，兼肺病足瘡，徒顧瞻悵望而已。書此，付桐廬尹沈元材刻置亭壁，聊以紀經行歲月云耳。〔二二〕時從行進士錢德洪、王汝中，建德尹楊思臣及元材，凡四人。」

丙申，至衢。

西安雨中，諸生出候，因寄德洪、汝中，并示書院諸生：「幾度西安道？江聲暮雨時。機關鷗鳥破，蹤迹水雲疑。仗鉞非吾事，傳經愧爾師。天真泉石秀，新有鹿門期。」

德洪、汝中方卜築書院，盛稱天真之奇，先生并寄及之：「不踏天真路，依稀二十年。石門深竹徑，蒼峽瀉雲泉。泮壁環胥海，龜疇見宋田。文明原有象，卜築豈無緣？」今祠有仰止祠、環海樓，太極、雲泉、瀉雲諸亭[二三]。

戊戌，過常山。

詩曰：「長生徒有慕，苦乏大藥資。名山遍深歷[二四]，悠悠鬢生絲。微軀一繫念，去道日遠而。中歲忽有覺，九還乃在茲。非爐亦非鼎，何坎復何離？本無終始究，寧有死生期？彼哉遊方士，詭辭反增疑。紛然諸老翁，自傳困多岐[二五]。乾坤由我在，安用他求爲？千聖皆過影，良知乃吾師。」

十月，至南昌。

先生發舟廣信，沿途諸生徐樾、張士賢、桂軏等請見，先生俱謝以兵事未暇，許回途相見。徐樾自貴溪追至餘干，先生令登舟。樾方自白鹿洞打坐，有禪定意。先生目而得之，令舉似。曰：「不是。」已而稍變前語。又曰：「不是。」已而更端。先生曰：「近之矣。此體豈有方所？譬之此燭，光無不在，不可以燭上爲光。」因指舟中曰：「此亦是光，此亦是光。」直指出舟外水面，曰：「此亦是光。」樾領謝而别[二六]。

明日，至南浦，父老軍民俱頂香林立，填途塞巷，至不能行。父老頂輿傳遞入都司〔二七〕。先生命父老軍民就謁，東入西出。有不舍者，出且復入。自辰至未而散，始舉有司常儀。明日，謁文廟，講《大學》於明倫堂〔二八〕，諸生屏擁，多不得聞。唐堯臣獻茶，得上堂旁聽。初，堯臣不信學，聞先生至，自鄉出迎，心已内動。比見擁謁，驚曰：「三代後安得有此氣象耶！」及聞講，沛然無疑。同門有黄文明、魏良器輩笑曰：「逋逃主亦來投降乎？」堯臣曰：「須得如此大捕人，方能降我，爾輩安能？」

至吉安，大會士友螺川。

諸生彭簪、王釗、劉陽、歐陽瑜等偕舊遊三百餘〔二九〕，迎入螺川驛中。先生立談不倦，曰：「堯、舜生知安行的聖人，猶兢兢業業用困勉的工夫。吾儕以困勉的資質，而悠悠蕩蕩，坐享生知安行的成功，豈不誤己誤人？」又曰：「良知之妙，真是周流六虚，變通不居，若假以文過飾非，爲害大矣。」臨别囑曰：「工夫只是簡易真切，愈真切，愈簡易；愈簡易，愈真切。」

十一月，至肇慶。

是月十八日抵肇慶，先生寄書德洪、畿曰：「家事賴廷豹糾正，而德洪、汝中又相與薰陶切劘於其間，吾可以無内顧矣。紹興書院中同志，不審近來意向如何？德洪、汝中既任其責，當能振作接引，有所興起。會講之約，但得不廢，其間縱有一二懈弛，亦可因此夾持，不致遂有傾倒。

餘姚又得應元諸友作興鼓舞，想益日異而月不同。老夫雖出山林，亦每以自慰。諸賢皆一日千里之足，豈俟區區有所警策，聊亦以此視鞭影耳。即日已抵肇慶，去梧不三四日可到。方入冗場，紹興書院及餘姚各會同志諸賢，不能一一列名字〔三〇〕。」

乙未，至梧州，上謝恩疏。

二十日，梧州開府。十二月朔，上疏曰：「田州之事，尚未及會議審處。然臣沿途諮訪，頗有所聞，不敢不爲陛下言其略。臣惟岑猛父子固有可誅之罪，然所以致彼若是者，則前此當事諸人亦宜分受其責。蓋兩廣軍門，專爲諸瑤、僮及諸流賊而設，事權實專且重，若使振其兵威，自足以制服諸蠻。夫何軍政日壞，上無可任之將，下無可用之兵，有警必須倚調土官狼兵若猛之屬者，而後行事，故此輩得以憑恃兵力，日增桀驁。及事之平，則又功歸於上，而彼無所與，固不能以無怨憤。始而徵發愆期，既而調遣不至，上嫉下憤，日深月積，劫之以勢而威益褻，籠之以詐而術愈窮。由是諭之而益梗，撫之而益疑，遂至於有今日〖【加之以叛逆之罪而欲征之。夫即其已暴之惡，征之誠亦非過，然所以致彼若是，已非一朝一夕之故。且當反思其咎，姑務自責自勵，修我軍政，布我威德，撫我人民，使內治外攘，而我有餘力，則近悅遠懷，而彼將自服。顧不復自反，而一意憤怒之，夫所可憤怒者，不過岑猛父子及其黨惡數人而已。自餘萬衆，固皆無罪之人也。岑猛父子及其黨惡數人既云誅戮，已足暴揚，所遺二酋之憤，遂不顧萬餘之命，兵連過結，然而二酋之憤至今尚未能雪也】〗。

「今山徭海賊，乘釁摇動，窮迫必死之寇，既從而煽誘之，貧苦流亡之民，又從而逃歸之，其可憂危，奚啻十百於二酋者之爲患？其事已兆，而變已形，顧猶不此之慮，而汲汲於二酋，則當事者之過計矣。

「〖夫二酋之沮兵拒險，亦不過畏罪逃死，苟爲自全之計；非如四方流賊，攻城掠地，虜財殺人，日爲百姓之患，人人欲得而誅之者。今驅困憊之民，使裹糧荷戈，以征不爲民患、素無仇怨之虜，此人心之所以不奮，事之所以難濟也。

「又今狼達土漢官兵亦不下數萬，與萬餘畏罪逋誅之虜相持，已三月有餘，而未能一決者，蓋以我兵發機太早，而四面防守太密，是乃投之無所往，而示之以必不活，徒使彼先慮預備，并心協力，堅其必死之志以抗我師。就使我師將勇卒奮決能取勝，亦必多喪士馬，非全軍之道。又況人無戰志，而徒欲合圍待斃，坐收成功，此我兵之所以雖衆而勢日以懈，賊雖寡而志日以合，備日密而氣日以鋭者也。夫當事者之意，固無非欲計出萬全。然以用兵而言，亦已失之巧遲，所謂『强弩之末，不能穿魯縞矣』。

「臣愚以爲，且宜釋此二酋者之罪，開其自新之路。而彼猶頑梗自如，然後從而殺之，我亦可以無憾。苟可曲全，則且姑務息兵罷餉，以休養瘡痍之民，以絶覬覦之奸，以弭不測之變。迨於區處既定，德威既洽，蠻夷悅服，此二酋者遂能改惡自新，則我亦豈必固求其罪？若不知悛，執而殺之，不過一獄吏事，何至煩兵？

「或者以爲征之不克而遽釋之，則紀綱疑於不振。臣竊以爲不然。夫天子於天下之民物，如天覆地載，無不欲愛養而生全之，寧有撮爾小醜，乃與之爭憤求勝，而謂之振紀綱者？惟後世貪暴諸侯，强淩弱，衆吞寡，則必務於求勝而後已，斯固五霸之罪人也。昔苗頑不即工，舜使禹、益徂征，三旬，苗民逆命，禹乃班師振旅。夫以三聖人者爲之君帥，以征一頑苗，謂宜終朝而克捷。顧歷三旬而復從班師，自今言之，其紀綱不振甚矣。然終致有苗之格，而萬世稱聖，古之所謂振紀綱者，固若是爾。

「臣又聞兩廣主計之吏，謂自用兵以來，所費銀米已各不下數十萬，所存無幾，尚可用兵不息，而不思所以善其後乎？」

「臣又聞諸兩廣士民之言，皆謂流官久設，亦徒有虛名，而受實禍。詰其所以，皆云未設流官之前，土人歲出土兵三千，以聽官府之調遣；既設流官之後，官府歲發民兵數千，以防土人之反覆。即此一事，利害可知。且思恩自設流官十八九年之間，反者數起，征剿日無休息〔三二〕，浚良民之膏血，而塗諸無用之地，此流官之無益，亦斷可識矣。論者以爲既設流官，而復去之，則有更改之嫌，恐招物議，是以寧使一方之民久罹塗炭，而不敢明爲朝廷一言，寧負朝廷，而不敢犯衆議：甚哉！人臣之不忠也。苟利於國而庇於民，死且爲之，而何物議之足計乎？臣始至，雖未能周知備歷，然形勢亦可概見矣。田州切近交趾，其間深山絶谷，瑶僮盤據，動以千百。必須存土官，藉其兵力，以爲中土屏蔽。若盡殺其人，改土爲流，則邊鄙之患，我自當之。自撤藩籬，後必有悔！」

奏下，尚書王時中持之，得旨：「守仁才略素優，所議必自有見。事難遥度，俟其會議熟處，要須情法得中，經久無患。事有宜亟行者，聽其便宜，勿懷顧忌，以貽後患。」

初〔三二〕，總督命下，具疏，辭免。及豫言處分思、田機宜，凡當路相知者，皆寓書致意。〔三三〕與楊少師曰：「惟大臣報國之忠，莫大於進賢去讒。自信山林之志已堅，而又素受知己之愛，不復嫌避，故輒言之。乃今適爲己地也。〔三四〕昔有以邊警薦用彭司馬者，公獨不可，曰：『彭始成功，今或少挫，非所以完之矣。』公之愛惜人才，而欲成全之也如此，獨不能以此意推之某乎？果不忍終棄，病痊，或使得備散局，如南北太常、國子之任，則圖報當有日也。」

與黄綰書曰：「往年江西赴義將士，功久未上，人無所勸。再出，何面目見之？且東南小醜，特瘡疥之疾。百辟讒嫉朋比，此則腹心之禍，大爲可憂者！諸公任事之勇，不思何以善後？大都君子道長，小人道消，疾病既除，元氣自復。但去病太亟，亦耗元氣，藥石固當以漸也。」又曰：「思、田之事，本無緊要，只爲從前張皇太過，後難收拾，所謂『生事，事生』是已。今必得如奏中所請，庶圖久安，否則，反覆未可知也。」

與方獻夫書曰：「聖主聰明不世出〔三五〕，今日所急，惟在培養君德，端其志向，於此有立〔三六〕，是謂『一正君而國定』，然非真有體國之誠，其心斷斷休休者，亦徒事其名而已。」又曰：「諸公皆有薦賢之疏，此誠君子立朝盛節。但與名其間，却有所未喻者。此天下治亂盛衰所繫，君子小人進退存亡之機，不可以不慎也。譬諸養蠶，但雜一爛蠶其中，則一筐好蠶盡爲所壞矣。凡薦賢於朝，與自己用人不同：自己用人，權度在我；若薦賢於朝，則評品宜定。小人之才，豈無可用？如砒、硫、芒硝，皆有攻毒破癰之功，但混於參苓、蓍术之間而進之〔三七〕，鮮不誤矣。」又曰：「思、田之事已壞，欲以無事處之，要已不能。只求減省一分，則地方亦可減省一分之勞擾耳。此議深知大拂喜事者之心，然欲殺敵數千無罪之人，以求成一將之功，仁者之所不忍也。」

十有二月，命暫兼理巡撫兩廣。疏辭，不允。

校勘記

〔一〕自此條始，天真本分爲卷之六。「在越」，天真本無。

〔二〕此「正月」條及所繫之事，天真本無。

〔三〕此下，贛州本有：「今乃反以不能蔽塞自己良知爲耻，是耻非其所當耻，而不知耻其所當耻也，可不大哀乎？諸君皆平日相知厚者，區區之心，愛莫爲助，只願諸君都做個古之大臣。」

〔四〕此下，贛州本有：「今天下事勢，如沈痾積痿，所望以起死回生者，實有在於諸君子。若自己病痛未能除得，何以能療得天下之病？此區區一念之誠，所以不能不爲諸君一竭盡者也。諸君每相見時，幸默以此意相規切之。」

〔五〕「方能不枉此出世一遭也」，贛州本作「方能報得如此知遇，不枉了因此一大事來出世一遭也」。

〔六〕此下，天真本、贛州本有「三千之多」四字。

〔七〕「六月，疏辭，不允」，天真本無。

〔八〕「爲巡按御史石金所論」，天真本作「巡按御史石金論鏌圖田州，既不可得，並思恩胥復失之」。

〔九〕此下，天真本、贛州本有「要在責成，難拘速效」八字。

〔一〇〕此下，天真本、贛州本有「爲國遠圖」四字。

〔一一〕此下，天真本、贛州本有：「臣本書生，不習軍旅，往歲江西之役，皆偶會機宜，幸而成事。臣之才識殆不及鏌，況是役必嘗熟慮，中事少沮，輒以臣之庸劣，參之所見，或有異同，鏌等益難展布。夫軍旅之任，在號令嚴一，賞罰信果。已擇主帥，授以閫寄，且當聽其所爲。」

〔一二〕此下，天真本、贛州本有：「而臣之迂疏多病，誠宜哀其不逮。病痊或可量置閑散，使得自效其愚，則朝廷於任賢御將之體，因物曲成之仁，道並行而不相悖矣。」

〔一三〕此「八月」條及所繫之事，天真本無。

〔一四〕「越中」，天真本作「越城」。

〔一五〕「心亦未是無善無惡」，贛州本作「心體還有善惡在」。
〔一六〕「今習染既久，覺心體上見有善惡在」，天真本、贛州本作「今人與物應感，見有善惡在」。
〔一七〕「只説無功夫可用，恐只是見耳」，天真本、贛州本作「更無功夫可用矣」。
〔一八〕「太虚之中」至「亦復如是」，贛州本無。「曀」，原作「饐」，據天真本改。
〔一九〕「今」字下，天真本、贛州本有「較來較去」四字。
〔二〇〕此下，天真本、贛州本有「只養成一個虚寂」一句。
〔二一〕「甲申」，贛州本作「甲午」。
〔二二〕此下，天真本、贛州本有「嘉靖丁亥九月廿二日書」一句。
〔二三〕「太極、雲泉、瀉雲諸亭」，贛州本作「太極、雲泉二亭及塑像，皆當道慕公爲之者」。
〔二四〕「深歷」，天真本、贛州本作「探歷」。
〔二五〕「自傳」，贛州本作「自縛」。
〔二六〕「領謝」，贛州本作「受言有悟」。
〔二七〕「父老頂輿傳遞入都司」，贛州本作「先生乃趨都司」。
〔二八〕「大學」下，贛州本有「首章」二字。
〔二九〕「歐陽瑜」下，贛州本有「劉瓊治」。
〔三〇〕此下，天真本、贛州本有「千萬心亮」四字。

〔三一〕此下，天真本、贛州本有「朝廷曾不得其分寸之益，而反爲之憂勞征發」二句。
〔三二〕「初」字上，天真本有「按文録」三字。
〔三三〕「及豫言」至「致意」，贛州本作「及當路知己」。
〔三四〕此下，天真本、贛州本有：「某本書生，不諳軍旅，往歲江西之役，實倖偶成。憂病之餘，惟與鄉里子弟考訂句讀，使知向方，庶於保身及物，冀有少補，勿枉此生。聖天子方用賢圖治，明公薦賢爲國，苟有寸長，不以時出，則亦無其所矣。」
〔三五〕此下，天真本、贛州本有「諸公既受不世之知，安可不思圖報」二句。
〔三六〕此下，天真本、贛州本有「政不足間，人不足適」八字。
〔三七〕此下，天真本、贛州本有「養生之人用之不精」一句。

七年戊子，先生五十七歲，在梧〔一〕。

二月，思、田平。

先生疏略曰：「臣奉有成命，與巡按紀功御史石金、布政使林富等，副使祝品、林文輅等〔二〕，參將李璋、沈希儀等，會議思、田之役，兵連禍結，兩省荼毒，已逾二年，兵力盡於哨守，民脂竭於轉輸，官吏罷於奔走。今日之事，已如破壞之舟，漂泊於顛風巨浪，覆溺之患，洶洶在目，不待知者而知之矣。」因詳其十患十善、二幸四毀反覆言之〔三〕。

且曰：「臣至南寧乃下令盡撤調集防守之兵。數日之内，解散而歸者數萬。惟湖兵數千，道沮且遠，不易即歸，仍使分留賓寧，解甲休養，待間而發。初蘇、受等聞臣奉命處勘，始知朝廷無必殺之意，皆有投生之念，日夜懸望，惟恐臣至之不速。已而聞太監、總兵相繼召還，至是又見守兵盡撤，其投生之念益堅，乃遣其頭目黄富等先赴軍門訴告，願得掃境投生，惟乞宥免一死。臣等喻以『朝廷之意，正恐爾等有所虧枉，故特遣大臣處勘，開爾等更生之路。爾等果能誠心投順，決當貸爾之死』。因復露布朝廷威德，使各持歸省諭，克期聽降。

「蘇、受等得牌，皆羅拜踴躍，歡聲雷動，率衆掃境，歸命南寧城下，分屯四營。蘇、受等囚首自縛，與其頭目數百人赴軍門請命。臣等諭以『朝廷既赦爾等之罪，豈復虧失信義？但爾等擁衆負固，雖由畏死，然騷動一方，上煩九重之慮，下疲三省之民，若不示罰，何以泄軍民之憤？』於是下蘇、受於軍門，各杖之一百，乃解其縛，諭於『今日宥爾一死者，朝廷天地好生之仁；必杖爾示罰者，我等人臣執法之義』。於是衆皆叩首悦服。臣亦隨至其營，撫定其衆，凡一萬七千〔四〕，濈濈道路，踴躍歡聞，皆謂『朝廷如此再生之恩，我等誓以死報，且乞即願殺賊，立功贖罪』。臣因諭以『朝廷之意，惟欲生全爾等，今爾等方來投生，豈忍又驅之兵刃之下。爾等逃竄日久，〔五〕且宜速歸，完爾家室，修復生理。至於諸路群盜，軍門自有區處，徐當調發爾等』，於是又皆感泣歡呼，皆謂『朝廷如此再生之恩，我等誓以死報』。

「臣於是遂委布政使林富、前副總張祐督令復業，方隅平定。是皆皇上神武不殺之威〔六〕，風行於廟堂之上，而草偃於百蠻之表，是以班師不待七旬，而頑夷即爾來格；不折一矢，不戮一卒，而全活數萬生靈。是所謂『綏之斯來，動之斯和』者也。」

疏入，敕遣行人獎勵賞銀五十兩，紵絲四襲，所司備辦羊酒，其餘各給賞有差。〔七〕

先生爲文勒石曰：「嘉靖丙戌夏，官兵伐田，隨與思恩之人相比相煽，集軍四省，洶洶連年。於時皇帝憂憫元元，容有無辜而死者乎？乃令新建伯王守仁曷往視師，其以德綏，勿以兵虔。班師撤旅，信義大宣。諸夷感慕，旬日之間，自縛來歸者一萬七千，悉放之還農，兩省以安。昔有苗徂征，七旬來格；今未期月而蠻夷率服，綏之斯來，速於郵傳，舞干之化，何以加焉？爰告思田，毋忘帝德。爰勒山石，昭此赫赫。文武聖神，率土之濱，凡有血氣，莫不尊親。」

四月，議遷都臺於田州，不果。

先是有制：「王守仁暫令兼理巡撫兩廣。」既受命，先生乃疏言：「臣以迂疏多病之軀，謬承總制四省軍務之命，方懷不勝其任之憂，今又加以巡撫之責，豈其所能堪乎？且兩廣之事，實重且難，巡撫之任，非得才力精强者，重其事權，進其官階，而久其職任，殆未可求效於歲月之間也。〔八〕致仕副都御史伍文定，往歲寧藩之變，常從臣起兵，具見經略；侍郎梁材、南贛副都御史汪鋐，亦皆才能素著，足堪此任，願選擇而使之。」

會侍郎方獻夫建白：「宜於田州特設都御史一人，撫綏諸夷。」下議。

先生復疏言：「布政使林富可用，或量改憲職，仍聽臣等節制，暫於思、田住劄，撫綏其衆。然而要之，蠻夷之區不可治以漢法。雖流官之設，尚且弗便，而又可益之以都臺乎？今且暫設，凡一切廩餼輿馬，悉取辦於南寧府衛，取給於軍餉，不以干思、田之人。俟年餘經略有次，思、田止責知府理治，或設兵備憲臣一人於賓州，或以南寧兵備兼理，如此，則目前既得輯寧之效，而日後又可免煩勞之擾矣。」又以柳慶缺參將，特薦用沈希儀，且請起用前副總兵張佑，俾與富協心共事。〔九〕

未幾，陞富副都御史，撫治鄖陽以去。先生再薦布政使王大用、按察使周期雍〔一〇〕。又以邊方缺官〔一一〕，且言副使陳槐、施儒、楊必進，知府朱衮，皆堪右江兵備之任；知州林寬可爲田州知府；推官李喬木可爲同知。且言任賢圖治，得人實難，其在邊方反覆多事之地，其難尤甚。蓋非得忠實勇果、通達坦易之才，未易以定其亂。有其才矣，使不諳其土俗，則亦未易以得其本心；得其心矣，使不耐其水土，亦不能以久居其地，以成其功。故用人於邊方，必兼是三者而後可。如前四人者，固皆可用之才；今乃皆爲時例所拘，棄置不用，而更勞心遠索，則亦過矣。

〖【臣今求才於邊方而不可必得，不得已就其見在而使之，而卒無可器使者，亦何怪乎斯土之民日入於亂而禍日以深也哉！是故相沿積習之弊，不及今一洗而改革之，邊患未見其能有瘳也。】〗

〖夫今之考察去者，固多不才之人矣。其間乃有雖無過人之才，而亦無顯著之惡，尚在可用不可用之間者，皆未暇論；至其平生磊落自負，卓然思有所建立，而其學識才能果足以有爲者，乃爲一時愛憎毁譽之所亂，亦遂忞然就抑而去，斯固天下之所共爲不平，公論彌彰者，孰得而終掩之？

陛下合而考之，若一人舉之而九人不舉，未可也；三人舉之而七人不舉，已在所察矣；五人舉之而五人不舉，其察又宜詳矣；或七人、八人舉之而一、二人不舉，則其人之可用亦斷在不疑者矣。若此者，亦在朝覲二次、三次之後，或七年或十年而後一舉。夫身退十年之後，則是非已明，公論已定，雖有黨比，自不能容。今邊方絶域，無可用之人，至取其庸劣陋下者而使之，以滋益地方之苦弊。其豪傑可用之才，乃爲時例所拘，棄置而不用。夫所謂時例者，固朝廷爲之也，可拘而拘，不可拘而不拘，無不可者。

陛下何忍一方之禍患日深月積，乃惜破例而用一人以救之乎？夫考察而去者，果皆貪惡庸陋之徒，則固營營苟苟，無時而不僥幸以求進。若磊落自負，有過人之見者，則雖屈抑而退，自放於山林田野之間，亦足以自樂。今若用之於邊夷困弊之地，殆亦未必其所欲，但爲朝廷愛惜人才，則當此宵旰側席遑遑求賢之日，而使有用之才廢棄終身，乃不得已至取其庸劣陋下者而用之，以益民困，豈不大可惜乎？」

疏上，俱未果行。

【嶺南士人曰：先生田州之兵，未嘗不善田州。南接交夷，須有障蔽。岑氏世有其地，裂土而官之，使自爲守，彼力既分，又可藩我。故田州自用兵後，迄今無變，而謗不止，豈君子所爲，衆人固不識也乎。】

興思、田學校。

先生以田州新服，用夏變夷，宜有學校。但瘡痍逃竄，尚無受廛之民，即欲建學，亦爲徒勞。然風化之原，又不可緩也。乃案行提學道，着屬儒學，但有生員，無拘廩增，願改田州府學，及各處儒生願附籍入學者，本道選委教官，暫領學事，相與講肄遊息，興起孝弟，或倡行鄉約，隨事開引，漸爲之兆。俟建有學校，然後將各生徒通發該學肄業，照例充補廩增起貢。

五月，撫新民〔一二〕。

先生因左江道參議等官汪必東等稱：「古陶、白竹、石馬等賊，近雖誅剿，然尚有流出府江諸處者。誠恐日後爲患，乞調歸順土官岑瓛兵一千名〔一三〕，萬承、龍英共五百名，或韋貴兵一千名，住劄平南、桂平衝要地方。」及該府知府程雲鵬等亦申量留湖兵，及調武靖州狼兵防守。乃諭之曰：

「始觀論議，似亦區畫經久之計；徐考成功，終亦支吾目前之計。蓋用兵之法，伐謀爲先；處夷之道，攻心爲上。今各瑶征剿之後，有司即宜誠心撫恤，以安其心。若不服其心，而徒欲久留湖兵，多調狼卒，憑藉兵力以威劫把持，謂爲可久之計，則亦末矣！殊不知遠來客兵怨憤，不肯爲用，一也。供饋之需，稍不滿意，求索訾詈，將無抵極，二也。就居民間，騷擾濁亂，易生仇隙，三也。困頓日久，資財耗竭，適以自瘺，四也。欲借此以衛民，而反爲民增一苦；欲借此以防賊，而反爲吾招一寇。〖【各官之意，豈不虞各賊乘間突出，故欲振揚兵威，以苟幸目前之無事，抑亦不睹其害矣。前歲湖兵之調，既已大拂其情，乃今復欲留之，】〗其可行乎？

「〖【夫刑賞之用當，而後善有所勸，惡有所懲。勸懲之道明，而後政得其安。今稔惡各猺，舉兵征剿，刑既加於有罪矣，然破敗奔竄之餘，即欲招撫，彼亦未必能信，必須先從其傍良善各巢加厚撫恤，使爲善者益知所勸，而不肯與之相連相比，則黨惡自孤，而其勢自定；使良善各巢傳道引論，使各賊咸有回心向化之機，然後吾之招撫可得而行。而凡綏懷御制之道，可以次而舉矣。

「夫柔遠人而撫戎狄，謂之柔與撫者，豈專恃兵甲之盛、威力之强而已乎？古之人能以天地萬物爲一體，故能通天下之志。凡舉大事，必順其情而使之，因其勢而導之，乘其機而動之，及其時而與之。是以爲之但見其易，而成之不見其難，此天下之民所以陰受其庇，而莫知其功之所自也。今皆反之，豈所見若是其相遠乎？亦由無忠誠惻怛之心以愛其民，不肯身任地方利害，爲久遠之圖。凡所施爲，不本於精神心術，而惟事補輳掇拾，支吾粉飾於其外，以苟幸吾身之無事，此蓋今時之通弊也。】〕

「合行知府程雲鵬，公同指揮周胤宗，及各縣知縣等官，親至已破賊巢各鄰近良善村寨，以次加厚撫恤，給以告示，犒以魚鹽，待以誠信，敷以德恩。諭以『朝廷所以誅剿各賊者，爲其稔惡不悛。若爾等良善守分村寨，我官府何嘗輕動爾等一草一木？爾等各宜益堅向善之心，毋爲彼所扇惑摇動』，從而爲之推選衆所信服立爲酋長，以連屬之。〔【優其禮待，厚其犒賞，以漸綏來調習，使之日益親附。又喻以『稔惡各賊，彼若不改，一征不已，至於再；再征不已，至於三，至於四五，至於六七，必使滅絶而後已。此後官府若行剿除，爾等但要安心樂業，無有驚疑』。】〕

「若各賊果能改惡遷善，實心向化，今日來投，今日即待以良善[一四]，決不追既往之惡。爾等即可以此意傳告開諭之。我官府亦就實心撫安招來[一五]，量給鹽米，爲之經紀生業；亦就爲之選立酋長，使有統率，毋令涣散。一面清查侵占田土，開立里甲，以息日後之争；禁約良民，毋使乘機報復，以激其變。如農夫之植嘉禾，以去稂莠，深耕易耨，芸菑灌溉，專心一事，勤誠無惰，必有秋獲。夫善者益知所勸，則助惡者日衰；惡者益知所懲，則向善者益衆：此撫柔之道，而非專有恃於甲兵者也。

「〖【至於近行《十家牌諭》，誠亦弭盜安民之良法。而今之有司槩以虚文抵塞，莫肯實心推求舉行。雖已造册繳報，而尚不知其間所屬何意。所處地方該道，仍要用心督責整理，誠使此法一行，則不待調發而處處皆兵，不待屯聚而家家皆兵，不待蓄養而人人皆兵。無饋運之勞，而糧餉足；無關隘之設，而守禦固。習之愈久，而法愈精；行之彌廣，而功彌大。其區處摘調之兵，有虚名而無實用，可張皇於暫時，而不可施行於永久者。勞逸煩簡，相去遠矣。】〗」

又曰：「該府議欲散撤顧倩機快等項，調取武靖州土兵，使之就近防守一節，區畫頗當。然以三千之衆，而常在一處屯頓坐食，亦未得宜。必須分作六班，每五百名爲一班，每兩個月日而更一次。若有鵰剿等項，然後通行起調，然必須於城市別立營房，毋使與民雜處，然後可免於騷擾嫌隙。蓋以十家牌門之兵，而爲守土安民之本；以武靖起調之兵，而備追捕剿截之用，此亦經權交濟相須之意也。

「自今以後〔一六〕，免其秋調各處哨守等役，專在潯州地方聽憑守備參將調用。凡遇緊急調取，即要星馳赴信地，不得遲違時刻。守巡各官仍要時加戒諭撫輯，〔一七〕毋令日久玩弛，又成虚應故事。

「〖自惟疏才多病，精力不足，不能躬親細務，獨其憂患地方，欲爲建立久安長治，一念真切，自不能已，是以不覺其言之叨叨。各官務體此意，毋厭其多言而必務爲紬繹，毋謂其迂遠而必再與精思，務竭其忠誠，務行其切實。同心協德，共濟時艱。通行總鎮、總兵、鎮巡等衙門知會，仍行三司各道守巡、守備等官。事有相類者，悉以此意推而行之。發去魚鹽，或有不足，再行計處定奪。〗」

六月，興南寧學校。

先生謂理學不明，人心陷溺，是以士習日偷，風教不振。日與各學師生朝夕開講，已覺漸有奮發之志。又恐窮鄉僻邑，不能身至其地，委原任監察御史、降合浦縣丞陳逅主教靈山諸縣，原任監察御史、降揭陽縣主簿季本主教敷文書院。仍行牌諭曰：「仰本官每日拘集該府縣學諸生，爲之勤勤開誨，務在興起聖賢之學，一洗習染之陋。其諸生該赴考試者，臨期起送；不該赴試者，如常朝夕聚會。考德問業之外，或時出與經書論策題目，量作課程；就與講析文義，以無妨其舉業之功。大抵學絶道喪之餘，未易解脱舊聞舊見，必須包蒙俯就，涵育薰陶，庶可望其漸次改化。諒本官平素最能孜孜汲引，則今日必能循循善誘。諸生之中，有不率教者，時行檟楚，以警其惰。本院回軍之日，將該府縣官員師生查訪勤惰，以示勸懲。」

又牌諭曰：「照得安上治民，莫善於禮。冠、婚、喪、祭，固宜家喻而户曉者，今皆廢而不講，欲求風俗之美，其可得乎？況兹邊方遠郡，土夷錯雜，頑梗成風，有司徒具刑驅勢迫，是謂以火濟火，何益於治？若教之以禮，庶幾所謂小人學道則易使矣。福建莆田生員陳大章，前來南寧遊學〔一八〕，扣以冠、婚、鄉射諸儀，頗能通曉。近來各學諸生，類多束書高閣，飽食嬉遊，散漫度日。豈若使與此生朝夕講習於儀文節度之間，亦足以收其放心，固其肌膚之會、筋骸之束，不猶愈於博奕之爲賢乎？仰南寧府官吏，即便館穀陳生於學舍，於各學諸生之中，選取有志習禮及年少質美者，相與講解演習。自此，諸生得於觀感興起，砥礪切磋，修之於其家，而被於里巷，達於鄉村；則邊徼之地，遂化爲鄒魯之鄉，亦不難矣。〔一九〕」

七月，襲八寨、斷藤峽，破之。〔二〇〕

八寨、斷藤峽諸蠻賊，有衆數萬，負固稔惡，南通交趾諸夷，西接雲、貴諸蠻，東北與牛場〔二一〕、仙臺、花相、風門、佛子及柳慶、府江、古田諸瑶迴旋連絡，延袤二千餘里，流劫出没，爲害歲久。比因有事思、田，勢不暇及。至是，先生以思、田既平，蘇、受新附，乃因湖廣保靖歸師之便，令布政使林富、副總兵張祐等，出其不意，分道征之。富、祐率右江及思、田兵進剿八寨諸賊。參議汪必東、副使翁素、僉事汪溱，率左江及永、保土兵進剿斷藤峽諸賊。令該道分巡兵備收解，紀功御史册報。及行太監張賜並各鎮巡知會，一月之内〔二二〕，大破其衆，斬獲三千有奇。先生見諸賊巢穴既已掃蕩，而我兵疾疫，遂班師奏捷。

按，疏言：「斷藤峽諸賊犄角屯聚〔二三〕，自國初以來，屢征不服。至天順間，都御史韓雍統兵二十萬，然後破其巢穴。撤兵無何，賊復攻陷潯州，據城大亂。後復合兵，量從剿撫。自後竊發無時，凶惡成性，不可改化〔二四〕。至於八寨諸賊，尤爲凶猛，利鏢毒弩，莫當其鋒；且其寨壁天險，進兵無路。自國初都督韓觀，嘗以數萬之衆圍困其地，亦不能破，竟從招撫而罷。報後興師合剿，一無所獲，反多撓喪〔二五〕。

「惟成化間，土官岑瑛嘗合狼兵深入，斬獲二百。已而賊勢大湧，力不能支〔二六〕，亦從撫罷。

「今因湖廣之回兵〔二七〕，而利導其順便之勢，作思、田之新附，而善用其報效之機。〔二八〕兩地進兵，各不滿八千之衆，而三月報捷，共已逾三千之功〔二九〕，兩廣父老皆以爲數十年來未有此舉也。

「〖【臣等伏念斷藤、八寨諸賊，實爲兩廣渠魁之淵藪根柢，此而不去，兩廣卒無寧宇。況兵部已嘗具疏請，奉有成命，責在臣等。】但賊衆勢險，可以計破，難以力攻。【欲再俟請命，恐泄機事，難以成功。用是仰遵便宜，相機行事，隨具以聞。今據報捷，蓋不出三月之內，止因湖廣歸師之便，及用思、田報效之衆，卒以掃蕩賊巢，殄除民患，此豈臣等智謀才略之所能及？是皆皇上除患救民之誠心，默贊於天地鬼神，而神武不殺之威，任人不疑之斷，震懾遠邇，感動上下。且廟廊諸臣，咸能推誠協贊，惟國是謀，與人爲善，故臣等得以展布四體，無復顧慮，信其力之所能爲，竭其心之所可盡，動無不宜，舉無弗振，諸將用命，軍士效力，以克致此。雖未足爲可稱之功，】而朝廷之上所以能使臣等獲成是功者，【實可爲任人行事之法矣。

「乃若宣慰彭明輔、彭九霄等，忠義奮發，略無悔怠，即其一念報國之誠，有不可泯。至於思、田報效頭日盧蘇、王受等感激朝廷再生之恩，共竭效死之報，且力辭軍餉，以效勤誠，争先首敵，遂破賊巢，此皆臣所親見者也。留撫思、田布政使林富已聞都御史之擢，而忠義激發，必欲督兵破賊，尤人所難。舊任副總兵張祐，參將張經、沈希儀，僉事汪溱、吴天挺，參議汪必東，副使翁素，都指揮謝珮、高崧，及各督哨指揮等官馬文瑞、王勳、彭飛、張恩等，督剿縣丞林應驄，主簿季本，并防截搜捕，調度給餉等。知府程雲鵬、蔣山卿，同知桂鏊、史立誠、舒柏，通判陳志敬、徐俊，知州林寛、李東，知縣劉喬，縣丞蕭尚賢等，雖其才猷功績，各有大小等級之殊，而利害勤苦，亦有緩急久暫之異，然當炎毒暑雨，瘴疫薰蒸，經冒鋒鏑，出入崎險，固皆同效捍患勤事之績，均有百死一生之危者也。

「伏望皇上明昭軍旅之政，既行廟堂協贊舉任之上賞，亦録諸臣分職供事之微勞，及宣慰彭明輔等特加陞奬，以旌其報國之義，土目盧蘇、王受等亦曲賜恩典，或不待三年而遂賜之冠帶，以勵其報效之忠。如此庶幾功無不賞，而益興忠義之心；賞當其功，而自無僥倖之望矣。臣以迂疏繆蒙不世之知遇，授以軍旅，假以便宜，自誓此生鞠躬盡瘁以報深恩。今兹之役，本無足言，然亦自幸其無覆敗以免戮辱，但恨身嬰危疾，自後任勞頗難，别具疏請告，乞賜俯允，俾得全復餘生，尚有圖報之日。】〕」

〔按《别録》，是時【與執政書曰：「思、田之議，悉蒙裁允，遂活一方數萬之生靈。近者八寨、斷藤之役，實以生民荼炭既極，不得已而爲之救焚之舉，乃不意遂獲平靖，此非有魏公力主於朝，則金城之議無因而定；非有裴公贊決於内，則淮、蔡之績何由而成？今日之事，敢忘其所由來乎？但惟六月徂征，衝冒瘴疫，將士危險，頗異他時。稍得沾濡，亦少慰其勤苦耳。所謂兵政，國之大事，功賞宜爲後勸，當以實言，不宜自嫌矜伐者也。」】〕

【破斷藤峽

才看干羽格苗夷，忽見風雷起戰旗。六月徂征非得已，一方流毒已多時。遷賓玉石分須早，柳慶雲霓怨莫遲。嗟爾有司懲既往，好將恩信撫遺黎。

平八寨

見説韓公破此蠻，貔貅十萬騎連山。而今止用三千卒，遂爾收功一月間。豈是人謀能妙算？偶逢天助及師還。窮搜極討非長計，須有恩威化梗頑。】

疏請經略思、田及八寨、斷藤峽。

初，先生既平思、田，乃上疏曰：「〔明王奉若天道，建邦設都，樹后王君公，承以大夫師長，不惟逸豫，惟以亂民。今天下郡邑之設，乃有大小繁簡、中邊流土之不同者，蓋亦因其廣谷大川風土之異氣，人生其間，剛柔、緩急之異稟，服食、器用、好惡習尚之異類。是以順其情不違其俗，循其故不易其宜，要在使人各得其所，固亦惟以亂民而已矣。〕

「臣以迂庸，繆當兵事於兹土，承制假以撫剿便宜。是陛下之心，惟在於除患安民，未嘗有所意必也。又諭令賊平之後，議設土流孰便。是陛下之心惟在於安民息亂，未嘗有所意必也。始者思、田梗化，既舉兵而加誅矣，因其悔罪投降，遂復宥而釋之。固亦莫非仰承陛下不嗜殺人之心，惓惓憂憫赤子之無辜也。

「〔然而今之議者，或以爲流官之設，中土之制也。已設流官而復去之，則嫌於失中土之制。土官之設，蠻夷之俗也。已去土官而復設之，則嫌於從蠻夷之俗。二者將不能逃於物議，其何以能建事而底績乎！是皆不然。夫流官設而夷民服，何苦而不設流官乎？夫惟流官一設，而夷民因以騷亂，仁人君子亦安忍寧使斯民之騷亂，而必於流官之設者？土官去而夷民服，何苦而不去土官乎？夫惟土官一去而夷民因以背叛，仁人君子亦安忍寧使斯民之背叛，而必於土官之去者？是皆苟避毁譽形跡，但爲周身之慮，而不爲國家思久長之圖者也。其亦安能仰窺陛下如天之仁，固平平蕩蕩，無偏無黨，惟以亂民爲心乎？臣於思、田既平，即承制會總鎮太監張賜，巡按御史石金等，議設土官以順其情，分土目以散其黨，設流官以制其勢。蓋蠻夷之性，譬猶禽獸麋鹿，必欲制之郡縣，而繩以漢法，是群麋鹿於堂室，而欲其馴擾帖服，終必觸樽俎，翻几席，狂跳而駭躑矣，故必放之閒曠之區，以順適其獷野之性。

「今所以仍土官之舊者，是順適其獷野之性也。然一惟土官而不思有以散其黨與，制其猖獗，是縱麋鹿於田野，而無有乎牆墉之限、猨牙童牿之道，終必奔竄而無以維縶之矣。今所以分立土目者，是牆墉之限、猨豕童牿之道也。然分立土目，而終無聯屬於其間，是畜麋鹿於苑囿，而無守視之人以時修其牆墉，禁其群觸，終將逾垣遠逝，而不知踐禾稼、決藩籬，而莫之省矣。今所以特設流官者，是守苑囿之人也。議既僉同，臣猶以土夷之心，未必盡得之窮山僻壤，或有隱情也，則亦安能保其必行乎？則又備歷思、田之境，因以詢諸其目長皆以爲善，又以詢諸其父老子弟皆以爲善，又以詢諸其厮役下賤之徒，則又皆以爲善，然後信其可以久行而無弊，乃敢具述以請。」

「凡爲經略事宜有三：特設流官知府以制土官之勢；仍立土官知府以順土夷之情；分設土官巡檢以散各夷之黨。擬府名爲『田寧』，以應讖謠，而定人心。設州治於府之西北，立猛第三子邦相爲吏目，待其有功，漸陞爲知州。分設思恩土巡檢司九，田州土巡檢司十有八，以蘇、受并土目之爲衆所服者世守之。」〔三〇〕

既而復破八寨、斷藤峽。又上疏曰：「臣因督兵，親歷諸巢，見其形勢要害，各有宜改立衛所，開設縣治，以斷其脈絡，而扼其咽喉者。若失今不爲，則數年之間，賊復漸來，必歸聚生息；不過十年，又有地方之患矣。臣以遵制便宜，相度舉行，凡爲經略事宜有六：移南丹衛城於八寨；改築思恩府治於荒田；改鳳化縣治於三里；增設隆安縣治；置流官於思龍，以屬田寧；增築守鎮城堡於五屯。」

事下本兵持之，户部復請覆勘。

學士霍韜等上疏曰：「臣等廣人也，是役也，臣等嘗爲守仁計曰：前當事者，凡若三省兵若干萬，梧州軍門費用軍儲若干萬，復從廣東布政司支用銀米若干萬，殺死、疫死官兵、土兵若干萬，僅得田州小寧五十日，而思恩叛矣。〔三一〕今守仁不殺一卒，不費斗米，直宣揚威德，遂使思、田頑叛稽首來服。雖舜格有苗，何以過此？〔三二〕

「乃若八寨賊、斷藤峽賊，又非思、田之比。〔三三〕八寨爲諸賊淵藪，而斷藤爲八寨羽翼也。廣西有八寨諸賊，猶人有心腹病也。八寨不平，則兩廣無安枕期也。今守仁沉機不露，一舉平之，百數十年豺虎窟穴，掃而清之，如拂塵然〔三四〕。臣等是以嘆服守仁能體陛下之仁，以懷綏思、田向化之民；又能體陛下之義，以討服八寨、斷藤梗化之賊：仁義兩得之也。

「夫守仁之成功，有八善焉：乘湖兵歸路之便，兵不調而自集，一也。因思、田效命之助，勞而不怨，二也。機出意外，賊不能遁，所誅者渠惡，非濫殺報功者比，三也。因歸師無糧運費，四也。一舉成功，民不知擾，五也。平八寨、平斷藤峽，則極惡者先誅，其細小巢穴，可漸德化，得撫勦之宜，六也。八寨不平，則西而柳慶，東而羅旁、渌水、新寧、思平之賊，合數千里，共爲窟穴，雖調兵數十萬，未易平伏。今八寨平定，則諸賊可以漸次撫勦，兩廣良民可以漸次安業，紓聖明南顧之憂，七也。韓雍雖平斷藤峽賊矣，旋復有倡亂者〔三五〕，八寨乃百六十年所不能誅之劇賊〔三六〕。今守仁既平其巢窟，即徙建城邑以鎮定之，則惡賊失險，後日不能爲變；逋賊來歸，且化爲良民矣。誅惡綏良，得民父母之體，八也。

「或議：『守仁奉命有事思、田〔三七〕，遂勦八寨，可乎？』臣則曰：『昔吴、楚反攻梁，景帝詔周亞夫救梁。亞夫不奉詔，而絶吴、楚糧道，遂破吴、楚，而平七國，安漢社稷。傳曰：閫以外，將軍制之。又曰：大夫出疆，有可以安國家、利社稷，專之可也，古之道也。是故亞夫知制吴、楚在絶其食道，而不在於救梁。是故雖有詔命，有所不受。今守仁知思、田可以德懷也，遂納其降而安定之；知八寨諸賊未易服也，遂因時仗義而討平之。〔三八〕雖無詔命，先發後聞可也，況有便宜從事之旨乎？』

「或曰：『建置城邑，大事也；區處錢糧，户部職也；不先奉聞而輒興工，可乎？』臣則曰：『古者帝王千里之内自治，千里之外付之侯伯而已，是豈堯、舜、湯、武反後世不如哉？蓋慮與圖既廣，知力不及與其役，一己耳目無益於事，孰若以天下才，理天下事，爲逸而有功乎？是故帝王在於知人而已。既知其人之賢而任之矣，則事之舉措一以付之，而責其功成。若功效不乎，乃制其罪可也。今既任之，又從而牽制之，則豪傑何所措手足乎！是故守仁之平八寨也，所殺者賊之渠魁耳，逋逃固未嘗殺也。乘此時機，建置城邑，遂招逋逃之賊復業安焉，則積年之賊皆可化爲良民。失此機會撤兵而歸，俟奏得旨乃興版築，則賊漸來歸，據險以抗我師，雖築城亦不能矣。】〗

「昔者范仲淹之守西邊也，欲築大順城，慮敵人争之，乃先具版築，然後巡邊，急速興工，一月成城。西夏覺而争之，已不及矣。〔三九〕守仁於建置城邑之役〔四〇〕，不仰足户部而後有處。其以一肩而分聖明南顧之憂〔四一〕，不以爲功，反以爲過，可乎？

「〖【先是宸濠反，江西諸司俯首從賊，惟守仁同御史伍希儒、謝源誓心效忠。不幸奸臣張忠、許泰等欲攘其功，乃揚諸人曰：『守仁初同賊謀，及公論難掩，乃思起兵。』又曰：『宸濠金帛，俱守仁、希儒、源滿載以去。』當時，大學士楊廷和、尚書喬宇亦忌守仁之功，不與辨白，而黜希儒、源。守仁不辨之謗，至今未雪，可謂冤矣。夫國家論功有二：有開國之臣焉，有定亂之臣焉。開國之臣，成則侯，敗則虜。雖勿崇焉，可也。惟禍變倏起，社稷安危，凜乎一髮，效忠定亂之臣，則不可忌，何也？所以衛社稷也。昔者守仁之執宸濠也，可謂定亂拯危之功矣，奸人猶或忌之而謗其短。夫如是，則後有事變，誰肯效忠乎？甚矣！小人忌功，足以誤國也。臣等是以歎曰：江西之功不白，無以勸勵忠之臣；廣西之功不白，無以勸策勳之臣：是皆天下慮也。守仁，大臣也，豈以功賞有無爲重輕哉？第恐當時有功之人視此解體，則在外撫臣遂無所激勸以爲建功之地耳。】〗

「臣等目擊八寨之賊〔四二〕，爲地方大患百數十年，一旦仰賴聖明，任用守仁，以底平定，不勝慶忭。今兵部功賞未行，户部覆題再勘，臣恐機會一失，大功遂阻，城堡不築，逋賊復聚，地方可慮。是故冒昧建言，唯聖明察焉。」

【當時朝議，呶呶於八寨者之役，故辭懇切若此。】

〖【提督侍郎林富覆議曰：「帝王御極，慮周萬世之防，以通變、宜民爲本，威振八蠻之俗，以勸邇略遠爲圖，故事有不必更者，亦有不容不更者。守仁原議遷衛、改府、設縣鎮與土流兼設，無非安邊鬮國、保治防危之計，但當時身在行間，事欲乘時，中間有未暇致詳者。今據僉謀詳覆，固非苟爲異同。其言特設流官知府，似難。比思、田之例，止宜降府爲州，以岑邦相爲土知州。及分設土巡檢司，革鳳化縣而移南丹衛於三里，仍屬南寧。自餘悉如守仁議。」】〗

【嶺南士人曰：「先生田州、斷藤峽、八寨實爲偉功，至今民受其福，尚不之知。但爲當時用事所忌，故其言不盡行。且公之力，止可及此北流。斷藤不肯改設府縣，而思恩以流官知府分八寨爲八巡檢統之，以分其勢，亦羈縻策也。今流官不隨俗爲治，而又多索賄，取侮蠻夷；八巡檢又非知府可制，遂各分争土地，專制生殺，將來尾大不掉之患，可勝言哉？蓋土官以夷治夷，爲夷所信，且供億差役，簡而不擾。流官文法，大多夷不堪命，況有八巡檢耶？此後來總督責也。天不憖遺，使至此極，悲夫！」】

九月，疏謝獎勵賞賚。

賞思、田功也。

〖【有旨：「王守仁受命提督軍務，蒞任未久，乃能開誠宣恩，處置得宜，致令叛夷畏服，率衆歸降，罷兵息民，其功可嘉。」寫敕，差行人賚去獎勵，還賞銀五十兩，紵絲四表裏，布政司買辦羊酒送用。】〗九月初八日，行人馮恩賚捧欽賜至鎮，故有謝疏。

與德洪、畿書：「地方事幸遂平息，相見漸可期矣。近年不審同志聚會如何？得無法堂前今已草深一丈否？想卧龍之會，雖不能大有所益，亦不宜遂爾荒落。且存餼羊，後或興起，亦未可知。餘姚得應元諸友相與倡率，爲益不小。近有人自家鄉來，聞龍山之講，至今不廢，亦殊可喜。書到，望遍寄聲，益相與勉之。九、十弟與正憲輩，不審早晚能來親近否？誘掖接引之功，與人爲善之心，當不俟多喋也。魏廷豹決能不負所托，兒輩或不能率教，亦望相與夾持之。〔四三〕」

十月，疏請告。〔四四〕

先生以疾劇，上疏請告。具言：「〖【臣以憂病，跧伏田野，六年有餘。蒙陛下賜之再生之恩，錫之分外之福，每思稽首闕廷，一睹天顔，以申其感激之誠。既困疾病，復畏譏讒，未敢一出門庭。君臣大義，天高地厚之恩，每一念及，則哽咽涕下，不知其所以爲心。

「邇者誤蒙陛下過採大臣之議，授以軍旅重寄，自知才不勝任，病不任勞，輒具疏辭謝。又蒙恩旨慰諭，伏讀感泣，不復能顧其他，即日矢死就道。既而沿途備訪其所以致此變亂之由，熟思其所以經理斡旋之計，乃甚有牴牾矛盾者，而其事勢既已顛覆破漏，如將傾之屋，半溺之舟，莫之所措，惟恐付託不效，以孤陛下生成之德，以累大臣薦舉之明。於是始益日夜危懼，而病亦愈甚。不自意入境以來，旬月之間，不折一矢，不戮一卒，而兩府頑民帖然來服。千里之内，去荆棘而成坦途，其間雖有數處强大賊巢，素爲廣西梟賊之淵藪根柢，屢嘗征討而不克者，亦就永保歸兵之便，用思、田新附報效之勇，財力不至於大費，小民不及於疲勞，遂皆殲厥渠魁，蕩平巢穴，而方隅寧靖，是皆陛下好生之至德，昭格於上下；不殺之神武，幽贊於神明，是以不言而信，不怒而威，陰佑默相，以克有此，固非愚臣意望之所敢及，豈其知謀才力爲能辦此哉？

「竊自喜幸，以爲庶得藉此以免於覆敗之戮，不爲諸臣薦揚之累足矣。而臣之病勢，乃日益增劇，百療無施。臣又思之，是殆功過其事，名浮其實，福逾其分，所謂『小人而有非望之獲，必有意外之災』者也。」」

「臣自往年承乏南、贛，爲炎毒所中，遂患咳、痢之疾，歲益滋甚。其後退休林野，稍就醫藥，而疾亦終不能止。自去歲入廣，炎毒益甚，力疾從事，竣事而出，遂爾不復能興。今已輿至南寧，移卧舟次，將遂自梧道廣，待命於韶、雄之間。夫竭忠以報國，臣之素志也，受陛下之深恩，思得粉身虀骨以自效，又臣之所日夜切心者也。病日就危，而尚求苟全以圖後報，而爲養病之舉，此臣之所以大不得已也。」

疏入，不報。

謁伏波廟。〔四五〕

先生十五歲時，嘗夢謁伏波廟，至是，拜祠下，宛然如夢中，謂兹行殆非偶然。因識二詩，其一曰：「四十年前夢裏詩，此行天定豈人爲？徂征敢倚風雲陣，所過如同時雨師〔四六〕。尚喜遠人知向望，却慚無術救瘡痍。從來勝算歸廊廟，耻説兵戈定四夷。」其二詩曰：「樓船金鼓宿烏蠻〔四七〕，魚麗群舟夜上灘。月繞旌旗千嶂静，風傳鈴木九溪寒〔四八〕。荒夷未必先聲服，神武由來不殺難。想見虞廷新氣象，兩階干羽五雲端。」

是月，與豹書：「近歲山中講學者，往往多説勿忘勿助工夫甚難。問之則云：『才著意，便是助；才不著意，便是忘，所以甚難。』區區因問之云：『忘是忘個甚麽？助是助個甚麽？』其人默然無對。始請問，區區因與説：『我此間講學，却只説個「必有事焉」，不説「勿忘勿助」。「必有事焉」者，只是時時去集義。若時時去用「必有事」的工夫，而或有時間斷，此便是「忘」了，即須「勿忘」；時時去用「必有事」的工夫，而或有時欲速求效，此便是「助」了，即須「勿助」。其工夫，全在「必有事焉」上用「勿忘勿助」，只就其間提撕警覺而已。若是工夫原不間斷，即不須更説「勿忘」；原不欲速求效，即不須更説「勿助」。此其工夫何等明白簡易？何等灑脱自在？今却不去「必有事」上用工，而乃懸空守着一個「勿忘勿助」〔四九〕，漭漭蕩蕩〔五〇〕，只做得個沉空守寂，學成一個癡騃漢。事來〔五一〕，即便牽滯紛擾，不復能經綸宰制。此皆由學術誤人之故〔五二〕，甚可憫矣。」

「〔【夫『必有事』焉，只是『集義』。集義只是『致良知』。説『集義』，則一時未見頭腦。説『致良知』，即當下便有實地步可用工，故區區專説『致良知』，隨時就事上致其良知，便是格物。着實去致良知，便是誠意。着實致其良知而無一毫意、必、固、我，便是正心。着實致良知，則自無『忘』之病；無一毫意、必、固、我，則自無『助』之病，故説格、致、誠、正，則不必更説個忘、助。孟子説忘、助，亦就告子得病處立方。告子强制其心，是助的病痛，故孟子專説助長之害。告子助長，亦是他以義爲外，不知就自心上集義，在『必有事焉』上用功，是以如此。若時時刻刻就自心上集義，則良知之體洞然明白，自然是是非非，纖毫莫遁，又焉有『不得於言，勿求於心；不得於心，勿求於氣』之弊乎？孟子『集義』『養氣』之説，固大有功於後學，然亦是因病立方，説得大段，不若《大學》格、致、誠、正之功，尤極精一簡易，爲徹上徹下、萬世無弊者也。聖賢論學，多是隨時就事，雖言若人殊，而要其工夫頭腦，若合符節，緣天地之間，原只有此性，只有此理，只有此良知，只有此一件事耳。】』」

又與鄒守益書曰：「『隨處體認天理』『勿忘勿助』之説，大約未嘗不是，只要根究下落。即未免捕風捉影，縱令鞭辟向裏，亦與聖門『致良知』之功尚隔一塵。若復失之毫釐，便有千里之繆矣。世間無志之人，既已見驅於聲利、辭章之習，間有知得自己性分當求者，又被一種似是而非之學兜絆羈縻，終身不得出頭。緣人未有真爲聖人之志，未免挾有見小欲速之私，則此種學問極足支吾眼前得過。是以雖在豪傑之士，而任重道遠，志稍不力，即且安頓其中者多矣。」

祀增城先廟。

先生五世祖，諱綱者，死苗難，廟祀增城。是月，有司復新祠宇，先生謁祠奉祀。過甘泉先生廬，題詩於壁曰：「我祖死國事，肇禋在增城。荒祠幸新復，適來奉初蒸。亦有兄弟好，念言思一尋〔五三〕。蒼蒼見葭色〔五四〕，宛隔環瀛深。入門散圖史，想見抱膝吟。賢郎敬父執，童僕意相親。病軀不遑宿，留詩慰殷勤。落落千百載，人生幾知音？道同著形迹〔五五〕，期無負初心！」又題甘泉居曰：「我聞甘泉居，近連菊坡麓。十年勞夢思，今來快心目。徘徊欲移家，山南尚堪屋。渴飲甘泉泉，饑食菊坡菊。行看羅浮雲，此心聊復足。」

與德洪、畿書：「書來，見近日工夫之有進，足爲喜慰！而餘姚、紹興諸同志，又能相聚會講切，奮發興起，日勤不懈，吾道之昌，真有火燃泉達之機矣，喜幸當何如哉〔五六〕！此間地方悉已平靖，只因二三大賊巢，爲兩省盜賊之根株淵藪，積爲民患者，心亦不忍不爲一除剪，又復遲留二三月。今亦了事矣，旬月間便當就歸途也。守儉、守文二弟，近承夾持啟迪，想亦漸有所進。正憲尤極懶惰，若不痛加針砭，其病未易能去。父子、兄弟之間，情既迫切，責善反難，其任乃在師友之間。想平日骨肉道義之愛，當不俟於多囑也。〔五七〕」

與何性之書：「區區病勢日狼狽。自至廣城，又增水瀉，日夜數行，不得止。至今，遂兩足不能坐立。須稍定，即逾嶺而東矣。諸友皆不必相候，果有山陰之興，即須早鼓錢塘之舵，得與德洪、汝中輩一會聚，彼此當必有益。區區養病本去已三月，旬日後必得旨。亦遂發舟而東，縱未能遂歸田之願，亦必得一還陽明洞，與諸友一面而別，且後會又有可期也。千萬勿復遲疑，徒耽誤日月。總及隨舟而行，沿途官吏送迎請謁，斷亦不能有須臾之暇。宜悉此意，書至即撥冗〔五八〕。德洪、汝中輩，亦可促之早爲北上之圖。伏枕潦草。〔五九〕」

十一月乙卯〔六〇〕，先生卒於南安。

是月廿五日，逾梅嶺，至南安。登舟時，南安推官門人周積來見。先生起坐，咳喘不已，徐言曰：「近來進學如何？」積以政對，遂問：「道體無恙？」先生曰：「病勢危亟，所未死者，元氣耳。」積退而迎醫診藥〔六一〕。

【侍者垂泣，以家事、嗣子問，先生嘆曰：「何須及此！」少頃，曰：「惟未得與諸友了學問一事爲可恨耳！」時時作越聲，訝吉安何無一人至者。】

廿八日晚泊。問：「何地？」侍者曰：「青龍鋪。」明日，先生召積入。久之，開目視曰：「吾去矣！」積泣下，問何遺言。先生微哂曰：「此心光明，亦復何言？」頃之，瞑目而逝，二十九日辰時也。

贛州兵備門人張思聰追至南安，迎入南埜驛，就中堂沐浴衾斂如禮。先是，先生出廣，布政門人王大用備美材隨舟。思聰親敦匠事，鋪裀設褥，表裏裼襲。

門人劉邦采來奔喪事〔六二〕。

十二月三日〔六三〕，思聰與官屬師生設祭入棺。

明日，輿櫬登舟。士民遠近遮道，哭聲振地，如喪考妣。

至贛，提督都御史汪鋐迎奠於道，士民沿途擁哭如南安。至南昌，巡按御史儲良材、提學副使門人趙淵等請改歲行，士民昕夕哭奠〔六四〕。

校勘記

〔一〕「在梧」，天真本無。

〔二〕「文輅」，天真本、贛州本作「大輅」。

〔三〕天真本詳載此「十患十善二幸四毀」，作：「今若必欲窮兵雪憤，未論其不克，縱復克之，亦有十患。何者？皇上方以孝治天下，仁覆海宇，惟恐一物不得其所，雖一夫之獄，猶慮有冤，親臨斷決，況兹數萬無辜之赤子，而必欲窮搜極討，使無噍類，傷伐天地之和，虧損好生之德，其患一也。

「屯兵十萬，日費千金，自始事以來，所費銀米各已數十餘萬，未嘗與賊交一矢。今若復欲進兵，以近計之，亦須數月，省約其費，亦須銀米各十餘萬。計今梧州倉庫所餘，銀不滿五萬，米不滿一萬，財匱糧絶，其患二也。

「調集之兵，遠近數萬，屯戍日久，人懷歸思。兼之水土不服，疫癘時行，潰散逃亡，捕斬不禁。其未見敵而已若此。今復驅之鋒鏑之下，必有土崩之勢，其患三也。

「用兵以來，兩廣之民男不得耕，女不得織，已餘二年；衣食之道日窮，老稚轉乎溝壑。今春若復進兵，又將廢耕，饑寒切身，群起爲盜，不逞之徒因而號召之，其禍殆有甚於思、田之亂者，其患四也。

「論者以爲，不誅二酋爲無以威服土官，是殆不然。今所賴以誅二酋者，乃皆土官之兵，而在我曾無一旅可恃。又不能宣威布德，明示賞罰，而徒以市井狙獪之謀相欺相誘，計窮詐見，益爲輕侮。每一調發，旗牌之官十餘往反，而彼猶鶩然不出，反挾肆貪求，縱其吞噬。我方有賴於彼，縱之不問。彼亦知我之不能彼禁也，蓋狂無所忌。岑猛之僭妄，亦由積漸成之。是欲誅一二逃死之遺孽，而養成十數岑猛，其患五也。

「兩廣盜賊，瑶、僮之巢穴動以數千百計，軍衛有司營堡關隘之兵，時常召募增補，然且不敷。今復盡聚之思、田之一隅，山瑶海寇，乘間竊發，遂至無可捍禦。今若復聞進兵，彼知事未易息，爲患愈肆，我兵勢難中輟，救之不能，棄之不可，其爲慘毒可憂，猶有甚於飢寒之民，其患六也。

「軍旅一動，運夫征馬，各以千計。一夫顧直一兩，一馬四兩，馬之死者則又追償其直，是皆取辦於南寧諸屬縣。百姓連年兵疫，困苦已極，而復重之以此，其不亡而爲盜者，則亦溝中之瘠矣，其患七也。

「兩廣土官於岑猛之滅，各懷唇齒之疑，各州土目於蘇、受之討，皆有狐兔之憾，是以遲疑觀望，莫肯效力。所恃者獨湖兵。然前歲之役，湖兵死者過半，其間固多借債而來，兵回之日，死者之家例有償命銀，總其所費，亦以萬數。今玆復調，踣頓道途，不得顧其家室，亦已三年，勞苦怨讟，逃者相望，誅之不能止。因一隅之小憤，而重失三省土人之心，其間伏憂隱禍，殆難盡言，其患八也。

「田州外捍交阯，内屏列郡，中間深山絶谷，又皆瑶、僮盤據。若必盡誅其人，異時雖欲改土設流，亦已無民可守。非獨自撤藩籬勢有不可，抑且藉膏腴之田以資瑶、僮，而爲邊夷擴土開疆，其患九也。

「既以兵克，必以兵守，歲歲調發，勞費無已。秦時勝、廣之亂，實興於閭左之戍。且一失制馭，亂變隨生，反覆相尋，禍將焉極，其患十也。

「故爲今之計，莫善於罷兵而行撫。撫之有十善：活數萬無辜之死命，以明昭皇上好生之仁，同符堯、舜有苗之征，使遠夷荒服無不感恩懷德，培國家之元氣，以貽燕翼之謀，其善一也。

「息財省費，得節贏餘以備他虞，百姓無摧脂刻髓之苦，其善二也。

「久戍之兵，得遂其思歸之願，而免於疾病死亡；脱鋒鏑之慘，無土崩瓦解之患，其善三也。

「又得及時農作，雖在困窮之餘，然皆獲顧其家室，亦各漸有回生之望，不致轉徙自棄而爲盗，其善四也。

「罷散土兵，歸守境土，使知朝廷自有神武不殺之威，而無所恃賴於彼，陰消其桀驁之氣，而沮懾其僭妄之心，反側之奸自息，其善五也。

「遠近之兵，各歸舊守，窮邊沿海，得修備禦，盗賊斂戢，家室相保，無虚内事外、顧此失彼之患，其善六也。

「息饋運，省夫馬，貧民解於倒懸，其善七也。

「土民釋狐兔之憾，土官無唇齒之危，湖兵遂全歸之願，莫不安心定志，慕德感化，其善八也。

「思、田遺黎，得歸舊土，因其土俗，仍置酋長，人自爲守，内制瑶、僮，外防邊夷，中土得以安枕無事，其善九也。

「土民心服無事，戍守官省調發，民無騷屑，商旅通行，德威覃被，其善十也。

「夫進兵行剿之患既如彼，罷兵行撫之善復如此，然而當事猶往往利於進兵者，其間又有二幸、四毁焉。下之人，幸有數級之獲，以要將來之賞；上之人，幸成一時之捷，以蓋前日之愆，是謂二幸。始謀請兵而終鮮成效，則有輕舉妄動之毁；頓兵竭餉而得不償失，則有浪費之毁；聚數萬之衆，而無一戰之克，則有退縮畏避之毁；循土夷之情，而拂士夫之議，則有形跡嫌疑之毁，是謂四毁。

「二幸蔽於其中，而四毁惕於其外，是以寧犯十患而不顧，棄十善而不爲。夫人臣之事君也，殺其身而有利於國，皆甘心焉。豈以僥倖之私，毀譽之末，而足以撓亂其志哉！今日撫剿，利害較然，事在必行。於是衆皆以爲然。」

〔四〕「一萬七千」，贛州本作「七萬一千」，下文勒石亦作「七萬一千」。

〔五〕「今爾等方來投生，豈忍又驅之兵刃之下，爾等」，贛州本無。

〔六〕「皇上」下，天真本、贛州本有「至孝達順之德，感格上下」十字。「不殺之威」下，天真本、贛州本有「震懾鬼神」四字。

〔七〕此段，贛州本無。「疏入」下，天真本有「制曰：『王守仁受命提督軍務，涖事未久，乃能開誠宣恩，處置得宜，致令叛夷畏服，率衆歸降，罷兵息民，其功可嘉寫。』」數句，「羊酒」下有「張賜石金各賞銀二十兩，紵絲二襲」二句，「給賞有差」下有「事竣，並論功賞」六字。

〔八〕此下，天真本、贛州本有「前此當事諸人，雖才能相繼，而治效未究者，職此之故也」數句。

〔九〕「張佑」，天真本、贛州本作「張祐」，「共事」下有「事竣別用」四字。

〔一〇〕此下，贛州本有「才皆可大用」五字，天真本有「才皆可大用。昔年寧藩之變，四方援兵無一人至者，惟大用以韶、雄兵備，期雍以汀、漳兵備，各率兵赴義，其不負國家可知矣」數句。

〔一一〕此下，天真本有「薦才贊理，奏請起廢」八字。

〔一二〕「撫新民」，贛州本作「綏遠人」。

〔一三〕「岑⿰土獻」，贛州本作「岑巘」。

〔一四〕此下，天真本、贛州本有「即開其自新之路」一句。
〔一五〕「官府」下，天真本、贛州本有「亦未嘗有必欲殺彼之心，若彼賊果有相引來投者」二十字。
〔一六〕「自今」之前，天真本有「合就准行，仰該道仍將行糧等項再議停當，備行該州土目人等遵照奉行」三句，贛州本有「其該州土目人等」七字。
〔一七〕「凡遇緊急調取，即要星馳赴信地，不得遲違時刻，守巡」，贛州本無。
〔一八〕此下，天真本、贛州本有「進見之時，每言及禮，因而」十字。
〔一九〕此下，天真本、贛州本有：「諸生講習已有成效，該府仍要從厚措置禮幣，以申酬謝，仍備由差人送至廣西提督學校官，以次送發，各府、州、縣一體演習，其於風教，要亦不爲無補。」
〔二〇〕自此條始，天真本分爲卷之七。
〔二一〕「牛場」，贛州本、天真本皆作「牛腸」。
〔二二〕「一月」，贛州本作「三月」。
〔二三〕「斷」字上，天真本、贛州本有「富等呈稱」四字。「犄角屯聚」四字，贛州本無。
〔二四〕「凶惡成性，不可改化」，贛州本無。此下天真本、贛州本有「近復乘間縱横，不可支持」二句。
〔二五〕「反多撓喪」，贛州本無。
〔二六〕此下，天真本有「當遂退兵」四字。
〔二七〕「今因湖廣之回兵」，天真本作「自是而後，莫可誰何。比自思、田起事，兩廣煽動，危不可言。今幸朝廷威德，宣揚軍門，經略密授，因湖廣之回兵」。贛州本與天真本同，但無「宣揚軍門，經略密授」八字。

〔二八〕此下，天真本、贛州本有「翕若雷霆，疾如風雨，事舉而遠近不知有兵，敵破而將卒莫測其用」數句。

〔二九〕此下，天真本、贛州本有「蓋其勞費未及大征十之一，而其斬獲加於大征三之二」二句。

〔三〇〕此疏贛州本與天真本約同。

〔三一〕此下，天真本、贛州本有：「吊岩賊出，圍肇慶府，與思、田東西相應，勢張甚。若守仁乘大敗極敝，即合四方兵力，再用銀米數百萬，能平定田州，亦奇功也。」

〔三二〕此下，天真本、贛州本有「臣等是以嘆服守仁不惟能肅將天威，實能誕敷天德也」二句。

〔三三〕此下，天真本、贛州本有：「蓋廣西在萬山之叢，土險水近，諺有之曰：『廣西民三賊七，蓋由土惡氣悍，雖良民至，亦化爲賊，是故八寨賊，在洪武間不能平，斷藤峽賊，天順間都御史韓雍僅能平之。迄今，而遺孽復熾，故廣西賊巢如柳慶、鬱林、府江諸賊，雖時出掠，官軍亦屢征之。惟八寨賊，則自國初至今，未有輕議進兵者，蓋山水凶惡，進兵無路，兵形稍露，賊已先知。一夫控險，萬人莫敵。』」

〔三四〕此下，天真本、贛州本有「非仰藉神武不殺之威，何以致此」二句。

〔三五〕此下，天真本、贛州本有「當時未及區畫其地爲經久圖，俾餘賊復據巢穴五十年，生聚則賊熾盛也，亦宜若」三十二字。

〔三六〕此下，天真本、贛州本有「山川天險尤難爲功」八字。

〔三七〕此下，天真本、贛州本有「乃不剿思、田則亦已矣」一句。

〔三八〕此下，天真本、贛州本有「仁義之用，達天德也」八字。

〔三九〕此下，天真本、贛州本有「是何也？若俟其奏報，豈不敗事」三句。

〔四〇〕此下，天真本、贛州本有「計之熟矣。錢糧夫役，固」九字。

〔四一〕此下，天真本、贛州本有「可謂賢矣」四字。

〔四二〕「臣等」下，天真本、贛州本有「廣人也」三字。

〔四三〕「魏廷豹決能不負所托，兒輩或不能率教，亦望相與夾持之」三句，贛州本無。「夾持之」下，天真本有「人行匆匆，百不一及。諸同志不能盡列姓字，均致此意」四句。

〔四四〕「十月，疏請告」條及所繫之事，贛州本在下文「祀增城先廟」事後。

〔四五〕此「謁伏波廟」條及下「祀增城先廟」條，贛州本皆繫於九月。

〔四六〕「如」，贛州本作「須」。

〔四七〕「金」，天真本作「定」。

〔四八〕「木」，天真本、贛州本作「析」。

〔四九〕此下，天真本、贛州本有：「此正如燒鍋煮飯，鍋内不曾漬水下米，而乃專去添柴放火，不知畢竟煮出個甚麽物來？吾恐火候未及調停，而鍋已先破裂矣。近日，一種專在『勿忘勿助』上用工者，其病正是如此。終日懸空去做個『勿忘』，又懸空去做個『勿助』。」

〔五〇〕此下，天真本、贛州本有「全無實落下手處，究竟工夫」十一字。

〔五一〕「事」字上，天真本、贛州本有「纔遇些子」四字。

〔五二〕「此」字下，天真本、贛州本有「皆有志之士，而乃使之勞苦纏縛，耽閣一生」三句。

〔五三〕「念言」，天真本、贛州本作「言念」。

〔五四〕「見」，天真本、贛州本作「兼」。

〔五五〕「同」，天真本、贛州本作「童」。

〔五六〕此下，天真本、贛州本有「喜幸當何如哉」一句。

〔五七〕此下，天真本、贛州本有：「書院規制，近聞頗加修葺，是亦可喜。寄去銀十二兩，稍助工費。垣牆之未堅完，及一應合整備者，酌量爲之。」

〔五八〕此句，贛州本無。

〔五九〕此與何性之書，贛州本在「十月，疏請告」條下。

〔六〇〕「乙卯」，天真本、贛州本作「丁卯」。

〔六一〕此句，贛州本無。

〔六二〕此句，贛州本作「明日，爲十二月朔，安成門人劉邦采適至，遂治殮」。

〔六三〕「十二月三日」，贛州本作「又明日」。

〔六四〕此句，天真本、贛州本作「官吏師生、父老子弟日有奠，憑哭如贛」。

八年己丑正月，喪發南昌。

是月，連日逆風，舟不能行。趙淵祝於柩曰：「公豈爲南昌士民留耶？越中子弟門人來候久矣。」忽變西風，六日直至弋陽。先是，德洪與畿西渡錢塘，將入京殿試，聞先生歸，遂迎。至嚴灘，聞訃。正月三日，成喪於廣信，訃告同門。是日，正憲至。初六日，會於弋陽。初十日，過玉山，弟守儉、守文，門人欒惠、黄洪〔一〕、李珙、范引年、柴鳳至。

二月庚午，喪至越。

四日，子弟門人奠柩中堂，遂飾喪紀，婦人哭門内，孝子正憲携弟正億與親族子弟哭門外，門人哭幕外，朝夕設奠如儀。每日門人來吊者百餘人，有自初喪至卒葬不歸者。書院及諸寺院聚會如師存。

是時，朝中有異議，爵廕、贈謚諸典不行，且下詔禁僞學。

詹事黄綰上疏曰：「忠臣事君，義不苟同；君子立身，道無阿比。臣昔爲都事，今少保桂萼時爲舉人，取其大節，與之交友。及臣爲南京都察院經歷，見大禮不明，相與論列，相知二十餘年，始終無間。昨臣薦新建伯王守仁堪以柄用，萼與守仁舊不相合，因不謂然。小人乘間構隙，然臣終不以此廢萼平生也。但臣於事君之義，立身之道，則有不得不明者。臣所以深知守仁者，蓋以其功與學耳。然功高而見忌，學古而人不識，此守仁之所以不容於世也。

「蓋其功之大者有四：其一，宸濠不軌，謀非一日。内而内臣如魏彬等，嬖幸如錢寧、江彬等，文臣如陸完等，爲之内應；外而鎮守如畢真、劉朗等，爲之外應。故當時中外諸臣，多懷觀望。若非守仁忠義自許，身任討賊之事，不顧赤族之禍，倡義以勤王，運籌以伐謀，則天下安危未可知。今乃皆以爲伍文定之功，是輕發縱而重走狗，豈有兵無勝算而濠可徒搏而擒者乎？其二，大帽、茶寮、浰頭、桶岡諸賊寨，勢連四省，兵連累歲。若非蚤平，南方自此多事。守仁臨鎮，次第底定。其三，田州、思恩構釁有年，事不得息，民不得已，故起守仁以往，定以兵機，感以誠信，乃使盧、王之徒，崩角來降，感泣受杖，遂平一方之難。其四，自來八寨爲兩廣腹心之疾，其間守戍官軍，與賊爲黨，莫可奈何。守仁假永順狼兵，盧、王降卒，并而襲之，遂去兩廣無窮之巨害，實得兵法便宜之算。夫兵凶戰危，守仁所立戰功，皆除大患，卒之以死勤事。夫兵政國之大事，宜爲後世法，可以終泯其功乎？

「其學之大要有三：一曰『致良知』，實本先民之言。蓋『致知』出於孔氏，而『良知』出於孟軻『性善』之論。二曰『親民』，亦本先民之言。蓋《大學》舊本所謂『親民』者，即『百姓不親』之『親』，凡親賢樂利，與民同其好惡，而爲絜矩之道者是已。此所據以從舊本之意，非創爲之説也。三曰『知行合一』，亦本先民之言。蓋『知至至之』『知終終之』，只一事也。守仁發此，欲人言行相顧，勿事空言以爲學也。是守仁之學，弗詭於聖，弗畔於道，乃孔門之正傳也〔二〕，可以終廢其學乎？然以蕚之非守仁，遂致陛下失此良弼，使守仁不獲致君堯、舜，誰之過與？臣不敢以此爲蕚是也。況賞罰者，御世之權。以守仁之功德，勞於王事，乃常典不及，削罰有加，廢褒忠之典，倡黨錮之禁，非所以輔明主也。守仁客死，妻子孱弱，家童載骨，藁埋空山，鬼神有知，當爲惻然。臣實不忍見聖明之世有此事也。

「假使守仁生於異世，猶當追崇，況在今日哉？且永順之衆，盧、王之徒，素慕守仁威德。如此舉措，恐失其望，關係夷情，亦非細故。臣昔與守仁爲友，幾二十年，一日憤寡過之不能，守仁從而覺之，若有深省，遂復師事之。是臣於守仁，實非苟然相信，如世俗師友者也。臣於君父之前，處師友之間，既有所懷，不敢不盡。昔蕚爲小人所譏，臣謂之憤。既而得白，臣爲之喜，固非臣之私也。今守仁之抱冤，亦猶蕚之負屈。伏願擴一視之仁，特敕所司，優以恤典贈謚，仍與世襲，并開學禁，以昭聖政。若此事不明，則蕚之與臣，終不能以自忘。故臣敢言及於此，所以盡事陛下之忠，且以補蕚之過，亦以盡臣之義也。」

疏入，不報。於是給事中周延抗疏論列，謫判官。

十一月，葬先生於洪溪〔三〕。

是月十一日發引，門人會葬者千餘人，麻衣衰屨，扶柩而哭。四方來觀者莫不交涕。洪溪去越城三十里，入蘭亭五里，先生所親擇也。

先是，前溪入懷，與左溪會，衝嚙右麓，術者心嫌，欲棄之。有山翁夢神人緋袍玉帶，立於溪上曰：「吾欲還溪故道。」明日，雷雨大作，溪泛，忽從南岸，明堂周闊數百尺〔四〕，遂定穴。門人李珙等築治，更番晝夜不息者月餘而墓成。

校勘記

〔一〕「黄洪」，贛州本作「王洪」。

〔二〕「孔門」，贛州本作「孔孟」。

〔三〕「洪溪」，贛州本作「横溪」，下同。

〔四〕「百尺」，贛州本作「百丈」。

年譜四〔一〕

嘉靖九年庚寅五月，門人薛侃建精舍於天真山，祀先生。

天真距杭州城南十里。山多奇岩古洞，下瞰八卦田，左抱西湖，前臨胥海。師昔在越講學時，嘗欲擇地當湖海之交，目前常見浩蕩，圖卜築以居，將終老焉。起征思、田，洪、畿隨師渡江，偶登兹山，若有會意者。臨發以告，師喜曰：「吾二十年前遊此，久念不及，悔未一登而去。」至西安，遺以二詩，有「天真泉石秀，新有鹿門期」及「文明原有象，卜築豈無緣」之句。

侃奔師喪，既終葬，患同門聚散無期，憶師遺志，遂築祠於山麓。同門董澐、劉侯、孫應奎、程尚寧、范引年、柴鳳等董其事，鄒守益、方獻夫、歐陽德等前後相役，齋廡庖湢具備，可居諸生百餘人。每年祭期，以春秋二仲月仲丁日，四方同志如期陳禮儀，懸鐘磬，歌詩，侑食。祭畢，講會終月。

校勘記

〔一〕按，此卷内容天真本、贛州本無。

十年辛卯五月，同門黄弘綱會黄綰於金陵，以先生胤子王正億請婚。

先是師殯在堂，有忌者行譖於朝，革錫典世爵。有司默承風旨，媒孽其家，鄉之惡少遂相煽，欲以魚肉其子弟。胤子正億方四齡，與繼子正憲離仳竄逐，蕩析厥居。

明年夏，門人大學士方獻夫署吏部，擇刑部員外王臣陞浙江僉事，分巡浙東，經紀其家，奸黨稍阻。弘綱以洪、畿擬是冬赴京殿試，恐失所托。適綰陞南京禮部侍郎，弘綱問計。綰曰：「吾室遠莫計，有弱息，願妻之。情關至戚，庶得處耳。」是月，洪、畿趨金陵爲正億問名。綰曰：「老母家居，未得命，不敢專。」洪、畿復走台，得太夫人命，於是同門王艮遂行聘禮焉。

十一年壬辰正月，門人方獻夫合同志會於京師。

自師没，桂萼在朝，學禁方嚴。薛侃等既遭罪譴，京師諱言學。至是年，編修歐陽德、程文德、楊名在翰林，侍郎黄宗明在兵部，戚賢、魏良弼、沈謐等在科，與大學士方獻夫俱主會。於時黄綰以進表入，洪、畿以趨廷對入，與林春、林大欽、徐樾、朱衡、王惟賢、傅頤等四十餘人始定日會之期，聚於慶壽山房。

九月，正億趨金陵。

正億外侮稍息，内釁漸萌。深居家扃，同門居守者，或經月不得見，相懷憂逼。於是同門僉事王臣、推官李逢，與歐陽德、王艮、薛僑、李珙、管州議以正億趨金陵，將依舅氏居焉。至錢塘，惡少有躡其後載者。迹既露，諸子疑其行。請卜，得「鼎二」之上吉，乃徉言共分胤子金以歸。惡黨信爲實，弛謀。有不便者，遂以分金騰謗，流入京師。臣以是被中黜職。

十二年癸巳，門人歐陽德合同志會於南畿。

自師没，同門既襄事於越。三年之後，歸散四方，各以所入立教，合併無時。是年，歐陽德、季本、許相卿、何廷仁、劉暘、黄弘綱嗣講東南，洪亦假事入金陵。遠方志士四集，類萃群趨，或講於城南諸刹，或講於國子雞鳴，倡和相稽，疑辯相繹，師學復有繼興之機矣。

十三年甲午正月，門人鄒守益建復古書院於安福，祀先生。

師在越時，劉邦采首創「惜陰會」於安福，間月爲會五日。先生爲作《惜陰説》。既後，守益以祭酒致政歸，與邦采、劉文敏、劉子和、劉陽、歐陽瑜、劉肇衮、尹一仁等建復古、連山、復真諸書院，爲四鄉會。春秋二季，合五郡，出青原山，爲大會。凡鄉大夫在郡邑者，皆與會焉。於是四方同志之會，相繼而起，「惜陰」爲之倡也。

三月，門人李遂建講舍於衢麓，祀先生。

先自師起征思、田，舟次西安，門人欒惠、王璣等數十人雨中出候。師出天真二詩慰之。明年師喪，還玉山，惠偕同門王修、徐霈、林文瓊等迎櫬於草萍驛，憑棺而哭者數百人。至西安，諸生追師遺教，莫知所寄。洪、畿乃與璣、應典等定每歲會期。

是年遂爲知府，從諸生請，築室於衢之麓。設師位，歲修祀事。

諸生柴惟道、徐天民、王之弼、徐惟緝、王之京、王念偉等又分爲龍遊、水南會，徐用檢、唐汝禮、趙時崇、趙志皋等爲蘭西會，與天真遠近相應，往來講會不輟，衢麓爲之先也。

五月，巡按貴州監察御史王杏建王公祠於貴陽。

師昔居龍場，誨擾諸夷。久之，夷人皆式崇尊信。提學副使席書延至貴陽，主教書院。士類感德，翕然向風。

是年杏按貴陽，聞里巷歌聲，藹藹如越音；又見士民歲時走龍場致奠，亦有遥拜而祀於家者，始知師教入人之深若此。門人湯哻、葉梧、陳文學等數十人請建祠，以慰士民之懷，乃爲贖白雲庵舊址立祠，置膳田，以供祀事。

杏立石作《碑記》。記略曰：「諸君之請立祠，欲追崇先生也。立祠足以追崇先生乎？構堂以爲宅，設位以爲依，陳俎豆以爲享，祀似矣。追崇之實，曾是足以盡之乎？未也。夫尊其人，在行其道，想像於其外，不若佩教於其身。先生之道之教，諸君所親承者也。德音鑿鑿，聞者飫矣；光範丕丕，炙者切矣；精蘊淵淵，領者深矣。諸君何必他求哉？以聞之昔日者而傾耳聽之，有不以道，則曰：『非先生之法言也，吾何敢言？』以見之昔日者而凝目視之，有不以道，則曰『非先生之德行也，吾何敢行？』以領之昔日者而潛心會之，有不以道，則曰：『非先生之精思也，吾何敢思？』言先生之言，而德音以接也；行先生之行，而光範以睹也；思先生之思，而精蘊以傳也，其爲追崇也何尚焉！」

十四年乙未，刻先生《文録》於姑蘇。

先是洪、畿奔師喪，過玉山，檢收遺書。

越六年，洪教授姑蘇，過金陵，與黄綰、聞人詮等議刻《文録》。洪作《購遺文疏》，遣諸生走江、浙、閩、廣、直隸，搜獵逸稿。

至是年二月，鳩工成刻。

巡按直隸監察御史曹煜建仰止祠於九華山，祀先生。

九華山在青陽縣，師嘗兩遊其地，與門人江□、柯喬等宿化城寺數月。寺僧好事者，争持紙索詩，通夕灑翰不倦。僧蓄墨迹頗富，思師夙範，刻師像於石壁，而亭其上，知縣祝增加葺之。是年，煜因諸生請，建祠於亭前，扁曰「仰止」。郡守益捐資，令僧買贍田，歲供祀事。越隆慶戊辰，知縣沈子勉率諸生講學於斯，增葺垣宇贍田。

煜祭文見《青陽志》。

十五年丙申，巡按浙江監察御史張景、提學僉事徐階，重修天真精舍，立祀田。

門人禮部尚書黄綰作《碑記》。記曰：「今多書院，興必由人，或仕於斯，或遊於斯，或生於斯，或功德被於斯，必其人實有足重者，表表在人，思之不見，而後立書院以祀之，聚四方有志，樹之風聲，講其道以崇其化。浙江之上，龍山之麓，有曰天真書院，立祀陽明先生者也。蓋先生嘗遊於斯，既没，故於斯創精舍，講先生之學，以明先生之道。夫人知之，豈待予言哉？

「正德己卯，寧濠之變，起事江右，將窺神器，四方岌岌，日危於死。浙爲下游，通衢八道，財賦稱甲。濠意欲先得之，故陰置腹心，計爲之應。因先生據其上游，奮身獨當之，濠速敗，浙賴以寧，卒免鋒刃荼毒之苦，皆先生之功也。則今日書院之創，非徒講學，又以明先生之功也。

「書院始於先生門人行人薛侃、進士錢德洪、王畿，合同志之資爲之。繼而門人僉事王臣、主事薛僑，有事於浙，又增治之，始買田七十餘畝，蒸嘗輯理，歲病不給。

「侍御張君按浙，乃躋書院而嘆曰：『先生之學，論同性善；先生之功，存於社稷，皆所宜祀，矧覆澤兹土尤甚，惡可忽哉！』乃屬提學僉事徐君階，命紹興推官陳讓，以會稽廢寺田八十餘畝爲莊，屬之書院。又出法臺贖金三百兩，命杭州推官羅大用及錢塘知縣王釴，買宋人所爲龜疇田九十餘畝以益之。於是需足人聚，風聲益樹，而道化行矣。昔宋因書院而爲學校，今於學校之外復立書院，蓋久常特新之意與？

「予嘗登兹山，坐幽岩，步危磴，俯江流之洄浙，引蒼渤之冥茫，北覽西湖，南目禹穴，雲樹蒼蒼，晴嵐窅窅，於是愴然而悲，悄然而戚，恍見先生之如在而能不忘也。乃知學校之設既遠，遠則常，常則玩，玩則怠，怠則學之道其疏乎？書院之作既近，近則新，新則惕，惕則勵，勵則學之道其修乎？茲舉也，立政立教之先務，益於吾浙多矣。」

十六年丁酉十月，門人周汝員建新建伯祠於越。

是年，汝員以御史按浙。先是師在越，四方同門來遊日衆，能仁、光相、至大、天妃各寺院，居不能容。同門王艮、何秦等乃謀建樓居齋舍於至大寺左，以居來學。師没後，同門相繼來居，依依不忍去。

是年，汝員與知府湯紹恩拓地建祠於樓前。取南康蔡世新肖師像，每年春秋二仲月，郡守率有司主行時祀。

十一月，僉事沈謐建書院於文湖，祀先生。

文湖在秀水縣北四十里，廣環十里，中横一州，四面澄碧，書院創焉。

謐初讀《傳習録》，有悟師學，即期執贄請見。師征思、田，弗遂。及聞訃，追悼不已。後爲行人，聞薛子侃講學京師，乃嘆曰：「師雖没，天下傳其道者尚有人也。」遂拜薛子，率同志王愛等數十人講學於其中，置田若干畝以贍諸生。

是年，巡按御史周汝員立師位於中堂，春秋二仲月，率諸生虔祀事，歌師詩以侑食。

既後，謐起僉江西，爲師遍立南、贛諸祠。比没，參政孫宏軾、副使劉慤設謐位，附食於師。

謚子進士敵原增置贍田，與愛等議附薛子位。祭期定季丁日。同志與祭天真者，俱趨文湖，於今益盛。

十七年戊戌，巡按浙江監察御史傅鳳翔建陽明祠於龍山。

龍山在餘姚縣治右。

辛巳年，師歸省祖塋，門人夏淳、孫陞、吴仁、管州、孫應奎、范引年、柴鳳、楊珂、周于德、錢大經、應揚、谷鍾秀、王正心、正思、俞大本、錢德周、仲實等，侍師講學於龍泉寺之中天閣，師親書三八會期於壁。吴仁聚徒於閣中，合同志講會不輟。

丁亥秋，師出征思、田，每遺書洪、畿，必念及龍山之會。

是年，傅以諸生請，建祠於閣之上方，每年春秋二仲月，有司主行時祀。

十八年己亥，江西提學副使徐階建仰止祠於洪都，祀先生。

自階典江西學政，大發師門宗旨，以倡率諸生。於是同門吉安鄒守益、劉邦采、羅洪先，南昌李遂、魏良弼、良貴、王臣、裘衍，撫州陳九川、傅默、吴悌、陳介等，與各郡邑選士俱來合會焉。魏良弼立石紀事。

吉安士民建報功祠於廬陵，祀先生。

祠在廬陵城西隅。

師自正德庚午蒞廬陵，日進父老子弟告諭之，使之息争睦族，興孝悌，敦禮讓，民漸向化；興利剔蠹，賑疫禳災，皆有實惠。七越月而去，民追思之。既提督南、贛，掃蕩流賊，定逆濠之亂，皆切民命。

及聞師訃，喪過河下，沿途哀號，如喪考妣。乃相與築祠，名曰「報功」，歲修私祀。後曾孔化、賀鈞、周祉、王時椿、時槐、陳嘉謨等相與協成，制益宏麗，春秋郡有司主祀。

十九年庚子，門人周桐、應典等建書院於壽岩，祀先生。

壽岩在永康西北鄉。岩多瑞石，空洞塏爽，四山環翠，五峰前擁。桐、典與同門李珙、程文德，講明師旨，嵌岩作室，以居來學。諸生盧可久、程梓等就業者百有餘人。立師位於中堂，歲時奉祀。定期講會，至今不輟。

二十一年壬寅，門人范引年建混元書院於青田，祀先生。

書院在青田縣治。

引年以經師爲有司延聘主青田教事，講藝中時發師旨。諸生葉天秩七十有餘人，聞之惕然有感，復肅儀相率再拜，共進師學。又懼師聯無所，樹藝不固，乃糾材築室，肖師像於中堂。謂范子之學出於王門，追所自也。

范子卒，春秋配食。乞洪作《仰止祠碑記》，御史洪恒紀其詳。

後提學副使阮鶚增建爲心極書院，繼作《碑記》。記略曰：

「『心極』之義，其昉諸古乎？孔子『《易》有太極，是生兩儀』，以至『定吉凶』而『生大業』，所以『通神明之德，類萬物之情』，而『冒天下之道』，無非《易》也。《易》者無他，吾心寂感、有無相生之機之象也。天之道，爲陰陽；地之道，爲剛柔；人之道，爲仁義，三極於是乎立。象也者，像此者也。陰陽相摩，剛柔相蕩，仁義相禪，藏乎無扃之鍵，行乎無轍之途，立乎無所倚之地，而神明出焉，萬物備焉。故曰：『無思也，無爲也，寂然不動，感而遂通天下之故。』此孔子之精蘊也。當時及門之徒，惟顏氏獨得其宗。觀夫喟然之嘆，有曰：『如有所立，卓爾。』有無之間不可以致詰，『雖欲從之，末由也已』。故曰：『發聖人之蘊，顏子也。』顏子没而聖學遂亡。後千餘載，濂溪周子始復追尋其緒，發爲『無極而太極』之説，蓋幾之矣。而後儒紛紛之議，尚未能一無惑乎！千載之寥寥也。

「蓋漢之儒者泥於有象，一切仁義忠孝、禮樂教化、經綸之迹，皆認以爲定理，必先講求窮索，執爲典要，而後以爲應物之則，是爲有得於太極似矣，而不知太極爲無中之有，不可以有名也。隋、唐以來，老、佛之徒起而攘臂其間，以經綸爲糟粕，乃復矯以窈冥玄虛之見，甚至掊擊仁義，蕩滅禮教，一切歸之於無，是爲有得於無極似矣，而不知無極爲有中之無，非可以無名也。周子洞見二者之弊，轉相謬溺，不得已而救之，建立《圖説》，以顯聖學之宗，定之以『中正仁義而主静』。『中正仁義』云者，『太極』之謂；『而主静』云者，『無極』之謂，人極於是乎立焉。議者乃以『無極』之言謂出於老氏，分『中正仁義』爲動静，而不悟『主静』『無欲』之旨，亦獨何哉？「夫自伏羲一畫以啟心極之原，神無方而易無體，即無極也。孔子固已言之矣，而周子之得聖學之傳，無疑也！夫聖學以一爲要。一者，無欲也。人之欲，大約有二：高者蔽於意見，卑者蔽於嗜欲，皆心之累也。無欲則一，無欲則明通公溥，而聖可學矣。君子寡欲，故修之而吉；小人多欲，故悖之而凶。吉凶之幾，極之立與不立於此焉分，知此則知㠯峰阮子所謂『心極』之説矣。」

二十三年甲辰，門人徐珊建虎溪精舍於辰州，祀先生。

精舍在府城隆興寺之北。

師昔還自龍場，與門人冀元亨、蔣信、唐愈賢等講學於龍興寺，使静坐密室，悟見心體。是年，珊爲辰同知，請於當道，與諸同志大作祠宇，置贍田。鄒守益爲作《精舍記》，羅洪先作《性道堂記》。又有見江亭、玉芝亭、鷗鷺軒，珊與其弟楊珂俱多題。

二十七年戊申八月，萬安同志建雲興書院，祀先生。

書院在白雲山麓。前對芙蓉峰，幛下秀出如圭，大江横其下。同志朱衡、劉道、劉弼、劉峴、王舜韶、吴文惠、劉中虚等迎予講學於精修觀，諸生在座者百五十人有奇。

晚遊城闉，見民居井落，邑屋華麗。洪曰：「民庶且富，而諸君敷教之勤若此，可謂禮義之鄉矣。」衡曰：「是城四十年前猶爲赤土耳。」問之，曰：「南、贛峒賊，流劫無常，妻女相率而泣曰：『賊來曷避？惟一死可恃耳。』師來，蕩平諸峒，百姓始得築城生聚，乃有今日，皆師之賜也。」洪嘉嘆不已。乃謂曰：「沐師德澤之深若此。南來郡邑，俱有祠祀，何是地獨無？」衆皆蹙然曰：「有志，未遂耳。」乃責洪作疏糾材。

是夕，來相助者盈二百金。舉人周賢宣作文祀土，衆役並興。中遭異議，止之。

至嘉靖甲子，衡爲尚書，賢宣爲方伯，與太僕卿劉慤復完舊業，祭祀規制大備，名曰「雲興書院」云。

九月，門人陳大倫建明經書院於韶，祀先生。

書院在府城。先是，同門知府鄭騮作明經館，與諸生課業，倡明師學。

至是大倫守韶，因更建書院，立師位，與陳白沙先生並祀。

是月，洪謁甘泉湛先生，逾庾嶺，與諸生鄧魯、駱堯知、胡直、王城、劉應奎、鍾大賓、魏良佐、潘槐、莫如德、張昂等六十三人謁師祠，相與入南華二賢閣，與鄧魯、胡直等共闡師説。

至隆慶己巳，知府李渭大修祠宇，集諸生與黄城等身證道要，師教復振。

二十九年庚戌正月，吏部主事史際建嘉義書院於溧陽，祀先生。

書院在溧陽救荒潦。

史際因歲青，築潦塘以活饑民。塘成，而建書院於上，延四方同志講會，館穀之。籍其田之所入，以備一邑饑荒，名曰「嘉義」，欽玉音也。

際與吕光洵議延洪主教事。乃先幣聘，越二年，兹來定盟。

是月，同志周賢宣、趙大河，諸生彭若思、彭适、袁端化、王襞、徐大經、陳三謨等數十人，際率子侄史繼源、繼志、史銓、史珂、史繼書、繼辰、致詹，偕吾子婿葉邁、鄭安元、錢應度、應量、應禮、應樂定期來會，常不下百餘人。立師與甘泉湛先生位，春秋奉祀。

《天成篇・揭嘉義堂示諸生》曰：「吾人與萬物混處於天地之中，爲天地萬物之宰者，非吾身乎？其能以宰乎天地萬物者，非吾心乎？心何以能宰天地萬物也？天地萬物有聲矣，而爲之辯其聲者誰歟？天地萬物有色矣，而爲之辯其色者誰歟？天地萬物有味矣，而爲之辯其味者誰歟？天地萬物有變化矣，而神明其變化者誰歟？是天地萬物之聲非聲也，由吾心聽，斯有聲也；天地萬物之色非色也，由吾心視，斯有色也；天地萬物之味非味也，由吾心嘗，斯有味也；天地萬物之變化非變化也，由吾心神明之，斯有變化也。然則天地萬物也，非吾心則弗靈矣。吾心之靈毀，則聲、色、味變化不得而見矣。聲、色、味、變化不可見，則天地萬物亦幾乎息矣。

故曰：『人者，天地之心，萬物之靈也，所以主宰乎天地萬物者也。』

「吾心爲天地萬物之靈者，非吾能靈之也。吾一人之視，其色若是矣，凡天下之有目者，同是明也；一人之聽，其聲若是矣，凡天下之有耳者，同是聰也；一人之嘗，其味若是矣，凡天下之有口者，同是嗜也；一人之思慮，其變化若是矣，凡天下之有心知者，同是神明也。匪徒天下爲然也，凡前乎千百世已上，其耳目同，其口同，其心知同，無弗同也；後乎千百世已下，其耳目同，其口同，其心知同，亦無弗同也。然則明非吾之目也，天視之也；聰非吾之耳也，天聽之也；嗜非吾之口也，天嘗之也；變化非吾之心知也，天神明之也。故目以天視，則盡乎明矣；耳以天聽，則竭乎聽矣；口以天嘗，則不爽乎嗜矣；思慮以天動，則通乎神明矣。天作之，天成之，不參以人，是之謂天能，是之謂天地萬物之靈。

「吾心爲天地萬物之靈，惟聖人爲能全之，非聖人能全之也，夫人之所同也。聖人之視色與吾目同矣，而目能不引於色者，率天視也；聖人之聽聲與吾耳同矣，而耳能不蔽於聲者，率天聽也；聖人之嗜味與吾口同矣，而口能不爽於味者，率天嘗也；聖人之思慮與吾心知同矣，而心知不亂於思慮者，通神明也。吾目不引於色，以全吾明焉，與聖人同其視也；吾耳不蔽於聲，以全吾聽焉，與聖人同其聽也；吾口不爽於味，以全吾嗜焉，與聖人同其嘗也；吾心知不亂於思慮，以全吾神明焉，與聖人同其變化也。故曰：『聖人可學而至，謂吾心之靈與聖人同也。』然則非學聖人也，能自率吾天也。』

「吾心之靈與聖人同，聖人能全之，學者求全焉。然則何以爲功耶？有要焉，不可以支求也。吾目蔽於色矣，而後求去焉，非所以全明也；吾耳蔽於聲矣，而後求克焉，非所以全聰也；吾口爽於味矣，而後求復焉，非所以全嗜也；吾心知亂於思慮矣，而後求止焉，非所以全神明也。靈也者，心之本體也，性之德也，百體之會也；徹動静，通物我，亘古今，無時乎弗靈，無時乎或間者也。或生而知之，或學而知之，或困而知之，皆自率是靈以通百物，勿使間於欲焉已矣。其功雖不同，其靈未嘗不一也。吾率吾靈而發之於目焉，自辨乎色而不引乎色，所以全明也；發之於耳焉，自辯乎聲而不蔽乎聲，所以全聰也；發之於口焉，自辨乎味而不爽乎味，所以全嗜也；發之於思慮焉，萬感萬應，不動聲臭，而其靈常寂，大者立而百體通，所以全神明也。人一能之，己百之；人十能之，己千之，必率是靈而無間於欲焉，是天作之，人復之，是之謂天成，是之謂致知之學。」

增刻先生《朱子晚年定論》。

《朱子定論》，師門所刻止一卷，今洪增録一卷，共三卷，際令其孫致詹梓刻於書院。

重刻先生《山東甲子鄉試録》。

《山東甲子鄉試録》皆出師手筆，同門張峰判應天府，欲番刻於嘉義書院，得吾師繼子正憲氏原本刻之。

四月，門人呂懷等建大同樓於新泉精舍，設師像，合講會。

精舍在南畿崇禮街。

初，史際師甘泉先生，築室買田，爲館穀之資。

是年，懷與李遂、劉起宗、何遷、余胤緒、呂光洵、歐陽塾、歐陽瑜、王與槐、陸光祖、龐嵩、林烈及諸生數十人，建樓於精舍，設師與甘泉像爲講會。會畢，退坐昧昧室，默對終夕而別。

是月，洪送王正億入胄監。至金山，遂入金陵趨會焉。何遷時爲吏部文選司郎中，偕四司同僚邀余登報恩寺塔，坐第一層。問曰：「聞師門禁學者靜坐，慮學者偏靜淪枯槁也，似也。今學者初入門，此心久濡俗習，淪浹膚髓，若不使求密室，耳目與物無所睹聞，澄思絶慮〔二〕，深入玄漠，何時得見真面目乎？師門亦嘗言之：『假此一段以補小學之功。』又云：『心罹疾痼，如鏡面斑垢，必先磨去，明體乃見，然後可使一塵不容。』今禁此一法，恐令人終無所入。」洪對曰：「師門未嘗禁學者靜坐，亦未嘗立靜坐法以入人。」曰：「舍此，有何法可入？」曰：「只教致良知。良知即是真面目。良知明，自能辨是與非，自能時靜時動，不偏於靜。」曰：「何言師門不禁靜坐？」曰：「程門嘆學者靜坐爲善學，師門亦然。但見得良知頭腦明白，更求靜處精鍊，使全體著察，一滓不留；又在事上精鍊，使全體著察，一念不欺。此正見吾體動而無動，靜而無靜，時動時静，不見其端，爲陰爲陽，莫知其始：斯之謂動静皆定之學。」曰：「偏於求静，終不可與入道乎？」曰：「離喜怒哀樂以求『中』，必非『未發』之『中』；離仁敬孝慈以求『止』，必非『緝熙』之『止』；離視聽言動以求仁，必非『天下歸仁』之『仁』。是動静有間矣，非合内合外，故不可與語入道。」曰：「師門亦有二教乎？」曰：「師嘗言之矣，『吾講學亦嘗誤人，今較來較去，只是致良知三字無病』。」衆皆起而嘆曰：「致知則存乎心悟，致知焉盡矣！」

下塔，由畫廊指《真武流形圖》曰：「觀此亦可以證儒佛之辯。」衆皆曰：「何如？」洪曰：「真武山中久坐，無得，欲棄去。感老嫗磨針之喻，復入山中二十年，遂成至道。今若畫《堯流形圖》，必從『克明峻德』『親九族』，以至『協和萬邦』。畫《舜流形圖》，必從『舜往於田』，自『耕稼陶漁』，以至『七十載陟方』。又何時得在金碧山水中枯坐二三十年，而後可以成道耶？」諸友大笑而别。

校勘記

〔一〕「思」，原作「師」，據隆庆五年本《年譜》改。

三十年辛亥，巡按貴州監察御史趙錦建陽明祠於龍場。

龍場舊有龍岡書院，師所手植也。

至是錦建祠三楹於書院北，旁翼兩序，前爲門，仍題曰「龍岡書院」。周垣繚之，奠師位於中堂。

巡撫都御史張鶚翼、廉使張堯年、參政萬虞愷、提學副使謝東山，共舉祠祀。羅洪先撰《祠碑記》。記略曰：「予嘗考龍場之事，於先生之學有大辯焉。夫所謂『良知』云者，本之孩童固有，而不假於學慮，雖匹夫匹婦之愚，固與聖人無異也。乃先生自叙，則謂困於龍場三年，而後得之。固有不易者，則何以哉？

「今夫發育之功，天地之所固有也。然天地不常有其功，一氣之斂，閉而成冬，風露之撼薄，霜霰之嚴凝，隕穫摧敗，生意蕭然，其可謂寂寞而枯槁矣。鬱極而軋，雷霆奮焉，百蟄啟，群草茁，氤氳動盪於宇宙之間者，則向之風霰爲之也。是故藏不深則化不速，蓄不固則致不遠，屈伸剝復之際，天地且不違，而況於人乎？

「先生以豪傑之才，振迅雄偉，脱屣於故常，於是一變而爲文章，再變而爲氣節。當其倡言於逆瑾蠱政之時，撻之朝而不悔，其憂思懇款，意氣激烈，議論鏗訇，真足以淩駕一時而托名後世，豈不快哉！

「及其擯斥流離，而於萬里絶域，荒煙深箐，狸鼯豺虎之區，形影孑立，朝夕惴惴，既無一可騁者。而且疾病之與居，瘴癘之與親，情迫於中，忘之有不能，勢限於外，去之有不可，輾轉煩脊，以需動忍之益。蓋吾之一身已非吾有，而又何有於吾身之外？至於是，而後如大夢之醒，强者柔，浮者實，凡平日所挾以自快者，不惟不可以常恃，而實足以增吾之機械、盗吾之聰明。其塊然而生，塊然而死，與吾獨存而未始加損者，則固有之良知也。

「然則先生之學，出之而愈張，晦之而愈光，鼓舞天下之人至於今日不怠者，非雷霆之震，前日之龍場，其風霰也哉？

「嗟乎！今之言良知者，莫不曰『固有固有』。問其致知之功，任其固有焉耳，亦嘗於枯槁寂寞而求之乎？所謂盗聰明、增機械者，亦嘗有辨於中否乎？生於憂患，死於安樂，豈有待於人乎？」

三十一年壬子，提督南、贛都御史張烜建復陽明王公祠於鬱孤山。

祠在贛州鬱孤臺前，濂溪祠之後。

嘉靖初年，軍衛百姓思師恩德不已，百姓乃糾材建祠於鬱孤臺，以虔尸祝。軍衛官兵建祠於學宫右，塑像設祀，俱有成式。

繼後異議者，移鬱孤祠像於報功祠後。湫隘慢褻，軍民懷忿。

至是，署兵備僉事沈謐訪詢其故，父老子弟相與涕泣申告。謐謁師像，爲之泫然出涕。報功祠舊有贍田米三十八石，見供春秋二祭。鬱孤祠則取諸贛縣，均平銀兩，乃具申軍門。烜如其議，修葺二祠，迎師像於鬱孤臺，廟貌嚴飾，焕然一新。軍衛有司各申虔祝，父老子弟歲臘駿奔。

烜作記，立石紀事：「師自征三浰，山寇盡平。即日班師，立法定制。令贛屬縣俱立社學，以宣風教。城中立五社學，東曰義泉書院，南曰正蒙書院，西曰富安書院，又西曰鎮寧書院，北曰龍池書院。選生儒行義表俗者，立爲教讀。選子弟秀穎者，分入書院，教之歌詩習禮，申以孝悌，導之禮讓。未期月而民心丕變，革奸軌而化善良。市廛之民皆知服長衣，叉手拱揖，而歌誦之聲溢於委巷，浸浸乎三代之遺風矣。繼後異議者盡隳成規，而五院爲强暴者私據，禮樂之教息矣。至是，謐詢士民之情，罪逐僭據，修舉廢墜，五社之學復完。慎選教讀子弟而淬礪之，風教復興，渢渢乎如師在日矣。」

建復陽明王公祠於南安。

南安青龍鋪，師所屬纊之地也，士民哀號哭泣，相與建祠於學宫之右。歲時父老子弟奔走祝奠，有司即爲崇祀，廟貌宏麗。後爲京師流言，承奉風旨者，遂遷祠於委巷，隘陋污穢，人心不堪。

謐與有司師生議，復舊址原制，樓五楹，前門五楹，取委巷祠址之值於民，助完工作，具申軍門。烜從之。自是師祠與聖廟並垂不朽矣。

三十二年癸丑，江西僉事沈謐修復陽明王公祠於信豐縣。

按，謐《虔南公移録》曰：「贛州府所屬十一縣，俱有前都察院右副都御史陽明王公祠，巍然並存。蓋因前院功業文章，足以匡時而華國；謀猷軍旅，足以禦暴而捍災。南、贛士民，咸思慕之，歌頌功德，久而不衰，尚有談及而下淚者。本縣原有祠堂，後有塞門什主者，廢爲宴憩之所，是誠何心哉？爲此仰本縣官史照牌事例，限三日内即查究清理，仍爲灑掃立主，因舊爲新。不惟一邑師生故老得以俱興瞻仰之私，而凡過信豐之墟者，咸得以盡展拜俎豆之禮。古人所謂愛禮存羊、禮失求野之意，即是可見矣。」

時謐署南、贛兵備事，故云。

三月，改建王公祠於南康。

南康舊有祠，在學宫右。後因異議者，遷師像於旭山韓公祠内。謐往謁祠，見二像並存於一室，王公有祭而無祠，韓公有祠而無祭，其室且卑陋。訪祠西有鄉約所，前有堂三間，後有閣一座，規模頗勝。乃置師像於堂而復其祭，韓公祠另爲立祭。使原有祠者，因祠而舉祭；原有祭者，因祭而立祠。則兩祠之勢並峙，而各全其尊；報功之典同行，而咸盡其義矣。

三月，安遠縣知縣吴卜相請建王公報功祠。

安遠舊無師祠，百姓私立牌於小學，父老子弟相率饋奠，始伸歲臈之情。卜相見之，乃惕然曰：「此吾有司之責也。」乃具申舊院道謂：「前都御史陽明王公，功在天下，而安遠爲用武之地；教在萬世，而虔州爲首善之區。本縣正德年間中，有廣寇葉芳擁衆數千，肆行剽掠，民不聊生。自受本院撫剿以來，立籍當差，無異於土著之齊民；後生小子，不忘乎良知之口授。今詢輿情，擇縣西舊堤備所空處，堪以修建祠堂。本縣將日逐自理詞訟銀兩，買辦供費，庶財省而功倍，祀專而民悦。」嘉靖二十九年申據前提督軍門盧，俱如議行之。見今像貌森嚴，祠宇宏麗，中兵備僉事沈、提督軍門張，扁其堂曰「仰止」，門曰「報功祠」。烜爲作記，立石紀事。

四月，瑞金縣知縣張景星請建王公報功祠。

按《虔南公移録》，景星申稱：「正德初年，歲侵民饑，畬賊銜熾，民不聊生，逃亡過半。賴提督軍門王公剪除凶惡，宣布德威，發粟賑饑，逃民復業。感恩思德，欲報無酧。今有耆民蘇振等願自助財鳩工，拓鄉校右，以崇祠像；李珩禄願自助早田八十畝，以承春秋尸祝。僉事沈謐嘉獎之，申照軍門。張烜嚴立規制，題曰『報功』，立石紀事。」

六月，崇義縣知縣王廷耀重修陽明王公祠。

崇義縣在上猶、大庾、南康之中，相距各三百餘里，師所奏建也。數十年來，居民井落，草木茂密，生聚繁衍。百姓追思功德，家設像以致奠祝。

至是，廷耀請於前軍門盧會民，建師祠於儒學東隅，盧從之。僉事沈謐、巡縣廷耀，請新舊制。謐爲增其未備，設制定祀如信豐諸縣，立石紀事。

九月，太僕少卿呂懷、巡按御史成守節改建陽明祠於琅琊山。

山去城五里。

舊有祠在豐樂亭右，湫隘不容俎豆。茲改建紫薇泉上。

是年，畿謁師祠，與懷、戚賢等數十人大會於祠下。十月，洪自寧國與貢安國謁師祠，見同門高年，猶有能道師教人初入之功者。

三十三年甲寅，巡按直隸監察御史閭東、寧國知府劉起宗建水西書院，祀先生。

水西在涇縣大溪之西，有上、中、下三寺。

初與諸生會集，寓於各寺方丈。既而諸生日衆，僧舍不能容，乃築室於上寺之隙地，以備講肄。又不足，提學御史黃洪毘與知府劉起宗創議建精舍於上寺右，未就。巡按御史閭東、提學御史趙鏜繼至。起宗復申議，於是屬知縣丘時庸恢弘其制，督成之。邑之士民好義者，競來相役。南陵縣有寡婦陳氏，曹按妻也，遣其子廷武輸田八十畝有奇，以稟餼來學。於時書院館穀具備，遂成一名區云。

起宗禮聘洪、畿問年至會。

三十四年乙卯，歐陽德改建天真仰止祠。

德揭天真祠曰：據師二詩，石門、蒼峽、龜疇、胥海皆上院之景，吾師神明所依也。今祠建山麓，恐不足以安師靈。適其徒御史胡宗憲、提學副使阮鶚俱有事吾浙，即責其改建祠於其上院，扁其額曰「仰止」。

江西提學副使王宗沭訪南康生祠，塑師像，遣生員徐應隆迎至新祠，爲有司公祭，下祠塑師燕居像，爲門人私祭。

鄒守益撰《天真仰止祠記》。記曰：「嘉靖丙辰，錢子德洪聚青原、連山之間，議葺《陽明先生年譜》，且曰：『仰止之祠，規模聳舊觀矣，宜早至一記之。』未果趨也。乃具顛末以告。天真書院本天真、天龍、淨明三寺地。歲庚寅，同門王子臣、薛子侃、王子畿暨德洪建書院，以祀先生新建伯。中爲祠堂，後爲文明閣、藏書室、望海亭，左爲嘉會堂、遊藝所、傳經樓，右爲明德堂、日新館，傍爲翼室。置田以供春秋祭祀。歲甲寅，今總制司馬梅林、胡公宗憲按浙，今中丞阮公鶚視學，謀於同門黄子弘綱、主事陳子宗虞，改祠於天真上院，距書院半里許。以薛子侃、歐陽子德、王子臣附，俱有事師祠也。左爲敘勳堂，右爲齋堂，後崖爲雲泉樓，前爲祠門。門之左通慈雲嶺，磴道横亘若虹。立石牌坊於嶺上，題曰『仰止』。下接書院，百步一亭，曰『見疇』，曰『瀉雲』，曰『環海』。右拓基爲淨香庵，以居守僧。外爲大門，合而題之曰『陽明先生祠』。門外半壁池，跨池而橋曰『登雲橋』。外即龜田亭，其上曰『太極』云。

「歲丁巳春，總制胡公平海夷而歸，思敷文教以戢武士，命同門杭二守、唐堯臣重刻先生《文録》《傳習録》於書院，以嘉惠諸生。重修祠宇，加丹堊泉石之勝，辟凝霞、玄陽之洞，梯上真，躡蟾窟，經蒼峽，采十真以臨四眺，湘煙越嶠，縱足萬狀，窮島怒濤，坐收樽俎之間。四方遊者愕然，以爲造物千年所秘也。文明有象，先生嘗詠之。而一旦盡發於群公，鬼神其聽之矣。

「守益拜首而復曰：真之動以天也微矣，果疇而仰應，又疇而止之。先師之訓曰：『有而未嘗有，是真有也；無而未嘗無，是真無也；見而未嘗見，是真見也。』而反覆師旨，慨乎顏子知幾之傳。故其詩曰：『無聲無臭，而乾坤萬有基焉。』是無而未嘗無也。又曰：『不離日用常行，而直造先天未畫焉。』是有而未嘗有也。無而未嘗無，故視聽言動於天則，欲罷而不能；有而未嘗有，故天則穆然，無方無體，欲從而末由。茲顏氏之所以爲真見也。吾儕之服膺師訓久矣，飭勵事爲而未達行著習察之藴，則倚於滯像；研精性命而不屑人倫庶物之實，則倚於淩虛，自邇而遠，自卑而高，未免於岐也。而入門升堂，奚所仰而止乎？獨知一脈，天德所由立，而王道所由四達也。慎之爲義，從心從真，不可人力加損；稍涉加損，便入人爲而僞矣。

「古之人受命如舜，無憂如文，繼志述事如武王、周公，格帝饗廟，運天下於掌，舉由孝弟以達神明，無二塗轍。故曰：『夫微之顯，誠之不可掩如此，指真之動以天也。』先師立艱履險，磨瑕去垢，從直諫遠謫，九死一生，沛然有悟於千聖相傳之訣；析支離於衆淆，融闕漏於二氏，獨揭良知以醒群夢，故惠流於窮民，威襲於巨寇，功昭於宗社，而教思垂於善類。雖罹讒而遇娼，欲掩而彌章，身没三十年矣，干戈倥傯中，表揚日力，此豈聲音笑貌可襲取哉？「惟梅林子嘗學於金臺，至取師門學術勳烈相與研之。既令餘姚，諳練淬勵，薦拜簡命，神謀鬼謀，出入千古，旁觀駭汗，而竟以成功，若於先師有默解者。繼自今督我同遊，暨於來學，駿奔詠歌，務盡齋明盛服之實。其望也若跂，其至也若休，將三千三百，盎然仁體，罔俾支離闕漏。雜之以古所稱忠信篤敬，參前倚衡，蠻貊無異於州里，省刑薄斂，親上死長，持挺於秦、楚，是發先師未展之秘，達爲赤舄，隱爲陋巷，俾聖代中和位育之休，熙光天化日之中，是謂『仰止』之真。」

三十五年丙辰二月，提學御史趙鏜修建復初書院，祀先生。

書院在廣德州治。

初，鄒守益謫判廣德，創建書院，置贍田，以延四方來學。率其徒濮漢、施天爵過越，見師而還。復初之會，遂振不息。後漢、天爵出宦遊，是會興復不常者二十年。至洪、畿主水西會，往來廣德，諸生張槐、黄中、李天秩等邀會五十人，過必與停驂信宿。

是年，漢、天爵致政歸，知州莊士元、州判何光裕，申鏜復大修書院，設師位，以歲修祀事。

五月，湖廣兵備僉事沈寵建仰止祠於崇正書院，祀先生。

書院在蘄州麒麟山。寵與州守同門谷鍾秀建書院，以合州之選士，講授師學。是年，與鄉大夫顧問、顧闕，迎洪於水西。諸生鍾沂、史修等一百十人有奇，合會於立誠堂。寵率州守首舉祀事，屬洪撰《仰止祠記》。其略曰：「二三子，爾知天下有不因世而異，不以地而隔，不爲形而拘者，非良知之謂乎？夫子於諸生世異、地隔、形疏，而顧祠而祀之，尸而祝之，非以良知潛通於其間乎？

「昔舜、文之交也，世之相後千有餘歲，地之相去千有餘里，揆其道則若合符節者，何也？爲其良知同也。苟求其同，豈惟舜、文爲然哉？赤子之心與大人同，夫婦之愚不肖與聖人同，蒸民之不識不知與帝則同，故考諸往聖而非古也，俟諸百世而非今也。無弗同也，無弗足也，故歷千載如一日焉，地不得而間也；通千萬人如一心焉，形不得而拘也。

「三代而降，世衰道微，而良知真體，炯然不滅。故夫子一發其端，而吾人一觸其幾，恍然如出幽谷而睹天日，故諸生得之易而信之篤者，爲良知同也。雖然，諸生今日得之若易，信之若篤矣，亦尚思其難而擬其信之若未至乎？昔者，夫子之始倡是學也，天下非笑詆訾，幾不免於陷阱者屢矣。夫子憫人心之不覺也，忘其身之危困，積以誠心，稽以實得，見之行事。故天下之同好者，共起而以身承之，以政明之，故諸生之有今日，噫，亦難矣！諸生今日之得，若火燃泉達，能繼是無間，必信其燎原達海，以及於無窮，斯爲真信也已。是在二三子圖之！」

四十二年癸亥四月，先師《年譜》成。

師既没，同門薛侃、歐陽德、黄弘綱、何性之、王畿、張元沖謀成《年譜》，使各分年分地搜集成稿，總裁於鄒守益。

越十九年，庚戌，同志未及合併。洪分年得師始生至謫龍場，寓史際嘉義書院，具稿以復守益。

又越十年，守益遺書曰：「同志注念師譜者，今多爲隔世人矣，後死者寧無懼乎？《譜》接龍場，以續其後，修飾之役，吾其任之。」洪復寓嘉義書院，具稿得三之二。

壬戌十月，至洪都，而聞守益訃。遂與巡撫胡松吊安福，訪羅洪先於松原。洪先開關有悟，讀《年譜》若有先得者，乃大悦，遂相與考訂，促洪登懷玉，越四月而《譜》成。

八月，提學御史耿定向、知府羅汝芳建志學書院於宣城，祀先生。

洪、畿初赴水西會，過寧國府，諸生周怡、貢安國、梅守德、沈寵、余珊、徐大行等二百人有奇，延至景德寺，講會相繼不輟。

是年，畿至。定向、汝芳規寺隙地，建祠立祀，於今講會益盛。後知府鍾一元扁爲「昭代真儒」，遵聖諭也。

四十三年甲子，少師徐階撰《先生像記》。

記曰：「陽明先生像一幅，水墨寫。嘉靖己亥，予督學江西，就士人家摹得先生燕居像二，朝衣冠像一。明年庚子夏，以燕居之一贈呂生，此幅是也。

「先生在正德間，以都御史巡撫南贛，督兵敗宸濠，平定大亂，拜南京兵部尚書，封新建伯。其後以論學爲世所忌，竟奪爵。予往來吉、贛，問其父老，云：濠之未叛也，先生奉命按事福州，乞歸省其親，乘單舸下南昌；至豐城聞變，將走還幕府，爲討賊計，而吉安太守松月伍公議適合，郡又有積穀可養士，因留吉安。徵諸郡兵，與濠戰湖中，敗擒之。其事皆有日月可按覆。而忌者謂先生始赴濠之約，後持兩端，遁歸。爲伍所强，會濠攻安慶不克，乘其沮喪，幸成功。夫人苟有約，其敗徵未見，必不遁。凡攻討之事，勝則侯，不勝則族。苟持兩端，雖强之必不留。武皇帝之在御也，政由嬖幸。濠悉與結納，至或許爲内應。方其崛起，天下皆不敢意其遽亡。先生引兵而西，留其家吉安之公署，聚薪環之，戒守者曰：『兵敗即縱火，毋爲賊辱。』嗚呼！此其功豈可謂幸成？而其心事，豈不皦然如日月哉？

「忌者不與其功足矣，又舉其心事誣之，甚矣，小人之不樂成人善也！自古君子爲小人所誣者多矣，要其終必自暴白。乃予所深慨者，今世士大夫，高者談玄理，其次爲柔愿，下者直以貪黷奔競，謀自利其身。有一人焉，出死力，爲國家平定大亂，而以忌厚誣之，其勢不盡驅士類入於三者之途不止。凡爲治不患無事功，患無賞罰。議論者，賞罰所從出也。今天下漸以多事，庶幾得人焉，馳驅其間，而平時所議論者如此，雖在上智，不以賞罰爲勸懲，彼其激勵中才之具，不已疏乎？此予所深慨也。

「濠之亂，孫、許二公死於前，先生平定之於後，其迹不同，同有功於名教。江西會城，孫、許皆廟食，而先生無祠。予督學之二年，始祀先生於後圃。未幾被召，因摹像以歸，將示同志者，而首以贈吕生。予嘗見人言，此像於先生極似。以今觀之，貌殊不武，然獨以武功顯，於此見儒者之作用矣，吕生誠有慕乎？尚於其學求之。」

巡按江西監察御史成守節重修洪都王公仰止祠。

大學士李春芳作《碑記》。記曰：「陽明先生祠，少師存翁徐公督學江右時所創建也。公二十及第，宏詞博學，燁然稱首詞林，一時詞林宿學，皆自以爲不及。而公則曰：『學豈文詞已也！』

「日與文莊歐陽公窮究心學，聞陽明先生良知之説而深契焉。江右爲陽明先生過化，公既闡明其學以訓諸生，而又爲崇祀無所，不足以繫衆志，乃於省城營建祀宇，肖先生像祀之。遴選諸生之俊茂者樂群其中，名曰『龍沙會』。公課藝暇，每以心得開示諸生，而一時諸生多所興起云。

「既公召還，洊躋綸閣，爲上所親信，蓋去江右幾二十年矣。有告以祠宇傾圮者，公則愀然動心，捐賜金九十，屬新建錢令修葺之。侍御甘齋成君聞之曰：『此予責也。』遂身任其事，鳩工拓材，餙其所已敝，增其所未備，堂宇齋舍，煥然改觀。不惟妥神允稱，而諸生之興起者，益勃勃不可禦矣。

「噫！公當樞筦之任，受心膂之寄，無論幾務叢委，即宸翰咨答，日三四至，而猶之不可以已也。夫致知學發自孔門，而孟子良知之説，則又發所未發。陽明先生合而言之曰『致良知』，則好善惡惡之意誠，推其極，家國天下可坐而理矣。

「公篤信先生之學，而日以體之身心，施之政事。秉鈞之初，即發私饋，屏貪墨，示以好惡，四海嚮風。不數年，而人心吏治翕然丕變，此豈有異術哉？好善惡惡之意誠於中也，故學非不明之患，患不誠耳。知善知惡，良知具存。譬之大明當天，無微不照，當好當惡，當賞當罰，當進當退，錙銖不爽，各當天則。循其則而應之，則平平蕩蕩，無有作好，無有作惡，而天下平矣。故誠而自慊，則好人所好，惡人所惡，而爲仁；不誠而自欺，則好人所惡，惡人所好，而爲不仁。苟爲不仁，生於其心，害於其事，蠹治戕民，有不可勝言者矣。公爲此懼，又舉明道《定性》《識仁》二書發明其義，以示海内學者，而致知之學益明以切。諸生能心惟其義而體諸身，則於陽明先生之學幾矣。業新舍者，其尚體公之意，而殫力於誠，以爲他日致用之地哉！」

四十五年丙寅，刻先生《文録續編》成。

師《文録》久刻於世。同志又以所遺見寄，彙録得爲卷者六。嘉興府知府徐必進見之曰：「此於師門學術皆有關切，不可不遍行。」同志董生啟予徵少師存齋公序，命工入梓，名曰《文録續編》，并《家乘》三卷行於世云。

今上皇帝隆慶元年丁卯五月，詔贈新建侯，謚文成。

丁卯正月，詔病故大臣有應得恤典贈謚而未得者，許部院科道官議奏定奪。於是給事中辛自脩、岑用賓等，御史王好問、耿定向等上疏：「原任新建伯兵部尚書兼都察院左都御史王守仁，功勳道德，宜膺殊恤。」下吏、禮二部會議，得：「王守仁具文武之全才，闡聖賢之絶學，筮官郎署，而抗疏以犯中璫，甘受炎荒之謫。建臺江右，而提兵以平巨逆，親收社稷之功。偉節奇勳，久見推於輿論。封盟錫典，豈宜遽奪於身終？」疏上，詔贈新建侯，謚文成。

制曰：「竭忠盡瘁，固人臣職分之常；崇德報功，實國家激勸之典。矧通侯班爵，崇亞上公，而節惠易名，榮逾華衮。事必待乎論定，恩豈容以久虚？爾故原任新建伯南京兵部尚書兼都察院左都御史王守仁，維岳降靈，自天佑命。爰從弱冠，屹爲宇宙人豪。甫拜省郎，獨奪乾坤正論。身瀕危而志愈壯，道處困而造彌深。紹堯、孔之心傳，微言式闡；倡周、程之道術，來學攸宗。蘊蓄既宏，猷爲丕著；遺艱投大，隨試皆宜；戡亂解紛，無施勿效。閩、粤之箐巢盡掃，而擒縱如神；東南之黎庶舉安，而文武足憲。

「爰及逆藩稱亂，尤資仗鉞淵謀。旋凱奏功，速於吳、楚之三月；出奇決勝，邁彼淮、蔡之中宵。是嘉社稷之偉勳，申盟帶礪之異數。既復撫夷兩廣，旋至格苗七旬。謗起功高，賞移罰重，爰遵遺詔，兼采公評，續柏國之生封；時肅旌伐，追曲江之殊恤，庶以酬勞。

「兹特贈爲新建侯，謚文成，錫之誥命。於戲！鐘鼎勒銘，嗣美東征之烈；券綸昭錫，世登南國之功。永爲一代之宗臣，實耀千年之史册。冥靈不昧，寵命其承！」

六月十七日，遣行人司行人賜造墳域，遣浙江布政使司堂上正官參政，與祭七壇。

二年戊辰六月，先生嗣子正億襲伯爵。

元年三月，給事中辛自脩、岑用賓等爲開讀事上疏，請復伯爵。吏部尚書楊博奉旨移咨江西巡撫都御史任士憑，會同巡按御史蘇朝宗查覆征藩實迹，及浙江巡撫都御史趙孔昭、巡按御史王得春奏應復爵廕相同。於是吏部奉欽依，會同成國公朱希忠、户部尚書馬森等議得：「本爵一聞逆濠之變，不以非其職守，急還吉安，倡義勤王。未逾旬朔，而元凶授首，立消東南尾大之憂。不動聲色，而奸宄蕩平，坐貽宗社磐石之固。較之開國佐命，時雖不同，擬之靖遠咸寧，其功尤偉。委應補給誥券，容其子孫承襲，以彰與國咸休，永世無窮之報。」

議上，詔遵先帝原封伯爵與世襲。

至三年五月，御史傅寵奏議爵廕，吏部復請欽依，會同成國公朱希忠、户部尚書劉體乾議得：「誠意伯劉基食糧七百石，乃太祖欽定，靖遠伯王驥一千石，新建伯王守仁一千石，係累朝欽定，多寡不同。夫封爵之典，論功有六：曰開國，曰靖難，曰禦胡，曰平番，曰征蠻，曰擒反。而守臣死綏，兵樞宣猷，督府剿寇，咸不與焉。蓋六功者，關社稷之重輕，係四方之安危，自非茅土之封，不足以報之。至於死綏、宣猷、剿寇，則皆一身一時之事，錫以錦衣之廕則可，概欲剖符，則未可也。竊照新建伯王守仁，乃正德十四年親捕反賊宸濠之功。南昌、南贛等府，雖同邦域，分土分民，各有專責，提募兵而平鄰賊，不可不謂之倡義。南康、九江等處，首罹荼毒，且進且攻，人心揺動，以藩府而叛朝廷，不可不謂之勁敵。出其不意，故俘獻於旬月之間。若稍懷遲疑，則賊謀益審，將不知其所終。攻其必救，故績收乎萬全之略。若少有疏虞，則賊黨益繁，自難保其必濟。虜功本自無前，奇計可以範後。靖遠威寧，姑置不論，即如寧夏安化之變，比之江西，難易迥絶。遊擊仇鉞，於時得封咸寧伯，人無間言。同一藩服捕反，何獨於新建伯而疑之乎？所據南京各道御史，欲要改廕錦衣衛，於報功之典未盡，激勸攸關，難以輕擬。合無將王守仁男正億襲新建伯，不必改議，以後子孫仍照臣等先次會題，明旨許其世襲。」

詔從之，準照舊世襲。

年譜五

增訂《年譜》刻成，啟原檢舊譜，得爲序者五，得論《年譜》書者二十。乃作而嘆曰：譜之成也，非苟然哉！陽明夫子身明其道於天下，緒山、念庵諸先生心闡斯道於後世；上以承百世正學之宗，下以啟百世後聖之矩。讀是譜者，可忽易哉！乃取叙、書彙而録之，以附譜後。使後之志師學者，知諸先生爲道之心身，斯譜其無窮乎？

陽明先生年譜序

門人錢德洪〔一〕

嘉靖癸亥夏五月，《陽明先生年譜》成。門人錢德洪稽首叙言曰：

「昔堯、舜、禹開示學端，以相授受，曰『允執厥中，四海困窮，天禄永終』。噫！此三言者，萬世聖學之宗與？『執中』不離乎四海也。『中』也者，人心之靈，同體萬物之仁也。『執中』而離乎四海，則天地萬物失其體矣。故堯稱峻德，以自親九族，以至和萬邦；舜稱玄德，必自定父子，以化天下。堯、舜之爲帝，禹、湯、文、武之爲王，所以致唐虞之隆，成三代之盛治者，謂其能明是學也。

「後世聖學不明，人失其宗，紛紛役役，疲極四海，不知『中』爲何物。伯術興，假借聖人之似以持世，而不知逐乎外者遺乎内也。佛、老出，窮索聖人之隱微以全生，而不知養乎中者遺乎外也。教衰行弛，喪亂無日，天祿亦與之而永終。噫，夫豈無自而然哉！寥寥數千百年，道不在位，孔子出，祖述堯、舜，顔、曾〔二〕、思、孟、濂溪、明道繼之，以推明三聖之旨，斯道燦燦然復明於世。惜其空言無徵，百姓不見三代之治，每一傳而復晦，寥寥又數百年。

「吾師陽明先生出，少有志於聖人之學，求之宋儒不得，窮思物理，卒遇危疾，乃築室陽明洞天，爲養生之術。静攝既久，恍若有悟，蟬脱塵坌，有飄飄遐舉之意焉。然即之於心，若未安也，復出而用世。謫居龍場，衡困拂鬱，萬死一生，乃大悟『良知』之旨。始知昔之所求，未極性真，宜其疲神而無得也。

「蓋吾心之靈，徹顯微，忘内外，通極四海而無間，即三聖所謂中也〔三〕。本至簡也而求之繁，至易也而求之難，不其謬乎？征藩以來，再遭張、許之難，呼吸生死，百煉千摩，而精光焕發，益信此知之良，神變妙應而不流於蕩，淵澄静寂而不墮於空，徵之千聖莫或紕繆，雖百氏異流，咸於是乎取證焉。噫！亦已微矣。始教學者悟從静入，恐其或病於枯也，揭『明德』『親民』之旨，使加『誠意』『格物』之功，至是而特揭『致良知』三字，一語之下，洞見全體，使人人各得其中。

由是以昧入者以明出，以塞入者以通出，以憂憤入者以自得出，四方學者翕然來宗之。噫！亦云兆矣。天不慭遺，野死遐荒，不得終見三代之績，豈非千古一痛恨也哉！

「師既没，吾黨學未得正，各執所聞以立教。儀範隔而真意薄，微言隱而口説騰，且喜爲新奇譎秘之説，凌獵超頓之見，而不知日遠於倫物。甚者認知見爲本體，樂疏簡爲超脱，隱幾智於權宜，蔑禮教於任性，未及一傳而淆言亂衆，甚爲吾黨憂！

「邇年以來，亟圖合併，以宣明師訓，漸有合異統同之端，謂非良知昭晰，師言之尚足徵乎？譜之作，所以徵師言耳。始謀於薛尚謙，顧三紀未就。同志日且凋落，鄒子謙之遺書督之。洪亦大懼湮没，假館於史恭甫嘉義書院。越五月，草半就。趨謙之，而中途聞訃矣。偕撫君胡汝茂往哭之。返見羅達夫閉關方嚴。及讀譜，則喟然嘆曰：『先生之學，得之患難幽獨中，蓋三變以至於道。今之談『良知』者，何易易也！』遂相與刊正。

「越明年正月，成於懷玉書院，以復達夫。比歸，復與王汝中、張叔謙、王新甫、陳子大賓、黄子國卿、王子健互精校閲，曰：『庶其無背師説乎？』命壽之梓。然其事則核之奏牘，其文則稟之師言，罔或有所增損。若夫力學之次，立教之方，雖因年不同，其旨則一。洪竊有取而三致意焉。

噫！後之讀譜者，尚其志逆神會，自得於微言之表〔四〕，則斯道庶乎其不絶矣。僭爲之序。」

校勘記

〔一〕按，此爲天真本第二序，末有題識云「嘉靖癸亥八月朔門人餘姚錢德洪百拜書」。

〔二〕「顔、曾」，天真本無。

〔三〕「即三聖所謂中也」，天真本無。

〔四〕「自得」，天真本作「解悟」。

陽明先生年譜考訂序

後學羅洪先〔一〕

嘉靖戊申，先生門人錢洪甫聚青原，言《年譜》僉以先生事業多在江右，而直筆不阿，莫洪先若〔二〕，遂舉丁丑以後五年相屬。又十六年，洪甫携《年譜》稿二三册來，謂之曰：「戊申青原之聚，今幾人哉！」洪甫懼，始堅懷玉之留。明年四月，《年譜》編次成書，求踐約。會滁陽胡汝茂巡撫江右，擢少司馬，且行，刻期入梓，敬以旬日畢事。已而即工稍緩，復留月餘。自始至卒，手自更正，凡八百數十條。其見聞可據者，删而書之。歲月有稽，務盡情實，微涉揚詡，不敢存一字。大意貴在傳信，以俟將來。於是《年譜》可觀。

洪先因訂《年譜》，反覆先生之學，如適途者顛仆沉迷泥淖中，東起西陷，亦既困矣，然卒不爲休也。久之，得小蹊徑，免於沾途，視昔之蹊徑有異焉。在他人宜若可以已矣，然卒不爲休也。久之，得大康莊，視昔之險道又有異焉。在他人宜若可以已矣，乃其意則以爲出於險道。而一旦至是，不可謂非過幸。彼其才力，足以特立而困爲我者，固尚衆也，則又極力呼號，冀其偕來以共此樂。而顛迷愈久，呼號愈切。其安焉而弗之覺者〔三〕，顧視其呶呶，至老死不休，而翻以爲笑。不知先生蓋有大不得已者惻於中。嗚呼！豈不尤異也乎？

故善學者，竭才爲上，解悟次之，聽言爲下。蓋有密證殊資，嘿持妙契，而不知反躬自求實際，以至不副夙期者多矣。固未有歷涉諸難，深入真境，而觸之弗靈，發之弗瑩，必有俟於明師面臨，至語私授，而後信久遠也。

洪先談學三年，而先生卒，未嘗一日得及門。然於三者之辨，今已審矣。學先生之學者視此何哉？無亦曰是必有得乎其人，而《年譜》者固其影也。

校勘記

〔一〕按，此爲贛州本第三序，末有題識云「嘉靖四十二年癸亥七月朔後學吉水羅洪先書」。

〔二〕「先若」，原作「先君」，據贛州本改。

〔三〕「覺」，底本墨釘，據贛州本補。

刻陽明先生年譜序

門人王畿

年譜者何？纂述始生之年，自幼而壯，以至於終，稽其終始之行實而譜焉者也。其事則仿於《孔子家語》，而表其宗傳，所以示訓也。《家語》出於漢儒之臆說，附會假借，鮮稽其實，致使聖人之學黯而弗明，偏而弗備，駁而弗純，君子病焉。求其善言德行，不失其宗者，莫要於《中庸》。蓋子思子憂道學之失傳，發此以詔後世。其言明備而純，不務臆說；其大旨在「未發之中」一言，即虞廷道心之微也。本諸心之性情，致謹於隱微顯見之幾，推諸中和位育之化，極之乎無聲無臭，而後爲至，蓋家學之秘藏也。孟軻氏受業子思之門，自附於「私淑」，以致「願學」之誠，於尹、夷、惠則以爲「不同道」，於諸子則以爲「姑舍是」。自生民以來，莫盛於孔子，毅然以見而知之爲己任，差等百世之上，若觀諸掌中，是豈無自而然哉？所不同者何道？所舍者何物？所願者何事？端緒毫釐之間，必有能辨之者矣。漢儒不知聖人之學本諸性情，屑屑然取證於商羊萍實，防風之骨，肅慎之矢之迹，以遍物爲知，必假知識聞見助而發之，使世之學者不能自信其心，倀倀然求知於其外，漸染積習，其流之弊歷千百年而未已也。

我陽明先師，崛起絶學之後，生而穎異神靈，自幼即有志於聖人之學。蓋嘗泛濫於辭章，馳騁於才能，漸漬於老、釋，已乃折衷於群儒之言，參互演繹，求之有年，而未得其要。及居夷三載，動忍增益，始超然有悟於良知之旨無内外，無精粗，一體渾然，是即所謂「未發之中」也。其説雖出於孟軻氏，而端緒實原於孔子。其曰：「吾有知乎哉，無知也。蓋有不知而作，我無是也。」言良知無知而無不知也，而知識聞見不與焉，此學脈也。師以一人超悟之見，呶呶其間，欲以挽回千百年之染習，蓋亦難矣。寖幽寖昌，寖微寖著，風動雷行，使天下靡然而從之，非其有得於人心之同然，安能舍彼取此，確然自信而不惑也哉？

雖然，道一而已，學一而已。良知不由知識聞見而有，而知識聞見莫非良知之用。文辭者，道之華；才能者，道之幹；虚寂者，道之原；群儒之言，道之委也，皆所謂良知之用也。有舍有取，是内外精粗之見未忘，猶有二也。無聲無臭，散爲萬有，神奇臭腐，隨化屢遷，有無相乘之機，不可得而泥也，是故溺於文辭，則爲陋矣。道心之所達，良知未嘗無文章也，役於才藝，則爲鄙矣。天之所降，百姓之所與，良知未嘗無才能也。老、佛之沉守虚寂，則爲異端。無思無爲，以通天下之故，良知未嘗無虚寂也。世儒之循守典常，則爲拘方。有物有則，以適天下之變，良知未嘗無典要也。蓋得其要則臭腐化爲神奇，不得其要則神奇化爲臭腐，非天下之至一，何足以與於此？

夫儒者之學，務於經世，但患於不得其要耳。昔人謂「以至道治身，以土苴治天下」，是猶泥於内外、精粗之二見也。動而天游，握其機以達中和之化，非有二也。功著社稷而不尸其有，澤究生民而不宰其能，教彰士類而不居其德，周流變動，無爲而成，莫非良知之妙用，所謂渾然一體者也。如運斗極，如轉户樞，列宿萬象，經緯闔辟，推蕩出入於大化之中，莫知其然而然。信乎儒者有用之學，良知之不爲空言也！師之纘承絶學，接孔、孟之傳，以上窺姚、姒，所謂聞而知之者非耶？

友人錢洪甫氏與吾黨一二小子，慮學脈之無傳而失其宗也，相與稽其行實終始之詳，纂述爲《譜》，以示將來。其於師門之秘，未敢謂盡有所發；而假借附會，則不敢自誣，以滋臆説之病。善讀者以意逆之，得於言詮之外，聖學之明，庶將有賴，而是譜不爲徒作也已，故曰所以示訓也。

又

後學胡松〔一〕

人有恒言：真才固難，而全才尤難也。若陽明先生，豈不亶哉其人乎？方先生抗議忤權，投荒萬里，處約居貧，困心衡慮，犖然道人爾。及稍遷令尹，漸露鋒穎矣。未幾，内遷進南太僕若鴻臚，官曹簡暇，日與門人學子講德問業，尚友千古，人皆譁之爲禪。後擢僉副都御史，至封拜，亦日與門人學子論學不輟，而山賊、逆藩之變，一鼓殲之，於是人始服先生之才之美矣。雖服先生之才，而猶疑先生之學，誠不知其何也。

松嘗謂先生之學與其教人，大抵無慮三變。始患學者之心紛擾而難定也，則教人静坐反觀，專事收斂。學者執一而廢百也，偏於静而遺事物，甚至厭世惡事，合眼習觀而幾於禪矣，則揭言「知行合一」以省之，其言曰「知者行之始，行者知之成」，又曰「知爲行主意，行爲知工夫」，而要於去人欲而存天理。其後，又恐學者之泥於言詮，而終不得其本心也，則專以「致良知」爲作聖爲賢之要矣。不知者與未信者，則又病良知之不足以盡道而群然吠焉。豈知良知即良心之别名。是「知」也，維天高明，維地廣博，雖無聲臭，萬物皆備。古今千聖萬賢，天下百慮萬事，誰能外此知者？而「致」之爲言，則篤行固執，允迪實際，服膺弗失，而無所弗用其極，並舉之矣，豈專守靈明，用知而自私耶？專守靈明，用智自私，而不能流通著察於倫物雲爲之感，而或牽引轉移於情染伎倆之私，雖名無不周遍，而實難與研慮；雖稱莫之信果，而實近於蕩恣，甚至藐兢業而病防檢，私徒與而挾悻嫉，廢人道而群鳥獸，此則禪之所以病道者爾。先生之學，則豈其然乎？故其當大事，決大疑，夷大難，不動聲色，不喪匕鬯，而措斯民於衽席之安，皆其良知之推致而無不足，而非有所襲取於外。

他日讀書，竊疑孔子之言而曰：「我戰則克，祭則受福。」夫聖非誇也，未嘗習爲戰與鬭也，又非有祝詛厭勝之術也，而云必克與福，得無殆於誣歟？是未知天人之心之理之一也。夫君子齋戒以養心，恐懼而愼事，則與天合德，而聰明睿知，文理密察，溥博淵泉而時出之矣，則何福之不獲，何戰之弗克，而又奚疑焉？不然，傳何以曰：「明乎郊社之禮、禘嘗之義，治國其如視諸掌乎！」夫郊社、禘嘗之禮，則何與於治國之事也？

夫道一而已矣〔二〕，通則皆通，塞則皆塞。文豈爲文，武豈爲武？蓋尚父之鷹揚，本於敬義；而周公之東征破斧，寔哀其人而存之。彼依托之徒，呼喝叱詫，豪蕩弗檢，自詭爲道與學，而欲舉天下之大事，祇見其勞而敝矣。

緒山錢子，先生高第弟子也，編有先生《年譜》舊矣，而猶弗自信。泝錢塘，逾懷玉，道臨川，過洪都，適吉安，就正於念庵諸君子。念庵子爲之删繁舉要，潤飾是正，而補其闕軼。信乎！其文則省，其事則增矣，計爲書七卷。既成，則謂予曰：「君滁人，先生蓋嘗過化，而今繼居其官，且與討論，君宜叙而刻之。」余謝不敢，而又弗克辭也，則以竊所聞於諸有道者，論次如左，俾後世知先生之才之全，蓋出於其學如此，必就其學而學焉，庶幾可以弗畔矣夫。

校勘記

〔一〕按，此爲天真本第一序，贛州本第二序，末皆有題識云「嘉靖癸亥夏日巡撫江西等處地方兼理軍務兵部右侍郎兼都察院右僉都御史滁上後學胡松序」。

〔二〕此下，贛州本有「心亦一而已矣」一句。

又

後學王宗沐

昔者，孔子自序其平生得學之年，自十五以至七十，然後能從心所欲，不逾矩。其間大都詣入之深，如浚井者，必欲極底裏以成；而修持之漸，如歷階者，不容躐一級而進。至哉粹乎！千古學脈之的也。然宗沐嘗仰而思之，使孔子不至七十而没，豈其終不至於從心耶？若再引而未没也，則七十而後，將無復可庸之功耶？嗟呼！此孔子所謂苦心，吾恐及門之徒，自顏、曾而下，有不得而聞者矣。

夫矩，心之體而物之則也。心無定體，以物爲體。方其應於物也，而體適呈焉，炯然焕然，無起無作，不以一毫智識、意解參於其間，是謂動以天也，而自適於則。加之，則涉於安排；減之，則闕而不貫。毫釐幾微，瞬目萬里，途轍倚着，轉與則背，此非有如聖人之志，畢餘生之力，精研一守，以至於忘體忘物，獨用全真，則固未有能湊泊其藩者。而況於横心之所欲，而望其自然不逾於矩哉？此聖學所以別於異端，斃而後已，不知老之將至者也。不逾矩，由不惑出；而不惑者，吾心之精明本體，所謂知也。

自宋儒濂溪、明道之没，而此學不傳。我朝陽明王先生，蓋學聖人之學者。其事功文章，與夫歷涉發迹，頗爲世所奇，而争傳之以爲怪。年幾六十而没，而其晚歲始專揭「致良知」爲聖學大端，良有功於聖門。予嘗覽鏡其行事，而參讀其書，見其每更患難則愈精明，負重難則愈堅定，然後知先生英挺之禀雖異於人，而所以能邃於此學，而發揮於作用者，亦不能不待於歷歲踐悟之漸。而世顧奇其發迹與夫事業文章之餘，夫亦未知所本也與？

先生高弟餘姚錢洪甫氏以親受業，乃能譜先生履歷始終，編年爲書。凡世所語奇事不載，而於先生之學，前後悟入，語次猶詳。書成而俾予爲之序。

論《年譜》書

鄒守益

浮峰公歸浙，托書促聚復真，以了先師年譜，竟不獲報。烏泉歸，審去歲兄在燕峰館修《年譜》，以大水乃旋。今計可脱稿，爲之少慰。同門群公如中離、静庵、善山、洛村、南野，皆勤勤在念，又作隔世人矣。努力一來了此公案。師門固不藉此，然後死者之責，將誰執其咎？佇望佇望！

歸自武夷，勞與暑並，静養寡出，始漸就愈。老年精力更須愛惜，願及時勵之。風便，早示瑶音，以快懸跂。

論《年譜》書　凡九首〔一〕　羅洪先

一

數年一晤，千里而來，人生幾何，幾聚散遂已矣，可不悲哉！信宿相對，受益不淺。正通書爐峰問行踪，書扇至矣。好心指摘，感骨肉愛，兒輩何知，辱誨真語，且波其父，兩世銜戢，如何爲報？計南浦尚有數月留，稍暇裁謝也。

《年譜》自别後即爲册事奪去，自朝至暮，不得暇，竟無頃刻相對。期須於歲晚圖之，幸無汲汲。所欲語諸公者，面時當不忘。别後，見諸友，幸語收静之功。居今之世，百務紛紛，中更不回首，寧有生意，不患其不發揚，患不枯槁耳。

會語教兒輩者，可以語諸友也，如何？

二

天寒歲暮，孤舟漾漾，不知何日始抵南浦，此心念之。忽思《年譜》非細事，兄亦非閑人，一番出遊，一番歲月，亦無許多閑光陰。須爲決計，久留僻地一二月，方可成功。

前所言省城内外，終屬終囂是非之場，斷非著書立言之地，又不過終日揖讓飲宴而已，何益於久處哉？今爲兄計，歲晚可過魯江公連山堂静處，且須謝絶城中士友，勿復往來。可久則春中始發，不然初正仍鼓懷玉之棹，閑居數月，日間會友，皆立常規。如此更覺穩便。即使柏泉公有扳留意，亦勿依違。如此方有定向，不至優遊廢事矣。

弟欲寄語并譜草，亦當覓便風，不長遠也。深思爲畫此策，萬萬俯聽，不惑人言，至懇至懇！

三

玉峽人來，得手書，知兄拳拳譜草。前遇便曾附一簡，爲公畫了譜之計，極周悉，幸俯聽。且近時人之好尚不同，訕言誚謗，極能敗人興味。縱不之顧，恐於侍坐之愆，不免犯瞽之戒，知公必不忍也。附此不盡。

四

倏焉改歲，區區者年六十矣。七十古稀，亦止十年間。十年月日，可成何事？前此只轉瞬耳，可不懼哉！前連二書，望留兄了譜事。只留魯江兄宅上，百凡皆便。有朋友相聚者，令寄食於鄰。如此，賓主安矣。不然，柏泉公有館穀之令，則處懷玉爲極當，好景、好人、好日月，最是難得。如不肖弟者，已不得從，可輕視哉！省中萬不可留，毋爲人言所誑，再囑再囑！

《年譜》一卷，反覆三日，稍有更正。前欲書者，乃合卺日事。而觀綱上言學，心若未安，今已入目。於目中諸書揭標，令人觸目，亦是提醒人處。入梓日，以白黑地別之。二卷、三卷如舉「良知」之説，皆可揭標於目中矣，望增入。

不識兄今何在？便風示知之。

五

正月，遣使如吴江迎沈君，曾附《年譜》稿並小簡上，想已即達。龍光之聚，言之使人興動。弟謬以不肖所講言之諸兄，是執事説假譬以興發之。在諸君或有自得，在不肖聞之愧耳。供張不煩有司，甚善。只恐往來酬應，亦費時日，兼彼此不便，則何如？諸君之意方專誠，不知何以爲去留也？

《年譜》續修者，望寄示。柏泉公爲之序，極善，俟人至當促之。來簡「精詣力究」四字，真吾輩猛省處；千載聖人不數數，只爲欠此四字。

近讀《擊壤》之集，亦覺此老收手太早。若是孔子，直是停脚不得也。願共勉之。

六

承別簡數百言，反覆於僕之稱謂。謂僕心師陽明先生，稱後學不稱門人，與童時初志不副。稱門人於没後，有雙江公故事可援，且謬加許可，以爲不辱先生門牆。此皆愛僕太過，特爲假借推引耳。在僕固有所不敢。竊意古人之稱謂，皆據實不苟焉，以著誠也。昔之願學孔子者，莫如孟子。孟子嘗曰：「予未得爲孔子徒也。」蓋嘆之也。彼其嘆之云者，謂未得親炙見而知之，以庶幾於速肖焉耳，固未始即其願學而遂自謂之徒也。夫得及門，雖互鄉童子亦與其進；不得及門，雖孟子不敢自比於三千。後之師法者，宜如何哉？此僕之所以不敢也。

雖然，僕於先生之學，病其未有得耳。如得其門，稱謂之門不門，何足輕重？是爲僕謀者，在願學，不在及門也。今之稱後學者，恒不易易，必其人有足師焉，然後書之。如是，則僕之稱謂，實與名應，宜不可易。若故江公與僕兩人，一則嘗侍坐，一則未納贄，事體自別，不得引以相例。且使僕有不得及門之嘆，將自俛焉跂而及之，亦足以爲私淑之助，未爲戚也。惟兄言。

七

廿六日，吐泄大作，醫云内有感冒，五日後方云無事。在五六日中，自分與兄永訣。方見門前光景，未能深入究意，亦無奈何！惟此自知耳，雖父子間，不能一語接也。

初四日，復見正月廿日書，始知廿四之期決不可留人，爲悵悵。蓋兄在南浦，一日未安，則弟不能安松原一日。今離去太遠，此心如何！此心如何！

見兄論《夜坐》詩，中間指先天之病，非謂先天也，謂學也。記得白沙《夜坐》有云：「些兒若問天根處，亥子中間得最真。」又云：「吾儒自有中和在，誰會求之未發前？」是白沙無心於言也。信口拈來，自與〔二〕道合。白沙雖欲靳之，有不可得者也。不肖正欲反其意，而言不自達，爲之愧愧。然不敢妄言，乃遵兄終身之惠，不敢不敬承。

病戒多言，復此喋喋，不任惶恐。附此再呈不次。

八

前病中承示行期，即力疾具復。未幾，王使來，復辱惠以《年譜》。即日命筆裁請。緣其中有當一二三人細心商量者，而執事得先生真傳，面對口語，不容不才億度，比別樣叙作用不同，故須再請於執事，務細心端凝，曲盡當時口授大義，使他年無疑於執事可也。自整不妨連下，或至來年總寄來。不肖不敢不盡其愚。此千載之事，非一時草草。然舍今不爲，後一輩人更不可望矣。

峽江胡君知事者，書來托之，斷不稽緩。

九

八月十一日，始得兄六月朔日書，則知弟六月下旬所寄書，未知何日至也。柏泉公七月發《年譜》來，日夕相對，得盡寸長。平生未嘗細覽《文集》，今一一詳究，始知先生此學進爲始末之序，因之頗有警悟。故於《年譜》中手自披校，凡三四易稿，於兄原本，似失初制，誠爲僭妄。弟體兄虛心求益，不復敢有彼我限隔耳。如己卯十一日始自京口返江西，遊匡廬；庚辰正月赴召歸，重遊匡廬，二月九江還南昌；又乙亥年自陳疏，乃己亥年考察隨例進本，不應復有納忠切諫之語，亦遂舉據《文集》改正之。其原本所載，本稿不敢濫入，豈當時先生有是稿未上歟？愚意此稿只入集，不應遂入《年譜》。不及請正，今已付新建君入梓，惟兄善教之。草草裁復，不盡請正。

十

得吴堯山公書，知《年譜》已刻成。承陸北川公分惠，可以達鄙意矣。

綿竹共四十部，此外寄奉龍溪兄十部，伏惟鑒入。雖然，今所傳者，公之影響耳。至於此學精微，則存乎人自得之，固不在有與無、多與少也。

弟去歲至今，皆在病中，無能復舊。然爲學之意，日夕懇懇，始知垂老惟有此事緊要。若得影響，即可還造化，無他欠事也。兄別去一年，此件自覺如何？前輩凋落，雙翁以歸土。所賴倡明此學者，却在吾輩。吾輩若不努力，稍覺散漫，即此已矣，無復可望矣。得罪千占，非細事也，悲哉悲哉！

千里寄言，不盡繾綣。

校勘記

〔一〕按，當爲十首。且爲方便閱讀，「一二三」等標目爲整理者所加。

〔二〕「與」，原作「語」，據隆慶五年本《年譜》改。

答論《年譜》書　凡十首　錢德洪

一

承兄下榻，信宿對默，感教實多。兄三年閉關，焚舟破釜，一戰成功，天下之太宇定矣。斯道屬兄，後學之慶也，珍重珍重！更得好心消盡，生死毀譽之念忘，則一體萬化之情顯，盡乎仁矣，如何如何？

師譜一經改削，精彩迥別，謝兄點鐵成金手也。東去，譜草有繼上，乞賜留念。外詩扇二柄，寄令郎以昭，并祈賜正。詩曰：「我昔遊懷玉，而翁方閉關。數年論暌合，豈泥形迹間？今日下翁榻，相對無怍顏。月魄入簾白，松標當户閑。我默鏡黯黯，翁言玉珊珊。劍神不費解，調古無庸彈。喜爾侍翁側，傾聽嶷如山。見影思立圭，植根貴删繁。遠求憂得門，况乃生宫闈。毋恃守成易，俛惟創業艱。」又書會語一首：「程門學善静坐，何也？曰：其憫人心之不自覺乎？聲利百好，擾擾外馳，不知自性之靈，炯然在獨也。稍離奔鶩，默悟，真百感紛紜，而真體常寂，此極深研幾之學也。入聖之幾，庶其得於斯乎？」

二

奉讀手詔，感惓惓别後之懷。心同道同，不忘爾我，一語不遺，其徹心髓，真所謂「同心之言，其臭如蘭」也，感惕如之何！

年來同志凋落，慨師門情事未終，此身悵悵無依。今見兄誕登道岸，此理在天地間，已得人主張，吾身生死短長，烏足爲世多寡？不覺脱然無係矣。此番相别，夫豈苟然哉，宜兄之臨教益切也。師譜得兄改後，謄清再上，尚祈必盡兄意，無容遺憾，乃可成書。

令郎美質，望奮志以聖人爲己任，斯不辜此好歲月耳。

《鄉約》成册，見兄仁覆一邑，可以推之天下矣。信在言前，不動聲色，天載之神也。余惟嗣上不備。

三

别後沿途阻風，舟弗能前。至除夜，始得到龍光寺。諸友群聚，提兄「丕顯待旦」一語爲柄，聽者莫不聳然反惕。謂兄三年閉關，即與老師居夷處困，動忍熟仁之意同。蓋慨古人之學，必精詣力究，深造獨得，而後可以爲得，誠非忽慢可承領也。諸生於是日痛發此意。兄雖在關，示道標的，後學得所趨矣，喜幸喜幸！

城中王緝諸生，夙辦柴米，爲久留計，供應不涉有司。五日一講會，餘時二人輪班，代接賓客，使生得静處了譜。見其志誠懇，姑與維舟信宿以試之。若果如衆計，從之；若終涉分心，必難留矣。

二書承示周悉，同體之愛也。今雖久暫未定，必行兄意，不敢如前堅執硬主也。柏泉公讀兄《年譜》，深喜。經手自別，決無可疑，促完其後。

昨乞作序冠首，兄有書達，幸督成之。留稿乞付來人，蓋欲付人謄真也。

四

兄於師譜，不稱門人，而稱後學，謂師存日，未獲及門委贄也。兄謂古今稱門人，其義止於及門委贄乎？子貢謂：「得其門者或寡矣。」孔子之徒三千人，非皆及門委贄者乎！今載籍姓名，七十二人之外無聞焉，豈非委贄而未聞其道者，與未及門者同乎？韓子曰：「道之所在，師之所在也。」夫道之所在，吾從而師之，師道也，非師其人也。師之所在，吾從而北面之，北面道也，非北面其人也。

兄嘗别周龍岡，其序曰：「予年十四時，聞陽明先生講學於贛，慨然有志就業。父母憐恤，不令出户庭。然每見龍岡從贛回，未嘗不憤憤也。」是知有志受業，已在童時，而不獲通贄及門者，非兄之心也，父母愛護之過也。今服膺其學既三紀矣，匪徒得其門，且升其堂，入其室矣，而又奚歉於稱門人耶？

昔者，方西樵叔賢與師同部曹僚也，及聞夫子之學，非僚也，師也，遂執弟子禮焉。黄久庵宗賢見師於京師，友也，再聞師學於越，師也，非友也，遂退執弟子禮。聶雙江文蔚見先生於存日，晚生也，師没，而刻二書於蘇，曰：「吾昔未稱門生，冀再見也，今不可得矣。」時洪與汝中游蘇，設香案告師稱門生，引予二人以爲證。汪周潭尚寧始未信師學，及提督南、贛，親見師遺政，乃頓悟師學，悔未及門，而形於夢，遂謁師祠稱弟子，遺書於洪、汝中以爲證。夫始未有聞，僚也，友也；既得所聞，從而師事之，表所聞也。始而未信師學於存日，晚生也；師没而學明，證於友，形於夢，稱弟子焉，表所信也。

吾兄初擬吾黨承領本體太易，併疑吾師之教。年來，翕聚精神，窮深極微，且閉關三年，而始信古人之學丕顯待旦，通晝夜，合顯微而無間。試與里人定圖徭册，終日紛囂，自謂無異密室。乃見吾師進學次第，每於憂患顛沛，百煉純鋼，而自徵三年所得，始洞然無疑。夫始之疑吾師者，非疑吾師也，疑吾黨之語而未詳也；今信吾師者，非信吾師也，自信所得而徵師之先得也。則兄於吾師之門，一啟關鑰，宗廟百官皆故物矣。稱入室弟子，又何疑乎？

譜草承兄改削編述，師學惟兄與同。今譜中稱門人，以表兄信心，且從童時初志也，其無辭！

五

南浦之留，見諸友相期懇切，中亦有八九輩，肯向裏求入，可與共學矣。亦見其中有一種異説，爲不羈少年，助其愚狂，故願與有志者反覆論正，指明師旨，庶幾望其適道。諸生留此，約束頗嚴，但無端應酬，終不出兄所料。已與柏泉公論別，決二十日發舟登懷玉矣。

兄第伍簡復至，感一體相成之愛，無窮已也，仰謝仰謝！精詣力究，昨據兄獨得之功而言，來簡揭出四字以示，更覺反惕。謂康節收手太早，若在孔門，自不容停脚矣。實際之言，真確有味，聞者能無痛切乎？別簡謂：「孟子不得爲孔子徒，蓋嘆己不得親炙，以成速肖也。」誦言及此，尤負慚恐。親炙而不速肖，此弟爲兄罪人也。兄之所執，自有定見，敢不如教？

閑中讀兄《夜坐》十詩，詞句清絶，造悟精深，珍味入口，令人雋永。比之宋儒《感興》諸作，加一等矣。幸教幸教！然中有願正者，與兄更詳之。

吾黨見得此意，正宜藏蓄，默修默證，未宜輕以示人。恐學者以知解承功，未至而知，先及本體，作一景象，非徒無益，是障之也。蓋古人立言，皆爲學者設法，非以自盡其得也。故引而不發，更覺意味深長。然其所未發者，亦已躍如，何也？至道非以言傳，至德非以言入也。故歷勘古訓，凡爲愚夫愚婦立法者，皆聖人之言也。爲聖人説道妙、發性真者，皆賢人之言也。與富家翁言，惟聞創業之艱。與富家子弟言，惟聞享用之樂。言享用之樂，非不足以歆聽聞而起動作也，然終不如創業者之言近而實也，此聖賢之辯也。調息、殺機、亥子諸説，知兄寓言，然亦宜藏默。蓋學貴精，最忌駁。道家説「性命」，與聖人所間毫釐耳。聖人於家、國、天下同爲一體，豈獨自遺其身哉？彼所謂「術」，皆吾修身中之實功，特不以微軀係念，輒起絶俗之想耳。關尹子曰：「聖人知之而不爲。」聖人既知矣，又何不爲耶？但聖人爲道至易至簡，不必別立爐灶，只致良知，人已俱得矣。知而不爲者，非不爲也，不必如此爲也。

夫自吾師去後，茫無印正。今幸兄主張斯道，慨同志凋落，四方講會雖殷，可與言者亦非不多，但爐中火旺，會見有融釋時，毫釐滓化未盡，火力一去，滓復凝矣；更望其成金足色，永無變動，難也；而況庸一言之雜其耳乎？兄爲後學啟口容聲，關係匪細，立言之間，不可不慎也。故敢爲兄妄言之，幸詳述以進我。

情關血脈，不避喋喋，惟兄其諒之。

六

前月二十五日，舟發章江。南昌諸友追送，阻風樵舍。五日，入撫州，吊明水兄。又十日，而始出境。舟中特喜無事，得安静構思，譜草有可了之期矣。乏人抄寫，先録庚辰八月至癸未二月稿奉上。亟祈改潤，即付來手。到廣信，再續上。出月中旬，計可脱稿也。

龍溪兄玉山遺書謂：「初以念庵兄之學偏於枯稿，今極耐心，無有厭煩，可謂得手。但恐不厭煩處落見，略存一毫知解；雖無知解，略着一些影子，尚須有針線可商量處，兄以爲何如？」

不肖復之曰：「吾黨學問，特患不得手。若真得手，『良知』自能針線，自能商量。苟又依人商量而脱，則恐又落商量、知解，終不若『良知』自照刷之爲真也。」云云。

昨接兄回書，云：「好心指摘，感骨肉愛。」只此一言，知兄真得手矣；真能盡性盡仁，致踐履之實，以務求於自慊矣。滄海處下，盡納百川，而不自知其深也；泰山盤旋，凌出霄漢，而不自知其高也。「良知」得手，更復奚疑？故不肖不以龍溪之疑而復疑兄也，兄幸教焉。何如？

舟中諸生問：「如何是知解？如何是影子？」洪應之曰：「念翁憫吉水徭賦不均，窮民無告，量己之智足與周旋，而又得當道相知，信在言前，勢又足以完此，故集一邑賢大夫、賢士友，開局以共成此事，此誠出於萬物一體、誠愛惻怛之至情，非有一毫外念參於其中也。若斯時有一毫是非、毀譽、利害、人我相參於其中，必不能自信之真而自爲之力矣。此非盡性盡仁，『良知』真自得手，烏足與語？此或有一毫影子，曰：我閉關日久，姑假此以自試，即是不倚静知解。終日與人紛紛，而自覺無異密室，此即是不厭動知解。謂我雖自信，而同事者或未可以盡信，不信在人，於我無汙，此即是不汙其身之知解。謂我之首事，本以利民，若不耐心，是遺其害矣；我之首事，本以宜民，若不耐心，是不盡人情矣；我之首事，本承當道之托，若不耐心，無以慰知己，此又落在不耐心之知解也。『良知』自無是非、毀譽、利害、人我之間，自能動静合一，自能人我同過，自能盡人之情，慰知己之遇，特不由外入，起此知解。毫釐影子與『良知』本體尚隔一塵。一塵之隔，千里之間也。」

諸生聞之，俱覺惕然有警。并附以奉陳左右，亦與局中同事諸君一照刷，可以發一笑也。幸教幸教！

七

連日與水洲兄共榻，見其氣定神清，真肯全體脱落，猛火爐煅，有得手矣。自是當無退轉也。但中有一種宿惑，信夢爲真，未易與破耳，久之當望殊途同歸。然窺其微，終有師門遺意在也。師門之學，未有究極根柢者。苟能一路精透，始信聖人之道至廣大、至精微，儒、佛、老、莊更無剩語矣。世之學者，逐逐世累，固無足與論。有志者又不能純然歸一，此適道之所以難也。吾師開悟後學，汲汲求人，終未有與之敵體承領者。

臨別之時，稍承剖悉，但得老師一期望而已，未嘗滿其心而去也。數十年來，因循歲月，姑負此翁。所幸吾兄得手，今又得水洲共學，師道尚有賴也。但願簡易直截，於人倫日用間無事揀擇，便入神聖，師門之囑也。

《大學》一書，此是千古聖學宗要，望兄更加詳究，略涉疑議，便易入躐等徑約之病也，慎之慎之！即日上懷玉，期完《譜》尾，以承批教。歸日，當卜出月終旬也。

八

譜草苟完，方是懷玉下七盤嶺。忽接手教，開緘宛如見兄於少華峰下，清灑殊絶，感賜深也。

四卷所批種種，皆至意。先師千百年精神，同門逡巡數十年，且日凋落。不肖學非夙悟，安敢輒承。非兄極力主裁，慨然舉筆，許與同事，不敢完也。又非柏泉公極力主裁，名山勝地，深居廪食，不能完也。豈先師精神，前此久未就者，時有所待耶？

仲理冀元亨一段，如兄數言簡而核，後當俱如此下筆也。聞老師遣冀行，爲劉養正來致濠殷勤，故冀有此行，答其禮也。兄所聞核，幸即裁之。「鋪張」二字，最切病端，此貧子見金而喜也。平時稍有得，每與師意會，便起贊嘆稱羡。富家子只作如常茶飯，見金而起喜心者，貧子態也，此非老成持重，如兄巨眼，安能覷破。兄即任意盡削之，不肖得兄舉筆，無不快意，決無護持疼痛也，信之信之！「教學三變」諸處，俱如此例。若不可改，盡削去之。其餘所批，要收不可少處。此弟之見正竊比於兄者。

自古聖賢，未有不由憂勤惕勵而能成其德業。今之學者，只要説微妙玄通，淩躐超頓，在言語見解上轉。殊不知老師與人爲善之心，只要實地用功，其言自謙遜卑抑。《大學》「誠意」章：

「惟不自欺者，其心自謙，非欲謙也，心常不自足也。」兄所批教處，正見近來實得，與師意同也。

舒國裳在師門，《文録》無所見，惟行福建市舶司取至軍門一牌。《傳習續録》則與陳維濬、夏于中同時在坐，問答語頗多。且有一段，持紙乞寫「拱把桐梓」一章，欲時讀以省。師寫至「至於身而不知所以養」之句，因與座中諸友笑曰：「國裳中過狀元來，豈尚不知所以養，時讀以自警耶？」在座者聞之，皆竦然汗背。此東廓語也。

又丙午年遊安福復古書院。諸友説張石盤初不信師學，人有辯者。張曰：「豈有好人及其門耶？」辯者曰：「及門皆好人也。」張曰：「東廓豈及門乎？」辯者曰：「已在贛及門矣。」又曰：「舒國裳豈及門乎？」曰：「國裳在南昌及門矣。」張始默然俯首，後亦及門。是年，石盤携其子會復古。其子舉人□□，至今常在會，未有及門之説。昨南昌聞之諸友，相傳因問律吕元聲，乃心服而拜，蓋其子侄輩叙其及門之端也。昨見兄疑，又檢中離《續同志考》，舒芬名在列，則其諸所相傳者不誣也。如兄之教，去前「不欲」一段，存後「問元聲」語可矣。

徐珊嘗爲師刻《居夷集》，蓋在癸未年。及門則辛巳年九月，非龍場時也。

繼後可商量處甚多，兄有所見，任舉筆裁之。兹遣徐生時舉持《全集》面正門下。弟心力已竭，雖聞指教，更不能再著思矣，惟兄愛諒之。

九

不肖五月季旬到舍下，又逾月十日，始接兄二月四日峽江書。一隔千里，片紙之通遂難若此，感慨又何深也！玉體久平復，在懷玉已得之柏泉兄。

茲讀來諭，更覺相警之情也。深入究竟，雖父子之間，不能一語接，誠然誠然！此可與千古相感，而不可與對面相傳，在有志者自究自竟之耳。「天根亥子」，白沙詩中亦泄此意。達「性命」之微者，信口拈來，自與道合。但我陽明先師全部文集，無非此意，特無一言攙入者，爲聖學立大防也。兄之明教究悉，然於此處幸再詳之。兄卧處卑濕，早晚亦須開關，徑行登眺，以舒泄蔽鬱之氣，此亦去病之一端也。

徐時舉來，師譜當已出稿，乞早遣發，遠仰遠仰！

十

春來，與王敬所爲赤城會，歸天真，始接兄峽江書，兼讀師譜考訂，感一體相成之心，慶師教之有傳也。中間題綱整潔，增録數語，皆師門精義，匪徒慶師教之有傳，亦以驗兄閉關所得，默與師契，不疑其所行也。

去年歸自懷玉，黄滄溪讀譜草，與見吾、肖溪二公互相校正，亟謀梓行。未幾，滄溪物故，見吾閩去，刻將半矣。六卷已後，尚得證兄考訂。然前刻已定，不得盡如所擬。俟番刻，當以兄考訂本爲正也。中間增采《文録》《外集》《傳習續録》數十條，弟前不及録者，是有説，願兄詳之。

先師始學，求之宋儒，不得入，因學養生，而沉酣於二氏，恍若得所入焉。至龍場，再經憂患，而始豁然大悟「良知」之旨。自是出與學者言，皆發「誠意」「格物」之教。病學者未易得所入也，每談二氏，猶若津津有味。蓋將假前日之所入，以爲學者入門路徑。辛巳以後，經寧藩之變，則獨信「良知」，單頭直入，雖百家異術，無不具足。自是指發道要，不必假途傍引，無不曲暢旁通。故不肖刻《文録》，取其指發道要者爲《正録》；其涉假借者，則釐爲《外集》。譜中所載，無非此意。蓋欲學者志專歸一，而不疑其所往也。

師在越時，同門有用功懇切而泥於舊見、鬱而不化者，時出一險語以激之，如水投石，於烈焰之中，一擊盡碎，纖滓不留，亦千古一大快也！聽者於此等處，多好傳誦，而不究其發言之端。譬之用藥對症，雖芒硝、大黄，立見奇效；若不得症，未有不因藥殺人者。故聖人立教，只指揭學問大端，使人自證自悟；不欲以峻言隱語，立偏勝之劑，以快一時聽聞，防其後之足以殺人也。

師没後，吾黨之教日多岐矣。洪居吴時，見吾黨喜爲高論，立異説，以爲親得師傳，而不本其言之有自。不得已，因其所舉而指示言之端，私録數條，未敢示人，不意爲好事者竊録。甲午，主試廣東，其録已入嶺表。故歸而删正，刻《傳習續録》於水西，實以破傳者之疑，非好爲多述，以聳學者之聽也。故譜中俱不欲采入，而兄今節取而增述焉。然删刻苦心，亦不敢不謂兄一論破也，願更詳之。

室遠，書劄往復甚難，何時合併，再圖面證，以了未盡之私！德教在思，寤寐如見，惟不惜遐音，仰切仰切！是書復去，念庵隨以訃報，竟不及一見，痛哉痛哉！

附録[一]

刻陽明先生年譜引

嘉靖戊子春正月，相以知臨川縣被召，選試河南道監察御史。二月，奏疏請皇上稽古修德，以答天眷，端好尚，杜佞倖，砦涉浚恒，落識，謫嶺表，時陽明先生正有討田州之役，閲得相報，亟檄促我曰：「平田州易，集衆思善後難。檄至輒行。」又曰：「俗心以謫官事事爲俗吏。余謂此正俗吏之談，全不省如何是俗，如何是不俗，道眼能自得之。」相被檄矍然，遂就道。及豐城，而報先生卒南安矣，本年十一月丁卯也。嗟乎！相將及門，卒不得一禀業以聞性與天道之説。雖然，檄數語固性與天道之説也。

先生年譜成，胡柏泉檄贛州佐毛汝麒刻之，未登梓，柏泉以少司馬召，不竢駕行，囑相促之。訖工，薦衷展無檄我數語，偶脱之邪？抑誤謂邇言漫脱之邪？因足之以確於緒山、龍溪、念庵。

嘉靖甲子首夏九日，巡撫江西等處地方兼理軍務都察院右副都御史明郡後學周相識。

陽明王公年譜跋

陽明王公，功在虔臺。虔之人既已家祀而户祝矣，又梓其文以傳，惟《年譜》未之有也。往緒山錢公述其歲月大略，圖其像於石，刻之吉州，然其文未備，學士大夫有餘憾焉。

今念庵羅公始彙爲書，提綱分目，列爲三卷，而《年譜》始完。羅公居石蓮洞，二十年於兹矣，學益深而道益盛。是書成，亦竭終歲之力云。

穩生也晚，不獲從王公遊，與之上下議論，以聞道德性命之奥。曩因瘴疾，接方外之士，講鍊心習静之術，始知王公初年學佛老而悟聖道，其言非欺我也。及備員江右藩臬，竊聞王公剿賊往事，機宜神妙，非書生所窺。

辛酉，拜命虔臺，謁王公於祠下，爲之徘徊興起，不忍去。時當多事，盜賊縱横於閩、廣、江、湘之間，道路爲梗，其勢岌岌。穩鄙陋，弗稱任使，安得復起王公，以聞經略之妙，弘濟一時之艱危？獨念身既受事，不敢復以得失利害横怵胸臆，直欲滅此而後朝食。

賴天子明聖，神武不測，當事大臣虚心採納，無中格之患，以是張皇六師，且撫且剿，致有今日成功。穩不敢自謂追美王公，以希前人之休烈，而羅公謂王公用兵後此再見者，其説果爾，穩雖不肖，位次王公之後，又有大賢如羅公者之言以傳，韓愈所謂「有餘榮焉」，非耶？

譜成，羅公以書來，屬穩梓之，以有留都新命，不及親董其事，轉屬郡佐毛君汝麒終之。毛亦吾浙之賢者也。

嘉靖癸亥九月二日，吴興陸穩跋。

增訂陽明先生年譜序

洪作師譜，起成化壬辰，止嘉靖己丑，凡五十有八年，蓋自師始生以至終葬也。終葬後，又四紀於兹矣，中間同門同志，隨地講會，立祠祀，朝廷恩恤、贈謚、世爵之類，日有所録。諸同志曰，是皆有關學脉，乃屬洪具草，以附譜後。洪復趨溧嘉義書院，謀諸史恭甫成之。再閱前譜，本爲鄒謙之屬草，凡簡書、章疏關切講學政事者，多録全篇，以俟謙之簡節。稿逾半，即聞謙之訃矣。

羅達夫讀譜草，大發歎曰：「師之學精詣力究，多得之患難窮拂之中，未可以聰明知見承也。」乃許相考訂。促登懷玉，完其後，命刻於贛。其繫事以月日，揭小綱於目上，頗得整潔，但采師《文録》《外集》《傳習續録》數十條增入之，覺於年月有不類，或意有重出者。吾浙藩臬同志，又謀刻于天真，亦未及删正繁蕪。兹合江、浙二版而取裁之，去冗入，删繁蕪，名曰《增訂陽明先生年譜》，示全也。

洪初見師門，得與聞良知之旨，如久處蔀屋，忽見天日之光。緬懷前聖後賢，皆立教宗以指示人心，未有若今日之簡夷直截，坐語之下，洞見性真。四方願學之士，復日來臻，私計躋聖，皆可跂足而待。師既没，尚譊口説，以合來學，猶渢渢興動；又計師雖逝，其教尚存，或可繼是而弗墜。然會久無以進之，漸覺氣衰，淡然無味矣。乃思吾師之教，出於身踐，感人以誠，其因人變化，語上語下，默有微機。故學者與人並學，而不自知其所由入，精神鼓舞，愈久益新。今論説雖餘，而誠意不足，宜其有初而不繼其終也。

洪繼遭罪獄，身嬰三木，親蹈生死真境，忽覺此心夙滓渾脱，全體丕顯，乃大悔平日功夫，只欠一真，一絲不斷，全體矇錮，因循歲月，可大懼也。出而就正四方，見同志各以己之所入立教，聽者頭緒多端，莫知歸一，乃與同門先達亟圖爲會，合衆火以成大爐，煹鍛鎔釋，求金足色。邇年以來，漸有合異歸同之機矣。

不肖洪願學未能，忽犬馬之齒頓衰，同志有力斯學者，彫落殆盡，主張道脉雖隨地有人，道阻無由見之，吾將何以取衷？乃再訂師譜，以求正有道，庶其有不棄衰老而教予者乎。夫斯譜成誦，可一過了然，學者不以己明爲得，必反求自誣，信師之心爲我先得，則斯譜愈讀而益新。

蓋良知同物我，一古今，徹初終，通知晝夜而無間，特患無必求之志耳。昔子思贊仲尼而難爲詞，乃假堯舜、三王、天地、四時、日月以爲證，是豈子思阿私溢美哉？真見良知時出無盡，信仲尼之道無窮也。今吾黨不求吾師之道，而求自信其所得，以證吾師之先得，斯謂真信吾師之道。洪不敏，敢僭叙其説。

隆慶五年仲春望日，七十六歲弟子錢德洪百拜。

校勘記

〔一〕按，《刻陽明先生年譜引》與《陽明王公年譜跋》分别載於贛州本首末，底本與天真本皆無。《增訂陽明先生年譜序》爲隆慶五年錢德洪刻《增訂陽明先生年譜》所作，《王文成公全書》未載。